이노베이터는 왜 다르게 생각할까

이노베이터는
왜 다르게 생각할까

문준연 지음

중앙books

사람들은 왜 말로만 혁신을 외칠까

첨단기술 기업으로서 한때 미국 필름시장의 90퍼센트를 석권했던 코닥, 2007년 전 세계 휴대전화시장의 40퍼센트 이상을 석권했던 압도적 1위 기업 노키아, 그런 노키아에 당당하게 맞서던 2위 기업 모토롤라, 한때 세계 최대 소매기업이었던 130년 역사의 시어즈 백화점, 아이들의 인기를 한 몸에 받던 세계 최대 완구 체인 토이 저러스, 140년 역사 동안 일본의 대표 가전업체로 자리매김했던 도시바. 이들은 모두 과거의 영화를 뒤로 하고 존폐기로에 서 있다.

이는 변화가 필요한 때 변화를 피하면 실패를 맞게 된다는 것을 보여주는 대표적 사례다. 큰 성공을 누리던 기업이 몰락의 길로 빠져드는 계기는 역설적이게도 그 성공에 오랫동안 안주하고자 하기 때문이다. 안주하고자 하는 욕망은 변화의 필요성에 대하여 눈을 가린다.

'변화'보다는 '저항'에 익숙한 사람들

먼 미래에 가능할 것으로 생각했던 기술혁신이 이미 우리 눈앞에 펼쳐지고 있다. 기술혁신이 초래하는 변화는 이제 막 시작된 것이지 종착점에 가까이 온 것이 아니다. 앞으로 더 큰 변화가 자주 발생할 것이고, 기업도 개인도 피해갈 수 없는 변화에 직면하고 있다. 큰 변화가 없는 안정적인 시기에는 누구도 혁신해야 할 필요성을 절실하게 느끼지 않는다. 현상을 유지해도 별다른 문제를 일으키지 않기 때문이다.

그러나 막상 큰 변화의 파도가 코앞에 밀어닥쳐야만 혁신을 절실하게 외치는 경우가 많다. 이는 기업이나 개인이나 마찬가지다. 이런 경우 때늦었음에 후회하기가 쉬우므로 변화를 향한 기회의 창이 닫히기 전에 신속하게 움직이는 것이 관건이다. 기업도 개인도 불확실성과 변화를 포용하고 도전하기를 망설이지 말아야 한다.

문제는 새로운 환경에 직면할 때 사람들이 변화할 마음자세를 갖추고 있지 않다는 것이다. 그 대신 대부분 저항할 준비가 되어 있을 뿐이다. 자신에게 낯설고 익숙하지 않은 변화일수록, 그리고 큰 변화일수록 더 완강하게 저항하는 성향이 있다. 개인들이 모여서 일하는 조직에서도 마찬가지다. 불확실하고 큰 변화일수록 과감하게 받아들이고 혁신에 앞서기보다는 좀 더 확실해질 때까지 기다리려는 성향이 강하다. 큰 투자가 요구되는 혁신일수록 기피하는 경우도 많다.

그러나 개인이 변화에 저항하는 동안에도 변화는 계속해서 일어난다. 개인은 물론 조직은 더 이상 변화를 피할 수 없다. 이런 때 조직에 반드시 필요한 사람은 혁신가, 즉 '이노베이터^{innovator}'이다. 그렇다면 이노베

6

이터는 누구일까? 누구나 이노베이터가 될 수 있을까? 이노베이터는 혁신을 가장 먼저 수용하는 사람이다. 조직의 인원 중 약 2.5퍼센트의 사람에 해당하며, 이들은 새로운 기술과 아이디어에 열광한다. 그리고 그에 수반되는 위험을 기꺼이 부담한다.

모두가 각 영역에서 뛰어난 2.5퍼센트의 이노베이터가 되기는 힘들 것이다. 하지만 이 책에서 소개할 '이노베이터의 생각법'을 체득한다면 일상에서 개인의 혁신, 직장에서 조직의 혁신을 이뤄 긍정적인 변화를 이끌어낼 수 있을 것으로 기대한다.

혁신하는 이노베이터가 되기 위한 3단계

이 책에서는 개인과 기업이 좀 더 적극적으로 변화를 맞이하고 혁신하여 긍정적인 변화를 이끌어내기 위한 3단계의 대응 방법을 제시한다.

첫째, 자신이 변화를 어느 정도 잘 수용하는 사람인지 또는 어느 정도 변화에 저항하는 사람인지 점검하는 체크 리스트를 제시하고 있다. 또한 자신이 일하고 있는 조직이 어느 정도 혁신을 잘 수용할 수 있는지 점검하는 체크 리스트도 담고 있다. 자신의 변화 수용 성향 또는 혁신 성향 점수가 높게 나왔다면 자신감을 가지고 변화를 실천에 옮기면 된다. 만약 점수가 낮다면 변화에 대한 자신의 마인드를 바꾸기 위해 현재보다 더 많은 노력이 필요하다.

둘째, 사람들이 변화를 싫어하고 변화에 저항하는 이유에 대해 살펴본다. 사람들은 누구나 새로운 환경보다 익숙한 환경을 선호하고, 일상화된 습관을 가능한 한 유지하고자 하며, 삶의 패턴에서 벗어나는 것을 기피하려 한다. 단 개인에 따라 정도의 차이만 있을 뿐이다. 사람들이 변화에 저항하는 이유, 바로 그 'Why'를 이해하면 변화를 위한 준비에 무엇이 필요한지, 즉 'How'에 대한 전략을 쉽게 찾아낼 수 있다. 혁신에 저항하는 인간의 성향과 그 이유에 대해 심리학, 사회학, 행동경제학, 커뮤니케이션 등의 분야에서 밝혀낸 다양한 이론적 틀을 살펴볼 것이다.

셋째, 혁신을 통해 놀라운 성과를 낸 기업들의 사례 분석을 통해 변화에 대한 대응방안을 배워본다. 최근 두드러진 혁신 성과를 창출하고 있는 중국의 알리바바, 미국의 테슬라, 아마존, 구글, 넷플릭스, 영국의 다이슨, 한국의 한미약품과 아모레퍼시픽 등 혁신적 기업들이 어떻게 저항을 극복하고 혁신에 성공하였는지 분석할 것이다. 특히 아마존과 라디오색, 구글과 야후, 넷플릭스와 블록버스터를 서로 면밀하게 비교한다.

동종업계에서는 어느 순간부터 눈부신 성과를 낸 후발주자가 등장해 성장가도를 질주하는 반면 선발주자는 비참하게 무너져 내리기도 한다. 이처럼 성공 사례와 실패 사례를 갈라놓은 결정적 요소는 바로 혁신이 필요한 시점에 혁신을 제대로 실행했는가, 현상유지에 급급했는가의 차이다. 혁신이 필요한 시점에 이를 간과하면 여지없이 경쟁업체에게 추월을 당할 뿐이다. 불확실성을 회피하기 위해 혁신을 외면한다면 곧 혁신하는 기업과 혁신하는 개인, 이노베이터들의 제물이 되고 말 것이다.

또한 기업뿐만 아니라 역사적으로 혁신의 선구자로 알려진 인물들에 대해서도 소개했다. 우리나라 역사에서 가장 뛰어난 이노베이터였던 세종대왕과 이순신 장군을 비롯해 우리 주변에서 쉽게 만날 수 있는 혁신의 선두 주자들도 함께 살펴볼 것이다.

마지막으로 혁신에 대해서 사람들이 왜 그토록 저항하는지, 혁신 기업과 이노베이터들의 특별한 저항 극복 방법을 소개한다. 혁신이 기업의 흥망성쇠를 좌우하게 되었다는 것은 우리 각자에게 여러 가지 시사점을 던져주고 있다.

이 책을 내기까지 도움과 격려를 베풀어 주신 모든 분에게 깊은 감사의 인사를 드리고 싶다. 이 책은 온라인 공개강좌인 K-MOOC의 〈혁신 마케팅 CASE STUDY〉의 내용을 담았다. 책의 원고를 탈고할 무렵 K-MOOC 공모에 관심을 가지게 해준 전상길 교수님께 감사드린다. 고승근 박사와 박사과정의 송재필 씨, 정정윤 씨, 성혜인 씨는 K-MOOC 강좌를 위한 준비과정에 동참해 많은 도움을 주었다.

나는 지인들과 와인을 한 잔 하면서 책 이야기를 나눌 때 행복을 느낀다. 이 책이 사랑하는 나의 제자들과 아내와 딸과 친구들과 함께 행복의 순간을 더 자주 누리게 하는 계기가 되기를 바란다.

2018년 봄,

문준연

차례

3장   세상을 바꾸는 이노베이터들

4장   이노베이터를 완성시키는 12가지 생각

당신은
이노베이터인가

누구나 스마트폰을 늘 끼고 산다. 길을 걸을 때도 들여다보고, 잘 때도 머리맡에 두고 잔다. 교통사고 우려 때문에 운전 시 사용을 금지하는 법규를 만들어야 할 정도다. 이제 스마트폰은 사람과 떼놓을 수 없는 관계가 되었다. 불과 10여 년 전에는 상상할 수 없던 일이다. 또 알파고와 이세돌 기사의 대국 이후 앞으로 인공지능이 다양한 분야에서 인간을 대체하지 않을까 예상하고 있다. 의사의 진단도, 판사의 판결도, 투자기관의 투자 결정도 로봇이 더 잘할 것이라고 한다. 사물 인터넷이 자리 잡아 집안 청소도 로봇이 알아서 하고, 냉장고에 과일이 없으면 자동으로 마트에 주문이 들어간다. 자동차도 스스로 알아서 주행하고 공간을 찾아서 주차한다.

이러한 환경의 변화에 대처하는 사람들은 어떤 준비를 하고 있을까. 우선 사람마다 변화에 대응하는 속도가 다르다는 점을 알아야 한다. 환경과 사회보다 생각의 속도가 훨씬 빨라 세상의 변화를 주도하는 사람이 있는 반면, 생각의 속도가 느리고 뒤떨어져서 대다수 변화에 저항하는 사람도 있다. 이처럼 사회의 변화에 대해 개인이 새로운 것을 받아들이지 않거나 생각과 행동이 과거에 얽매이고 과거를 그리워하며 살 때 생길 수 있는 문제에 대해 살펴보도록 하자.

변화를 이끄는 사람
VS
변화에 저항하는 사람

사람들은 변화에 저항하는 성향이 있다. 어떤 특정한 성격의 사람이 특정한 상황에서만 그런 것이 아니라 일반적인 성향이다. 특히 기존의 생활 양식과 큰 차이를 보이는 변화일수록 더 많은 사람이 저항하고, 그 강도 또한 높아진다.

우리나라 사람들은 주로 어떤 변화에 저항하고 있을까? 과거 농민들은 통일벼 보급을 추진하고, 음력설이 아닌 양력설을 권장하는 정부 정책에 저항했다. 담배를 즐기는 많은 사람들은 여전히 금연 정책에 저항하고 있다. 그리고 여전히 많은 사람들이 동성애를 수용하지 못한 채 차가운 시선으로 동성애자들을 바라보고 있다. 직업 활동에 있어서 여성의 지위는 과거에 비해 개선되고 있지만 결혼과 출산, 육아, 가사 등으로 인하여 여전히 불리한 상황에 있다. 우리나라 부모들이 자식의 교육에 집착하는 것이나 무슨 일이든 빨리빨리 하려는 습성은 정말 한국인으로서 바꾸기 어려운 것들이다.

사람마다 변화하는 환경에 대응하는 속도는 차이가 있다. 자신이 처해 있는 환경과 사회보다 생각의 속도가 훨씬 빨라 세상의 변화를 주도하는 사람이 있는 반면, 생각의 속도가 느리고 뒤떨어져서 대다수 변화에 저항하는 사람도 있다.

최근 우리나라에서 교육정책을 둘러싸고 벌어지는 소모적인 논쟁을 보면 변화에 대해 사람들이 얼마나 보수적인지를 실감할 수 있다. 말로는 창의적 인재를 기를 수 있도록 교육과정과 입시 제도를 대폭 개편하고자 하지만, 현실에서는 수능 문제 유형을 바꾸는 것조차 쉽지 않다. 세계적으로도 마찬가지다. 국가 경제가 파탄 지경까지 갔던 그리스에서 개혁정책을 놓고 논쟁과 시위가 벌어지고 있는데, 문제의 원인을 분석하고 해법을 끌어내기 위해 실질적인 노력이 진행되고 있는지는 불분명하다.

코페르니쿠스적 전환과 패러다임의 전환

1523년, 폴란드의 크라쿠프에서 코페르니쿠스라는 천문학자가 등장해 지동설을 주창했다. 그가 발간한 《천체의 회전에 관하여》라는 책의 핵심 주장은 당시 지배 계급에서 보기에 매우 '발칙한' 것이었다. 그는 태양이 지구 주위를 도는 것이 아니라 지구가 태양 주위를 돌고 있으며, 우주의 중심이 지구가 아니라고 주장했다. 그리스 이래 르네상스 시대까지 누구도 의심하지 않던 프톨레마이오스의 우주관에 정면으로 도전한 사건이었다. 코페르니쿠스는 지구가 우주의 중심이고 인간은 그 위에 사는 존엄한 존재이며, 달 위의 천상계는 영원한 신의 영역이라고 생각했던 중세의 우주관이 완전 잘못된 것이니 버려야 한다고 주장했다. 당시의 많은 사람들은 당연히 이를 받아들이기 어려웠을 것이다. 과거와 전혀 다른 사고방식이나 획기적인 생각을 이르는 '코페르니쿠스적 전환'이라는 말은 바로 여기에서 비롯한다.

코페르니쿠스가 지동설을 주창하고 약 90년이 지난 시점에 갈릴레오 갈릴레이는 망원경을 개량해 천체 관측에 사용했다. 이때 '목성의 위성', '달의 반점', '태양의 흑점' 등을 발견함으로써 코페르니쿠스의 지동설이 정당함을 입증했다. 말하자면 코페르니쿠스가 제시한 가설을 갈릴레이가 데이터를 통해 검증한 것이다. 로마 가톨릭 교회는 코페르니쿠스가 하느님이 창조한 세상의 질서를 침해하는 주장을 펼친 것이라고 보았고, 갈릴레이에게는 코페르니쿠스 천문학을 옹호하지도 말고 가르치지도 말 것을 명했다.

하지만 갈릴레이는 독실한 가톨릭 신자였음에도 불구하고 과학적 연구 결과를 철회하지 않고, 지동설에 대한 지지를 굽히지 않았다. 결국 갈릴레이는 가톨릭 교회의 단죄에 따라 가택 연금에 처해졌고, 그의 모든 저서는 금서 목록에 올라 사람들이 읽을 수 없게 되었다. 당시 가톨릭 교회는 도서관에 많은 장서를 보유하고 수도사들이 공부에 정진하는 기관이었지만, 종래의 우주관을 뒤집는 연구결과만큼은 받아들이지 않았다. 게다가 일반 대중이 의문 없이 받아들였던 기존의 진리와 정반대의 주장에 대해 저항한 것은 당연하다.

오늘날의 학문 세계도 이와 크게 다르지 않다. 일반인들이 생각하기에 과학의 세계는 진리의 장이고, 이론은 진리 위에 만들어진 것이다. 따라서 과학자가 제시하는 이론이 곧 진리며, 객관적 검증을 거쳐서 확인되면 다른 과학자들 또한 모두 해당 이론을 수용할 것이다. 과학의 세계는 누구의 목소리가 더 큰지, 누가 추종자들을 잘 끌어모으는지, 어디에 논문을 발표해야 언론의 주목을 받을 수 있는지를 따지는 정치나 전략, 전술과는 무관하게 보일 것이다.

그러나 코페르니쿠스와 갈릴레이가 기성 권력집단으로부터 냉대를 받았던 것처럼 학문 세계에도 변화를 거부하는 움직임은 존재한다. 기존의 이론 체계에서 벗어나는 새로운 이론을 주장하면 기존 이론을 지지하는 대다수 학자들로부터 냉대를 받는다. 많은 학자들의 저항과 냉대를 거치고 살아남아야 비로소 새로운 이론이 정설로 받아들여질 수 있다. 토머스 쿤Thomas Kuhn은 과학사에 큰 충격을 준 저서《과학 혁명의 구조》에서 한 시기 동안 정설로 인정받던 이론 패러다임이 그것을 대체하는 새로운 패러다임으로 넘어가는 과정이 혁명 과정과 유사하다고 주장했다. 혁명이 얼마나 많은 지지자를 끌어낼 수 있는가에 따라 성패가 갈리는 것과 마찬가지로, 새로운 이론이 정설로 인정받으려면 얼마나 많은 학자들의 지지를 끌어낼 수 있는지에 달려 있다.

당신은 이노베이터인가

변화에 대한 민감도가 떨어지는 이유

많은 사람들이 새로운 생각과 관점 및 변화에 저항하면서 살아간다. 이는 학문의 세계뿐만 아니라 우리 삶의 영역에서도 마찬가지다. 보통 나이를 먹으면 변화에 대한 민감도가 떨어진다. 젊은 시절에는 좀 더 진보적인 생각과 태도를 가졌던 사람들도 나이를 먹으면서 좀 더 보수적으로 생각하고 변화를 받아들이기 힘들어한다. 그 결과는 바로 '세대 차이'로 나타난다. 물론 청소년이라고 해서 무조건 변화를 좋아하고 적극적으로 수용한다는 의미는 아니다. 다만 변화에 저항하는 사람들의 기본적인 성향이 각각 다를 뿐이고, 나이 들어갈수록 더욱 변화를 싫어하게 된다는 것은 분명하다.

나이 듦에 따라 위험을 회피하고 보수적인 선택을 하는 이유를 화학적으로도 설명할 수 있다. 청년층이 노년층에 비해 무모하고 위험성이 큰 행동을 감행하는 경향이 있으며 이러한 경향은 나이와 함께 감소하는 것으로 나타나고 있다.[1] 나이에 따른 보수화는 인체 내 도파민 호르몬의 변화와 관계가 있다고 한다. 영국인 2만 5,000여 명을 대상으로 연령에 따른 도박 배팅의 성향을 분석한 결과, 청년층에 비해 중장년층들은 금액이 큰 배팅을 더 기피하는 것으로 나타났다.[2]

세계 어느 나라나 세대 간 생각의 차이가 있고 그로 인해 점점 소통이 힘들어지는 경향을 보인다. 선거 때마다 유권자의 세대별 투표 성향과 지지자 선호에서 차이가 두드러지는 것이 대표적이다. 보통 진보적이고 새로운 변화를 주창하는 후보는 청년층에서 지지율이 높고, 반대로 안정과 점진적 변화를 내세우는 후보자는 중년층 이상에서 지지율이 높다. 지난해 대선이 끝난 미국의 상황은 이런 세대 차이를 극명하게 보여주었다. 진보적 정당인 민주당 내에서조차 최상층 부자와 대기업 및 월가에 대해 세율을 높여 확보한 세수로 전 국민에게 저비용 의료보험을 제공하고, 공립대학 학비를 대폭 줄이고 최저임금을 대폭 높일 수 있다고 주장하는 후보가 있는 반면, 그에 맞서는 후보자는 실현 가능성이 없는 포퓰리즘에 불과하다고 비판했다.

우리나라에서도 유사한 변화를 읽을 수 있다. 1970년대 후반에 박정희 대통령과 여당을 지지하는 대학생은 찾아보기 어려웠다. 지금과 비교해보면 물질적으로 훨씬 부족했지만, 대학생은 사회적 지위가 훨씬 높은 편이었고 무엇보다도 취업에 큰 어려움을 겪지 않았다. 대기업들이 확대 일로에 있었기에 나라 경제가 근래 중국과 비슷한 수준의 고도 성장률을 구가하던 시절이다. 대학 졸업생들이 대부분 자기가 원하는 일자리를 얻을 수 있고, 또 일하는 만큼 승진도 하고 급여가 올라가는 것도 눈에 보였다. 그렇지만 장기 독재에 접어든 대통령과 여당의 인기는 바닥이었다. 당시의 친구들과 선후배들은 이제 50~60대가 되었다. 오늘날 50~60대의 투표 성향을 보면 보수 후보 지지율이 더 높다. 나이 듦에 따라 생각이 보수화되는 것을 엿볼 수 있는 대목이다.

시대를 앞서가는 새로운 생각을 하는 사람은 극히 소수인 것이 현실이다. 대중들은 새로운 변화가 익숙하지 않기 때문에 혁신에 대해 저항하고 잘 받아들이지 않는다. 그리고 나이가 들어갈수록 보수화되는 경향 때문에 혁신하기에는 더욱 어려워지는 것이다.

20

왜 어떤 대륙에서는 문명이 빨리 발달했고 다른 대륙에서는 그렇지 못했을까? 왜 유라시아 대륙의 거주민과 아메리카 대륙으로 이주한 사람들이 세계의 부를 부당할 정도로 많이 차지했으며, 왜 원주민들은 이들을 이겨내지 못했을까?

재레드 다이아몬드 교수는 《총, 균, 쇠》에서 과거 1만 3,000년 동안 지리적 조건이 세계인의 역사에 어떻게 영향을 끼쳤는지에 대해 다룬다. 농업 발생에 필수인 작물화와 가축화에 적합한 식물과 동물이 집중 분포한 지역은 한정되어 있었다. 소수의 지역에서 최초로 식량 생산이 이루어지면서부터 잉여 식량이 축적되고 그 지역의 거주민들이 대폭 성장하기 시작했다. 그 후 거주민들은 총기와 금속을 발전시키고 가축으로부터 여러 병원균을 보유하게 되면서, 고대로부터 현대에 이르기까지 문자 체계, 농작물, 가축 및 기술을 기반으로 세계를 주도할 수 있었다고 분석한다.

우리의 먼 조상은 논에 물을 대고 모를 심는 벼농사를 통해 식량을 획기적으로 증산시켰다. 재레드 다이아몬드에 따르면 그중 일부 사람들이 벼농사 기술과 금속 도구 등을 가지고 일본에 이주함으로써 현대 일본인의 조상이 되었다. 이미 2,000여 년 전에 생산성이 높은 벼농사 기술을 가지고 있었다는 것이다. 여기서 한 가지 의문이 생긴다. 이미 2,000여 년 전에 앞선 벼농사 기술을 습득하고 있었는데, 왜 근대 대한민국에서는 1970년대 초반까지 쌀이 부족했을까?

통일벼는 왜 생산자에게 외면받았을까

우리나라는 한국전쟁으로 인해 모든 산업과 기반시설들이 파괴되었고 물자가 부족해 농업도 피폐할 수밖에 없었다. 아시아를 넘어 전 세계적으로도 우리나라만큼 못사는 나라를 찾기 힘들 정도였다. 그러면 당시 우리 정부는 식량 부족에 어떻게 대응했을까? 당시 정부에서는 통일벼를 보급해 식량 공급을 증가시키는 데 적극 노력했다. 박정희 대통령은 식량난과 식량자급 문제를 농촌진흥청의 최우선 해결 과제로 정했고, 농촌진흥청에서는 '잘 자라는 벼를 만들면 된다'는 결론에 이르러 연구원들과 교수들을 동원해 적극적으로 새 품종 개발을 추진했다. 그러한 연구와 노력 끝에 기존의 품종 두 가지를 교배해 통일미라는 새로운 품종을 탄생시켰다.[3]

일반 벼를 모두 통일벼로 바꾼 결과 생산량이 무려 40퍼센트나 늘어났다고 한다. 하지만 맛이 없다고 알려진 인디카종이 섞여 있어서 일반

미 아키바레^{秋晴}에 익숙해 있는 사람들에게 외면을 받았다. 심지어 농촌에서는 보리밥 맛이 통일미로 지은 밥보다 낫다고 할 만큼 통일벼의 미질^{米質}이 좋지 않았다고 한다.

농민들조차도 통일벼 재배에 냉담했다. 농민들의 입장에서는 미질 외에도 그럴 만한 이유가 몇 가지 있었다. 통일벼는 면역성이 떨어져 병충해가 자주 발생했고, 냉해에 약해 물못자리가 아니라 비닐 터널에서 재배를 해야 하므로 비용 상승을 초래했다. 또 생육 기간이 긴 만생종이라 밀과 보리의 이모작이 불가능했으며, 볏짚이 짧고 맥살이 없어 농한기의 부수입원이라 할 가마니나 새끼를 꼴 수도 없었다.

그렇지만 식량난을 일거에 해결할 가능성이 있는 통일벼를 박 대통령은 포기하지 않았다. 농민의 저항을 잠재우기 위해 군대식 작전상황실까지 마련해 더욱 강력한 '통일벼 장려 행정'을 실시했다. 집집마다 목표치를 정해 할당하고 각 마을 회관에는 증산 목표량을 큼지막하게 써 붙였으며, 다수확 농가에 대한 시상도 실시했다.

군청과 읍면동 공무원들이 매일 농가를 돌며 통일벼를 재배하라고 강요하기도 했다. 지금도 돈줄이나 주요 자원을 쥐고 있는 행정기관에서 '갑질'을 해서 원성을 사는 일이 있지만 당시에는 훨씬 더 심했다. 이처럼 통일벼를 보급하던 초창기 몇 년간 농민과 정부 사이에서 일어난 저항과 강압적 대응으로 많은 부작용을 낳았다.

하지만 시간이 흐르면서 농민들은 통일벼 산출량이 두드러지게 많다는 것을 체감하게 되었고, 통일벼에 생기는 병충해를 막는 농약이 보급되면서 통일벼 정책은 성공한다. 1973년경부터 통일벼 재배 면적이 급격하게 증가했고 1977년경에는 전국적으로 통일벼를 재배하는 수준에 도달했다. 쌀 생산량이 급격하게 증가해 쌀 자급이 가능하게 된 것이다. 또 1965년부터 엄격하게 금지되었던 쌀 막걸리 생산도 1977년부터 정식으로 허용되었다.

공포를 조장하는 금연 캠페인의 결과

통일벼와 함께 우리나라에서 일어난 대표적인 저항 사례로 손꼽히는 것이 바로 금연 캠페인에 대한 반응이다. 담배가 건강에 해롭다는 것이 세계적으로 알려지기 시작하면서 각 나라에서는 금연 캠페인을 전개하거나 담배 가격을 징벌적으로 높게 인상하는 식으로 금연 정책을 펼쳤다. 이러한 금연 캠페인에는 주로 흡연자에게 공포심을 유발하는 광고가 자주 사용된다. 우리나라에서 금연 캠페인이 본격 시행된 것은 2000년대 초 국민 코미디언 이주일 씨가 금연 광고에 등장하면서부터라 할 수 있다. 폐암 말기 환자였던 이주일 씨가 병색이 완연한 모습으로 광고에 나와 담배를 피워온 과거를 후회하면서 금연을 호소해 큰 반향을 불러일으켰다. 이 광고는 2001년 70퍼센트에 달하던 성인 남성 흡연율을 2년 만에 57퍼센트로 끌어내리는 데 큰 역할을 했다고 평가받기도 했다.[4]

미국에서는 1960년대 초반부터 공포심을 불러일으키는 금연 캠페인이 실시되었다. 흡연이 유발하는 암이나 끔찍하게 손상된 폐의 모습을 TV를 통해 보여준 것이다. 그런데 흥미롭게도 공포심을 자극하는 금연

광고가 정반대의 효과를 초래한다고 주장하는 연구들이 등장한다.[5] 사람들이 공포 메시지를 접한 후 건강상의 위험을 줄이기 위해 금연을 실시하는 인지적 반응을 보이기도 하지만 단순히 공포심을 줄이기 위해 메시지를 회피 또는 거부하는 감정적 반응을 보이기도 한다는 것이다.

최근 발표된 연구 결과에서도 개인의 자기 효능감에 따라서 공포 메시지에 대한 반응이 갈린다고 한다. 즉 자신이 결심하면 담배를 끊을 수 있다고 생각하는 자신감이 강한 사람은 금연 행동을 취하지만, 자신감이 낮은 사람은 공포 메시지 자체를 회피하거나 부인하는 것이다.[6]

공포 캠페인은 과연 개인의 금연 행동에 얼마나 영향을 미칠까. 담배를 피우는 정도에 따라 받아들이는 강도가 다를 것이다. 우선 담배를 피우지 않는 사람은 앞으로도 절대 피우지 않겠다고 결심한다. 다음으로 담배를 구매하진 않지만 간헐적으로 피우는 사람들이 금연을 하기 시작할 것이고, 직접 구매해서 하루 반 갑 이하로 피우는 사람 중 일부가 금연에 돌입할 것이다. 가장 많이 피우는 애호가들은 금연에 대한 자신감이 떨어지는 사람들이 대부분이다. 따라서 이런 광고를 회피하거나 그 내용에 반발할 가능성이 높다. 그러니 금연 캠페인에 공포 메시지를 활용할 경우 반발 심리를 자극하지 않도록 조심스럽게 접근해야 한다.

흡연자의 심리는 인지부조화 이론으로도 설명할 수 있다. 사람들은 자신의 생각과 태도나 행동이 일치하지 않으면 불편함을 느끼고 이를 해소하기 위해 노력한다. 흡연자라면 '담배를 피우기 때문에 폐암에 걸릴 위험이 높다'는 생각을 하면서 '여전히 담배를 피우고 있는' 자신의 행동으로 인해 불편한 마음을 느끼는 상태에 빠진다. 이 흡연자가 불편함을 해소하는 방법으로는 두 가지가 있다. 하나는 자신의 생각에 맞추어 금연하는 것이다. 그러면 생각과 행동의 불일치가 사라지고 마음의 평화를 찾게 된다. 다른 하나는 담배를 계속 피우는 행동에 맞춰 생각을 바꾸는 것이다. 담배가 폐암을 유발한다는 단정적인 증거가 희박하며 건강에 유해하다는 연구도 충분하지 않다고 결론을 내리는 것이다.

담배 가격에 따른 저항감도 무시할 수 없다. 우리나라의 담배 가격이 오른 과정을 보면 1977년 당시 고급 담배에 속하는 거북선과 선의 가격이 300원이었는데 1996년에는 1,000원으로 올랐고, 이후 꾸준히 인상되어 이제 4,500원까지 치솟았다. 이렇게 담뱃값을 인상할 때마다 흡연자 중 다수를 차지하는 서민층이 소득 대비 상대적으로 더 높은 세금을 부담한다는 논란이 있었다. 높은 가격 때문에 금연을 하게 되면 긍정적인 효과인데도 불구하고 현실적으로 끊기가 어렵다 보니 생기는 일이다.

행동주의 심리학자인 스키너가 제시한 조작적 조건화 이론이 담배의 중독 현상을 잘 설명하고 있다. 스키너는 굶주린 쥐를 상자 안에 넣고 쥐가 우연히 어떤 지렛대를 건드렸을 때(행동) 맛있는 먹이를(긍정적 결과) 주었다. 다음에 동일한 지렛대를 누르면 또 먹이를 주었다. 지렛대를 누르는 행동과 긍정적 결과의 연계가 되풀이되면 쥐는 배가 고플 때마다 지렛대를 누르고 어느 순간 이것은 습관화된다. 우연히 친구 따라 담배를 피워보니 느낌이 괜찮았고 몇 번 더 피워보니 기분이 좋았다. 이런 식으로 어느 순간 습관화되는 것이다. 도파민 분비가 떨어지면 습관적으로 담배를 피우게 되고 도파민 분비가 증가하면서 기분이 좋아진다. 그 때문에 많은 사람들이 담배를 피우고 있는 것이다.

변화의 적응도가 사회와 개인의 행복을 좌우한다

컬러 TV, 컴퓨터, 인터넷, 휴대폰, 우주선 등 우리 삶과 생활에 큰 변화를 가져온 과학기술의 산물은 대부분 20세기에 만들어졌다. 그런데 21세기에 들어서면서 더 큰 변화가 더 빠르게 진행되고 있다. 언론 매체와 학계, 산업계에서는 오늘날 과학기술이 숨 가쁘게 변화하고 있다고 주장한다. 근래 들어 변화의 속도가 매우 빠르다는 점은 모두가 인정하는데, 그 빠르기가 어느 정도라고 해야 할까? 그 속도를 측정하거나 짐작하기 위한 방법들을 살펴보자.

기술이 발전해야 행복하다?

'무어의 법칙'은 컴퓨터의 처리 속도를 결정하는 메모리 용량이나 CPU의 속도가 기술개발에 따라 18~24개월마다 2배씩 증가한다는 법칙이다. '황의 법칙'은 우리나라 메모리 반도체 집적도의 발전 속도가 더욱 빨라져서 1년마다 2배씩 증가한다는 것이다. 최근 들어서는 인간과 기계의 활동을 빅데이터로 생성할 수 있게 됨에 따라 데이터의 양이 상상을 초월할 정도로 증가하고 있다. 인간이 기록을 하기 시작한 이후 2003년까지 쌓인 데이터 양이 약 5엑사 바이트인데, 2011년부터는 같은 양의 데이터가 2일마다 쌓이고 2013년부터는 10분마다 쌓이고 있다.[7]

그런가 하면 앨빈 토플러는 《부의 미래》에서 미래 사회에 부를 창출하는 세 가지 축인 시간과 공간과 지식 중에서 지식은 무한대의 속도로 변화한다고 제시했다. 그는 각 분야의 발전 속도를 비교했다. 기업의 발전 속도가 전 분야를 통틀어 가장 빠르기 때문에 그 발전 속도를 기준으로 할 때(100마일), 정부와 규제기관은 25마일이고, 학교는 10마일, 법은 1마일의 속도로 움직인다고 한다. 그리고 토플러는 이렇게 분야 간 속도가 일치하지 않으면 발전이 저해된다고 분석했다.

근래 들어 기업들이 너무나 급격하게 흥망성쇠를 겪는 탓에 경영학자들은 당혹스러워하기도 한다. 먼저 〈포춘〉이 1990년에 선정한 미국 500대 기업 가운데 2010년까지 500대 기업으로 남은 곳은 121개사로서 무려 75퍼센트가 탈락했다.[8] 미국에서 한때 큰 성공을 이룬 기업이 20년간 성공적 기업으로 유지되는 비율이 25퍼센트밖에 되지 않는 것이다. 우리나라도 예외는 아니다. 대한상공회의소가 2011년 내놓은 보고서에 따르면 국내 중소제조업체의 평균수명은 12.3년이고, 대기업은 29.1년에 불과하다.

세계 스마트폰 시장의 최강자이면서 혁신의 아이콘으로 꼽히고 있는 애플은 과거 PC회사로서는 실패한 회사였다. 세계 시장 점유율이 2퍼센트에도 못 미쳐 존속이 어렵다고 판단되어 실패 사례로 자주 거론되었다. 그런데 아이팟을 출시하고 아이튠즈 서비스, 아이폰, 그리고 스마트폰 앱 시장을 잇달아 구축함으로써 급반전을 이루었다.

한편 스마트폰 등장 이전, 휴대전화 시장에서 핀란드의 노키아와 미국의 모토롤라는 소수의 플랫폼을 기반으로 하는 하드웨어 생산기술과 우수한 디자인으로 세계 1, 2위를 차지했고 그 지위를 오랫동안 유지할 수 있었다. 당연히 세계 유수의 경영대학들에서 성공 사례로 거론되었다. 하지만 이 회사들은 스마트폰 출시에서 뒤처지면서 몇 년 만에 시장에서 사라져갔다.

소니의 컬러 TV와 캠코더는 2000년대 초반까지 세계 시장에서 1등 제품으로 많은 소비자들로부터 호평을 받았고, 뒤이어 나온 워크맨은 단순히 음악기기를 넘어서서 젊은이들에게 패션용품으로 자리 잡기까지 했다. 그런데 소니가 디지털기술에 뒤처지면서 LCD TV와 스마트폰 시장에서 경쟁력을 잃게 되자 삼성전자가 최강자로 떠올랐다. 이제는 2000년대 초반까지와 반대로 "소니는 왜 실패하게 되었나, 삼성전자는 어떻게 세계 1위가 되었나?" 하는 식의 사례 연구가 단골 주제로 등장하고 있다. 경영학 교수들이 자가당착에 빠지는 곤란한 경우가 빈발하고 있는 것이다.

2016년에 과학기술 분야 교수들이 모인 좌담회에서 향후 20~30년의 과학기술 변화가 산업혁명 이후 지금까지의 약 250년에 준할 것이라고 예측했다.[9] 이 예측을 단순하게 수용한다면 과거 8년에서 12년 정도에 해당하는 변화가 앞으로 매년 일어난다고 볼 수 있다. "10년이면 강산도 변한다"는 속담처럼 뚜렷한 변화가 매년 일어나게 된다는 의미다. 이언 모리스는 《가치관의 탄생》에서 인간 가치관의 관점에서 향후 100년 동안 벌어질 변화는 지난 10만 년 동안의 변화보다 훨씬 광범위할 것이라고 예측했다.

그런데 개인들은 어떤 속도로 변화하고 있을까? 앞서 말했듯이 인간은 변화에 저항하고 잘 수용하지 않는 속성이 있다. 우리가 생각하는 속도와 그 생각을 행동으로 옮기는 속도는 매우 느리다. 즉, 개인의 생각의 속도는 세상의 변화 속도에 비해 크게 뒤처지는 것이다. 기술에 의한 물질적 문화의 변화를 정신적 문화가 같은 속도로 쫓아가지 못하면 문화지체 현상이 생긴다. 예컨대, 기술의 발전에 따라 자동차 수는 갈수록 증가하지만 교통질서 의식은 정체되어 있거나, 에너지 소비량은 급속하게 증가하지만 환경에 대한 인식은 뒤처지는 것이 문화지체 현상이다. 이러한 지체 현상이 심화되면 개인은 행복해질 수 없고 사회는 혼란이 증가할 가능성이 높다.

변화를 유연하게 잘 받아들이고 쉽게 적응하는 사람도 있는 반면, 약간의 변화도 어려워하고 적응하지 못하는 사람도 있다. 결정적 순간에 변화를 받아들일 수 있는지에 따라 개인의 적응성과 행복도가 크게 달라진다. 조선시대 평민이 한자 중심의 글을 배우지 않던 시절에 한글을 깨우친 사람들은 그렇지 않았던 사람들에 비해 세상살이가 좀 더 편안하고 행복하다고 느꼈을 것이다. 스마트폰과 태블릿PC를 비롯한 정보기기를 사용할 줄 아는 사람들은 그렇지 않은 사람들에 비해 사람들과 좀 더 잘 어울리고, 장보기도 더 쉬우며, 이런저런 소식도 더 많이 알 것이다. 신용카드를 교통카드로 쓸 줄 아는 사람들이 그렇지 않은 사람들보다 전철과 버스를 더 편리하게 이용할 수 있을 것이다. 모바일 세상을 잘 이해하지 못하면 TV 광고를 보면서 도대체 무슨 말인지 모르겠다는 생각이 강하게 들 것이다.

중국을 G2로 급부상시킨 원동력

국가의 흥망성쇠도 변화에 대한 적응도에 따라 크게 달라진다. 각국의 1인당 소득을 나타내는 1인당 GDP 통계를 살펴보자. 우리나라에서 높은 경제성장이 시작되기 전인 1970년 통계를 보면 한국 279달러, 중국 112달러, 북한 약 400달러였다. 세 나라 중에는 북한이 제일 잘 살았다는 이야기다. 2015년 UN 통계를 보면 한국 약 2만 7,000달러, 중국 8,100달러, 북한 648달러로 나타나고 있다. 북한의 통계는 정확한 보고가 없어 조사기관에 따라 오락가락하는 추정치인데 범위로는 400~1,200달러 사이에 있다. 한국은 선진국 문턱에 진입했고, 중국은 누구나 인정하듯 그 경제력이 세계에서 넘버 2, 바로 G2이며, 북한은 세계에서 가장 가난한 국가 중 하나다.

소련은 1980년대 중반까지 미국과 패권을 다투는 G2에 해당했다. 한때 우주선과 군사력에서 미국을 능가했지만 1991년에 몰락하고 말았다. 1970년대 G2로서 세계의 절반을 지배하던 소련은 붕괴한 반면, 1970년 세계에서 가장 가난한 나라 중 하나였던 중국이 오늘날 G2로 발돋움하게 된 이유는 무엇일까? 한국보다 1인당 소득이 월등히 높았던 북한이 오늘날 세계에서 제일 가난한 나라로 전락한 이유는 무엇일까? 바로 필요한 순간에 변화를 수용하는 것의 여부가 결정적인 작용을 했다고 볼 수 있다.

중국은 덩샤오핑이 주도적으로 도입한 개혁개방정책이 성공하면서 중국 경제가 세계적으로 '굴기'했다고 할 수 있다. 덩샤오핑은 젊은 시절 프랑스에서 유학을 했다. 제1차 세계대전으로 노동력이 부족해진 프랑스와 서구 문물을 배우려는 중국의 이해관계가 맞아떨어져 1,500명의 중국인이 프랑스로 유학을 가서 공부했다. 이 시기 덩샤오핑은 프랑스의 국민 자동차회사인 르노자동차에서 노동자로 일하면서 자본주의가 어떻게 작동하고 유지되는지 이해하게 되었다.

이때 경험을 토대로 후일 덩샤오핑이 최고권력자가 되어 실행하게 된 경제 구상인 '중국식 공산주의'는 농업의 현대화, 공업의 현대화, 과학의 현대화, 기술의 현대화라는 4대 현대화로 요약할 수 있다. 그가 현대화되고 산업화된 국가라는 목표 하에 사실상 자본주의 정책과 크게 다르지 않은 공산주의 시장경제를 도입함으로써 오늘날의 G2 경제의 토대를 닦은 것이다.

개방개혁 이전 중국의 농업은 과거 인민공사 제도 하의 집단노동제도다. 이 제도는 거대한 농토를 1만 가구에서 1만 5,000가구가 공동으로 경작하는 방식이다. 한 가구당 가족 수를 4명이라고 치면 4만 명에서 6만 명 정도가 하나의 단위체로서 공동경작을 하는 것이다. 그런데

1978년 12월 안후이성 평양현 샤오강小崗촌이라는 작은 농촌 마을의 농민들이 먹고살기 힘든 나머지 집단노동제에 대해 반란을 일으켰다. 이들은 비상회의를 열고 공동생산 공동분배라는 체제를 거부하고 농민들이 농가별로 토지를 나누어 책임지고 경작하는 '농업생산책임제'를 단행한 것이다.[10]

말하자면 농지를 농가별로 나누어서 개별적으로 경작하고, 각 농가는 정부에 수확량의 일부를 세금으로 내고, 나머지를 자기 것으로 가지는 형태를 말한다. 사유재산이 인정되지 않던 당시에 자기가 거둔 수확량에서 일부만을 세금으로 내고 나머지를 가지는 방식이니 집단노동제도를 정면으로 거역한 것이다. 놀라운 것은 그 수확량이다. 농업생산 책임제를 시행한 첫해에 집단노동제 방식을 따르던 전년 대비 6배의 수확량을 거두었다. 인민공사에 소속된 농민들은 생산의욕의 감퇴로 제대로 농사를 짓지 않았던 것이다.

놀라운 것은 안후이성 정부의 대응이었다. 안후이성 정부는 이 사실을 깨닫고 반역적 행동을 단행한 농민들을 처벌하는 대신 농업생산책임제를 성 전체로 확대했다. 그러자 성 전체에서 수확량이 엄청나게 증가했고 결국 1982년 당 중앙에서는 전국에 걸쳐 시행하기에 이른다. 새로운 농업정책이 전국적으로 확대 시행되게 된 배경에는 바로 작은 거인 덩샤오핑이 있었던 것이다. 아직도 많은 인구가 기아선상에서 헤매고 있는 북한의 지배층에게 큰 시사점을 주는 대목이 아닐 수 없다.

생각의 유연성은 사람의 육체적 나이와 심리적 나이의 영향을 받는다. 사안에 따라 다르겠지만 일반적으로 육체적 나이보다 심리적 나이의 영향이 큰 듯하다. 비슷한 청년기에 변화무쌍한 벤처기업에서 일하는 것을 즐기는 사람도 있지만, 안정적인 정부기관이나 공기업만을 선호하는 사람도 있다. 같은 중년이나 노년이더라도 여러 세대와 잘 소통하는 사람도 있고, 주위 모든 사람에게 외면받는 사람도 있다. 스크루지처럼 굴레 속에서 살아갈 것인지 '꽃중년'이라는 소리를 들으면서 살 것인지, 그리고 젊은 나이에 걸맞게 적극적으로 생각할 것인지 소극적으로 생각할 것인지 전적으로 생각의 유연성에 달려 있는 것이다.

사회와 개인은 함께 변해야 한다

이 책에서 이야기하는 사고의 유연성은 단순히 사회성이 좋아서 여러 사람과 잘 어울려 살 수 있는 것을 말하는 것이 아니라 '변화와 새로운 것에 적응하는 능력'을 의미한다. 사람마다 사고의 유연성은 다르다. 세상이 변화하는 속도가 KTX 열차가 달리는 속도와 같다고 생각해보자. 사람들 중에는 KTX의 속도로 또는 더 빠르게 달리는 사람도 있고, 새마을호 속도로 달리는 사람도 있으며, 무궁화호 속도로 달리는 사람도 있다. 자전거 속도로 달리는 사람도 있고, 심지어 걷는 사람도 있다.

시속 300킬로미터로 변하고 있는 세상에서 KTX의 속도로 달리면 나란히 보조를 맞추어 변하는 것으로 변화로 인한 문제를 거의 느끼지 못할 것이다. KTX의 절반 수준으로 달리면 세상이 자기를 추월해 지나쳐 간다. 마주치는 순간부터 아주 짧은 시간 동안 세상 변화와 동일하게 달리지만, 곧 세상 변화에 뒤처지게 된다. 자전거를 타고 가는 사람은 KTX가 저 멀리 뒤에서 언뜻 보였다가도 고개를 돌리는 순간 휙 지나가며 금방 사라져서 보이지 않는다.

속도에 차이가 있을 때 움직이는 두 개체 사이에는 대조의 법칙이 작용해서 그 차이를 더 가중시킨다. 사우나에 가서 바로 냉탕에 들어갈 때 느끼는 차가운 정도에 비해 먼저 온탕에 있다가 냉탕으로 옮길 때 훨씬 더 차게 느끼는 것과 마찬가지다. 그 격차가 실제 차이보다 크게 느껴지는 것이다.

사회는 변하고 있는데 개인이 새로운 것을 받아들이지 않거나 생각과 행동이 과거에 얽매이고 과거를 그리워하며 산다면 그 사람은 사회와 점점 거리가 멀어지게 된다. 개인이 세상에 비해 뒤떨어져 있다거나 동떨어져 있다고 느끼면 행복하지 않을 것이다. 사회와 개인의 거리가 멀어질수록 개인은 사회에서 의미를 찾기가 어렵고, 세상 살기가 재미없어질 것이다. 재미가 없으니 변화를 이끌어내거나 성과를 내는 일 또한 없을 것이다.

변화를 위한
생각의 틀

인간은 자기가 속한 가정과 일터와 지역사회에 소속감과 일체감을 느낄 때, 그 조직에 동화되고 조화를 이룰 수 있다. 다시 말해 개인은 가정과 일터와 지역사회에서 일어나는 변화에 적응하고 보조를 맞출 수 있을 때, 자신의 역할에 대한 의미를 찾고 자존감을 가지며 행복을 느낄 수 있을 것이다. 반대로 개인이 사회 변화를 수용하지 못하고 생각과 행동이 과거에 고정되어 있다면, 그는 사회와 거리가 점점 멀어지게 된다. 개인이 사회에서 동떨어져 살면 살수록 그 사회 속에서 의미를 찾기가 어렵고 재미를 잃게 될 것이며 그 사회를 싫어하게 될 것이다.

요즘 중고교생 자녀를 둔 부모들은 자녀와 소통하기가 어렵다고 말한다. 아이들은 공부하는 시간 외에는 스마트폰을 끼고 살며, 인터넷과 모바일게임을 즐기고, SNS를 통해 늘 무엇인가를 주고받으며, 1인 방송의 BJ가 되어 '먹방'을 진행하기도 한다. 부모로서는 자녀가 좀 더 공부에 열중하지 않고 온라인 세계에만 빠져서 사는 것이 불만이다. 자녀로서는

당신은 이노베이터인가

늘 공부에 대한 스트레스 때문에 피곤한데 부모가 공부 외에는 관심이 없는 것 같아 대화를 피한다. 아버지가 어렵게 살던 시절의 이야기를 해서 분위기를 어색하게 만드는 것도 불만이다.

가정에서 서로 상대방을 잘 이해하고 원만한 소통을 하기 위해서 누가 더 노력해야 할까? 바로 부모다. 젊은 세대가 의무감을 가지고 부모 세대를 이해하도록 열심히 노력하는 것은 기대하기 어렵다. 우선 젊은 세대에게 부모 세대의 일들은 겪어보지 않은 일이다. 반면 부모 세대들은 똑같은 경험은 아닐지라도 젊은 시절을 거쳐 왔다. 그러니 먼저 살아보고 경험한 부모가 노력해야 한다. 그렇지 않으면 자녀와 소통이 안 되는 '꼰대'가 되는 것이다.

사회로 나가보자. 요즘 직장에서는 40대 이상의 부장과 임원들이 젊은 직원들을 이해하기 어렵다고 말한다. 자신들은 윗사람이 시키는 일이면 무엇이든 군소리 없이 처리했고, 야근을 해야 할 일이 생기면 당연히 아랫사람들도 참여해야 한다고 생각했고, 술을 잘 못 마시는 체질일지라도 회식에서 상사가 권하는 술잔을 감사하게 비웠다. 더 나아가 부서 사람들이 모두 열심히 노력해서 어려운 일을 성공시키고 나면 그 공을 상사에게 돌리고 상사가 승진하도록 지원하는 것을 당연하다고 생각했다. 그런데 요즘 젊은 직원들은 과거에 자기들이 했던 것처럼 하지 않는다면서 사회생활을 못한다고 투덜대기만 한다.

직장에서 상사와 부하 직원이 서로를 잘 이해하고 협력해 업무의 생산성을 높이려면 누가 누구에게 맞추어야 할까? 가정에서처럼 먼저 사회생활을 겪은 상사가 새로운 트렌드를 이해하려 애쓰고 아랫사람들에게 맞추어야 한다. 그렇게 할 때 유능한 젊은 직원들과의 원활한 소통이 이루어져 조직의 활력을 높일 수 있을 것이다. 그렇지 않으면 직원들과 소통을 잘 못하는 '꼴통 상사'가 되고 말 것이다.

세상은 더욱 빠르게 변화하고 있다. 세상에서 재미있게 살아가기 위해서는 세상의 변화에 보조를 맞추어야 한다. 하지만 아이러니하게도 사람은 누구나 변화에 저항하는 속성이 있다. 한 개인이 특별히 보수적이고 수구적이어서 변화를 싫어하는 것이 아니라 인간이면 누구나 변화를 회피하고 저항하려는 성향이 내재되어 있다.

진화심리학적으로 보자면 문명시대 이전 밀림 속에서 살았던 우리 선조들은 맹수와 다른 인간무리뿐만 아니라 다양한 질병과 자연재해의 위험을 항시 걱정해야 했다. 익숙한 환경을 벗어날 때는 늘 조심을 해야 했다. 수십만 년 전부터 우리 몸속에 각인되어 있는 DNA는 우리가 변화를 두려워하고 회피하도록 만들었다. 굳이 이런 해석까지 동원하지 않더라도 직장 생활을 하는 사람들은 대부분 이런 경험을 해보았을 것이다. 회사가 시도하는 새로운 변화에 마음속으로 저항하면서 어쩔 수 없이 따랐던 경험 말이다.

우리 인간은 가만히 있어도 세상의 변화에 척척 적응하면서 살아갈 수 있는 존재가 아니다. 적극적으로 노력해야 한다. 물론 개인에 따라서 변화에 비교적 잘 적응하는 사람도 있고, 그렇지 못한 사람도 있다. 개인에 따라 혁신성향에 차이가 있다. 또 혁신적인 사람이라고 모든 영역에서 혁신적인 것은 아니다. 한 영역에서 혁신적인 사람이 다른 영역에서는 매우 보수적일 수도 있다. 그렇다면 우리는 어떤 영역에서 어느 정도

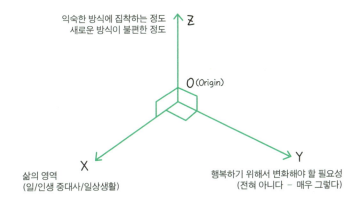

익숙한 방식에 집착하는 정도
새로운 방식이 불편한 정도

Z

O (Origin)

X

Y

삶의 영역
(일/인생 중대사/일상생활)

행복하기 위해서 변화해야 할 필요성
(전혀 아니다 – 매우 그렇다)

변화해야 하는 정도

변화하는 것이 좋을까? 우리 삶의 영역과 변화의 필요성 및 적극적 노력
의 필요성 정도를 다음과 같은 축으로 나누어 생각해보자.

먼저 첫 번째 X축은 변화가 필요한 삶의 영역이다. 직장이나 비즈니스
를 포함한 일터일 수도 있고, 입학, 결혼과 출산, 이혼, 이사, 취업, 퇴직
등 우리 생활에 큰 영향을 주고 인생의 전기가 되는 인생의 중대사일 수
도 있으며, 가족과 친구들과 어울려 지내는 일상생활일 수도 있다.

두 번째 Y축은 개인이 행복하기 위해서 변화해야 할 필요성이 어느
정도 절실한가에 관한 것이다. 우리가 세상 모든 변화에 보조를 맞추어
야 할 필요는 없다. 어떤 변화는 개인이 따르지 않더라도 그 사람의 생활
에 전혀 지장이 없다. 그런가 하면 어떤 변화는 개인의 원만한 생활과 행
복에 지대한 영향을 미친다. 이러한 변화에는 적절하게 대응해야 할 것

이다. 예컨대 직장에서 정년퇴임을 한 사람이 젊은 사람들과 대화를 정기적으로 하든 하지 않든, SNS를 자주 이용하든 하지 않든, 글로벌 경제 동향에 대해 체크를 하든 하지 않든, 그 사람의 생활에 큰 영향을 미치지 않을 것이다.

그러나 기업에서 현직 임원으로 활동하고 있는 사람이라면 사정이 다르다. 회사가 수직적 구조를 수평적 구조로 전환시키기 위해서 노력하고 있다고 하자. 직급의 수를 줄이고, 평사원이 팀장과 임원에게 직접 소통할 수 있는 채널을 증대시키고 있으며, 급여 체계를 실적 평가에 기초한 연봉제로 바꾸고 있다. 이런 상황에서 임원이 조직에서 시도하는 변화에 맞추어서 변화하지 않으면 살아남기 어려울 것이다.

또 다른 예를 들어보자. 근래 한류의 영향으로 중국과 일본, 러시아를 비롯한 다양한 나라의 관광객이 우리나라를 찾고 있다. 이때 동네 주택가에서 편의점이나 약국을 경영하는 사람은 외국어를 못하더라도 매출에 별 영향을 받지 않을 것이다. 하지만 면세점에 입점한 기업에서는 직원의 외국어 구사 능력이 매출에 큰 영향을 미칠 것이다. 따라서 이런 기업에 종사하는 사람은 외국어 능력을 향상시켜야만 좋은 실적을 낼 수 있을 것이다.

세 번째 Z축은 개인이 익숙한 것에 집착하는 정도가 얼마나 강한지 그리고 새로운 것을 얼마나 불편하게 느끼는지에 관한 것이다. 변화의 수용을 불편해하면 할수록, 또 변화 이전의 현상유지를 편안해하면 할수록, 변화하기 위해서는 의도적인 노력이 많이 필요할 것이다. 예컨대 이제는 신문을 인터넷으로 보는 것이 불편하다는 사람은 별로 없다. 하지

당신은 이노베이터인가

만 쇼핑으로 넘어오면 얘기가 좀 달라진다. 온라인이나 모바일 쇼핑을 오프라인에서 물건을 직접 만져보고 사는 것보다 불편해하는 사람이 훨씬 많다. 아직 온라인을 통해 책 한 권 사보지 않은 사람이 사본 사람에 비해서 훨씬 많다. 온라인 쇼핑에 적응하기 위해서는 온라인으로 신문 보기에 비해 훨씬 많은 의도적인 노력이 수반되어야 하기 때문이다.

　조직도 마찬가지다. 요즘 기업에서는 하드웨어보다 소프트웨어의 영향력이 커지면서 구성원의 창의성이 대단히 중요한 역할을 한다. 아침 9시에 출근해서 6시에 퇴근할 때까지 자리를 꼭 지키고 있는 것보다, 한 순간에 창출되는 창의적인 아이디어가 회사 실적에 더 큰 기여를 할 수 있다. 엄격한 위계질서를 바탕으로 근면하고 성실하게 일하는 자세는 제조업을 위주로 하는 생산체제에는 적합했지만, 인공지능과 빅데이터와 사물인터넷으로 일하는 4차 산업혁명 시대에는 적절하지 않게 되었다. 회장의 지시를 받들어 CEO가 전략을 수립하고 이사, 부장이 세부계획을 짜서 과장 이하 팀원들이 열심히 실행하는 수직적 체제가 효과성을 잃어가고 있는 것이다.

　대기업들도 변신을 꾀하고 있다. 어떤 대기업에서는 이사님, 부장님, 차장님, 과장님으로 이어지는 직급에 따르는 호칭이 문제이니 호칭을 바꾸자고 한다. 예컨대 '김성실 부장님'이라고 부르지 말고 '김성실 님'이라고 부르자는 것이다. 복장에 대해서도 변화를 꾀하려 한다. 불과 몇 년 전까지만 해도 우리나라 대기업들의 드레스 코드는 상당히 엄격한 편이어서, 대부분 짙은 색상의 정장을 갖춰 입었다. 점심시간에 일제히 쏟아져 나오는 모습을 보면 누가 누구인지 구분하기 힘들 정도다. 그런데 이제는 이런 딱딱한 정장 차림이 자율적인 사고방식에 장애가 되니 복장을 좀 더 자유롭게 바꾸거나 바꾸려는 기업들도 있다. 일부 게임업체에서는 이미 이런 식의 복장을 도입하고 있다.

여기서 핵심은 단순히 호칭을 바꾸고 복장을 자유롭게 하는 것이 아니라, 의사결정과 일하는 방식에서 자율성을 갖게 하는 것이다. 나이 어린 말단 팀원이 팀장과 임원에게 자유롭게 자신의 의견을 말하고 토론을 거쳐서 결론을 낼 수 있는 분위기를 만들어야 한다. 사장이 월례회의에서 지침을 내리면 나머지 참여자들은 모두 받아쓰고, 고참 팀장이 내린 결론에 말단 팀원이 토를 달다가는 미운털이 박히는 문화에서는 자율성과 창의성이 발휘되기 어렵다. 물론 호칭과 복장 같은 외형적 형식이라도 바꾸어보는 것은 아무것도 바꾸지 않는 것보다는 긍정적이다.

나는
얼마나
혁신적일까?

그렇다면 이제, 자신의 혁신 성향이 어느 정도인지 진단해보자. 혁신성향은 개인이 새로운 아이디어와 제도 및 신제품을 받아들이고 변화를 받아들이는 정도를 말한다. 개인이 새로운 제도나 이슈에 대해서 변화를 시도할 때, 자신이 어느 정도 혁신적인 사람인지를 파악하고 있다면 큰 도움이 될 것이다. 혁신성향이 높은 사람이라면 변화를 비교적 쉽게 수용하고 행동으로 옮길 수 있을 것이다. 반대로 혁신성향이 낮은 사람이라면 변화를 수용하기 어렵다는 의미다. 자신의 혁신성향이 낮은 수준이라면 생각을 바꾸고 새로운 행동을 실천하기 위해서는 의도적인 노력을 기울여야 하며, 장기적 관점에서 시도해야 할 것이다. 따라서 자신이 변화를 어느 정도 편하게 받아들일 수 있는 사람인지 알면 변화에 대한 대응이 보다 수월할 것이다.

그런데 자신의 혁신성향에 대해서 반대로 생각하고 있는 사람도 있다. 팀원들이 보기에 팀장은 지극히 혁신성향이 낮은데도 불구하고, 팀장은 스스로가 혁신성향이 높다고 생각하고 팀원들이 자기처럼 혁신적으로 생각하고 행동하지 않는다고 불평한다. 마찬가지로 가정에서 부모와 자식 간에 그리고 학교에서 선생님과 학생 간에도 이러한 시각 차이가 있을 수 있다. 그래서 자신의 혁신성향을 누구나 한번은 체크해볼 필요가 있는 것이다.

여기서 소개하는 혁신성향 척도는 개인이 일상생활에서 접하는 여러 가지 이슈에 대해 어떻게 반응하는지를 묻는 항목들로 구성되어 있으며, 가장 널리 알려진 척도 중 하나다. 다음 표에 제시된 항목들에 대해 5점 척도로 답해보자. 각 문장에 대해서 강하게 동의하면 5점, 강하게 반대하면 1점, 그리고 동의하는 정도에 따라 2점, 3점, 4점으로 적절하게 매기면 된다. 이 때 주위 친구나 직장 동료와 비교하여 당신이 어느 정도에 해당하는지 생각하면서 평가하는 것이 좋다.

번호	항목
1	나의 동료들은 종종 나에게 조언이나 정보를 얻고자 한다.
2	나는 새로운 아이디어를 즐겁게 받아들인다.
3	나는 일처리에 있어서 새로운 방식을 모색한다.
4	나는 일반적으로 새로운 아이디어를 받아들이는 데 소극적이다.
5	나는 해법이 분명하지 않은 문제를 해결하는 데 나만의 방법을 찾아내곤 한다.
6	나는 새로운 발명과 새로운 사고방식을 의심하는 편이다.
7	내 주위의 압도적인 다수가 새로운 아이디어를 수용하기까지 나는 좀처럼 그 아이디어를 믿지 않는다.
8	나는 동료집단 내에서 영향력이 있는 사람이다.

당신은 이노베이터인가

9	나는 사고방식과 행동에 있어서 창의적이고 독창적이다.
10	나는 동료집단에서 새로운 무엇인가를 받아들이는 데 가장 소극적이라고 할 수 있다.
11	나는 창조적인 유형에 속하는 사람이다.
12	나는 내가 소속된 집단에서 리더로서의 책임을 기꺼이 지는 사람이다.
13	새로운 일처리 방식이 내 주위 사람들에게 문제가 없다고 확인될 때까지 나는 그 방식을 도입하지 않는 편이다.
14	나는 독창적인 사고와 행동을 즐겁게 받아들인다.
15	나는 기존의 생활방식과 일처리 방식이 최선이라고 생각하는 편이다.
16	나는 애매모호한 것과 해법 없는 문제에 도전하기를 좋아한다.
17	다른 사람들이 혁신제품을 쓰는 것을 관찰한 이후에야 그 제품의 구매를 고려한다.
18	나는 새로운 아이디어에 대해서 친화적인 사람이다.
19	나는 해법이 알려지지 않은 문제에 도전하기를 즐긴다.
20	나는 종종 새로운 아이디어에 대해서 의심하는 편이다.

1점: 강하게 반대한다, 2점: 반대한다, 3점: 중립적이다, 4점: 동의한다, 5점: 강하게 동의한다

개인 혁신성향 척도[11]

이제 결과 점수를 어떻게 이용하면 되는지 알아보자. 각자 다음 3단계로 자신의 점수를 계산한다.

1단계: 항목 4, 6, 7, 10, 13, 15, 17, 20의 점수를 합산한다.

2단계: 항목 1, 2, 3, 5, 8, 9, 11, 12, 14, 16, 18, 19의 점수를 합산한다.

3단계: 혁신성향 점수 = 42 + 2단계의 총점 - 1단계의 총점

3단계의 혁신성향 점수에 따라서 다음과 같이 판단할 수 있다.

80점 이상: 이노베이터(혁신가)

69점 이상 80점 미만: 조기수용자

57점 이상 68점 이하: 조기다수자

46점 이상 56점 이하: 후기다수자

46점 미만: 후발수용자

위 척도에서 1단계의 8개 항목은 혁신성이 낮은 정도를 측정하는 부정형의 질문이며, 2단계의 12개 항목은 혁신성이 높은 정도를 측정하는 긍정형 질문이다. 3단계의 산식은 긍정형 질문에 대한 대답의 총점에서 부정형 질문에 대한 대답의 총점을 빼고 상수인 42점을 더해주는 것이다. 긍정형 질문에서 긍정적 대답(5점에 가까운 대답)을 한 사람은 부정형 질문에서 부정적으로 답할 것이다(1점에 가까운 대답). 자신의 점수가 69점 이상이라면 혁신성향이 강하다고 보면 되고, 그 이하라면 혁신성향이 낮다고 보면 된다.

당신은 이노베이터인가

우리 조직은
얼마나
혁신적일까?

그렇다면 기업은 어떨까? 근래 들어 많은 기업들이 혁신을 위해 온갖 노력을 하고 있다. 새로운 제품과 서비스를 시장에 출시해 소비자 마음을 사로잡아야 하고 새로운 비즈니스를 창출해 장래 먹거리를 도모해야 하니, 개인과는 다르게 열린 마음과 태도를 가지고 있을 것이라 생각할 수 있다. 하지만 기업도 사람들이 모여서 일하는 조직이기 때문에 개인과 마찬가지로 혁신에 저항한다. 개인에게 작용하는 새로운 것에 대한 불안 심리와 저항 의식이 기업에게도 작용하는 것이다.

우리 회사는 불철주야 신기술과 신제품 개발에 노력하고 있는데 혁신에 저항한다니 무슨 소리냐고 반문하는 사람도 있을 것이다. 하지만 사실을 직시해보자. 혁신 실적에는 기업별로 큰 차이가 있다. 우리나라 기업 중 〈포브스〉 선정 '글로벌 top 50' 기업에 오르는 기업이 있는가 하면, 혁신 실적이 전무한 기업도 있다. 최근 출시된 신제품으로 상당한 매출과 이익을 올리는 기업도 있고 그렇지 못한 기업도 있다. 그러니 모든 기업이 혁신을 위해 노력하고 있다고 생각하더라도 그중 상당수는 사실상 별다른 노력 없이 착각하고 있는 것이다.

기업들은 혁신에 어떻게 저항할까? 다양한 양상으로 나타날 수 있다. 혁신 과제에 직면해서 우리에겐 시기상조라고 생각해서 미루는 경우, 당장 이익은 나지 않는데 큰 투자가 소요되니 수용하지 않는 경우, 또 평소 혁신에 필요한 교육훈련을 등한시한 결과 필요한 순간 역량을 갖춘 직원이 없어서 시작하지 못하는 경우, 회사의 인사평가 시스템이 단기 실적에 치중하고 단기 이익이 발생하지 않는 중장기 연구개발 참여를 경시해 어느 누구도 혁신 과제에 열정을 보이지 않는 경우, 연구개발 실패에 대해 회사가 참여자를 비난해서 모든 직원이 새로운 것에 도전하기를 두려워하는 경우 등을 모두 저항의 현상으로 볼 수 있다.

뒤에서 자세히 얘기하겠지만, 알리바바, 테슬라, 다이슨, 아마존, 구글, 넷플릭스, 한미약품, 아모레퍼시픽 등의 기업들은 이러한 저항을 극복해 탁월한 혁신 성과를 창출했고, 야후와 라디오섁, 블록버스터 같은 기업들은 이러한 저항에 항복한 결과 시장에서 사라지거나 사세가 크게 위축되고 말았다.

당신의 조직은 어느 정도 혁신적인가? 여기서 점검할 기업 혁신성 척도는 기업이 어느 정도 혁신적인지 알아보기 위한 것이다. 여기 제시된 항목들은 조직의 혁신성 측정에 관한 최근 연구[12]를 참고로 해 필자가 만든 것이다. 기업의 혁신성은 여러 측면을 포함하는 다차원적 개념이기 때문에 성과를 비롯해서 7가지 요소로 구성되어 있다. 기업이 혁신에서 궁극적으로 원하는 것은 혁신 성과output를 높이는 것이다. 이를 위해서 기업은 혁신 투입input과 혁신 시스템, 혁신 균형성, 혁신 리더십, 구성원 역량 및 조직 분위기 면에서 고루 혁신성을 갖추어야 한다.

혁신 성과는 우리 회사가 새로운 제품과 서비스를 시장에 출시해 매출과 이익 증대에 기여하고 있는 정도를 측정한다. 나머지 6가지 요소들은 혁신 성과를 창출하기 위해서 필요한 인적 자원과 물적 자원 및 혁신 시스템과 조직 분위기로 구성되어 있다. 혁신 투입은 기업이 혁신 활동에 할애하는 인력과 예산 및 내·외적 네트워킹 노력을 측정한다. 혁신 시스템은 기업이 혁신을 촉진하기 위한 제도와 절차를 제대로 갖추고 있는지 측정한다. 혁신 균형성은 혁신 활동이 작은 혁신과 큰 혁신에 고루 분포되어 있는지 그리고 장, 단기 혁신에 고루 분포되어 있는지 측정한다. 혁신 리더십은 회장과 CEO 및 경영진이 혁신을 적극적으로 지원하는 정도를 말한다. 구성원 역량은 구성원 각자가 혁신 역량을 잘 갖추고 있는지 그리고 혁신 활동에 열정을 가지고 참여하는지 그 정도를 측정한다. 조직 분위기는 기업의 경영관리가 혁신을 조장하고 저해요인을 제거하는지 보는 것이다.

이 척도를 통해 해당 기업이 어느 정도 혁신적인지 체크하고, 어느 요소에서 앞서 있고 어느 요소에서 뒤쳐져 있는지 확인할 수 있다. 응답자는 자기 기업의 혁신 활동에 대해 전반적으로 잘 알고 있는 중간관리자 이상의 관리자가 좋고, 개인적 편향을 보정하기 위해서 직무와 직급이 다른 2인 이상이 답해서 평균 점수를 내는 것이 좋다.

기업이 높은 혁신 성과를 창출하기 위해서는 7가지 요소에서 두루 높은 점수를 받아야 한다. 각 요소의 평균 점수를 7각형에 표시할 때, 그림

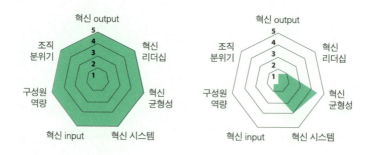

모든 요소에서 혁신성이 높은 기업(왼쪽) VS. 여러 요소에서 혁신성이 부족한 기업(오른쪽)

에서 보듯 균형 잡힌 7각형으로 나타나야 바람직하다. 어느 요소가 찌그러진 모습으로 나타나는 경우, 그 요소에 대한 강화가 필요하다는 이야기다.

다음 표의 각 항목에 있어서 자신의 회사를 동종 업계 top 3 기업과 비교해보자. '매우 뒤떨어진다'에 해당하면 1점, '매우 앞선다'에 해당하면 5점, 그 중간에 해당하는 경우 가장 적절한 번호에 체크해보자.

표의 총 20개 항목에 대한 응답 점수의 합계가 90점 이상이면 혁신성이 탁월한 기업이라고 할 수 있고, 80~90점이면 우수 기업, 70~80점이면 보통 기업, 60점 미만인 경우 열등 기업이라고 할 수 있다. 이 점수를 토대로 위와 같은 그림을 그리면, 혁신성이 높은 기업과 혁신성이 부족한 기업을 한눈에 비교해볼 수 있으며 어느 요소가 보강이 필요한지 알아볼 수 있다.

당신은 이노베이터인가

혁신성 요소	척도				
	1	2	3	4	5
혁신 output — 최근 3년간 출시된 신제품 수					
혁신 output — 최근 3년간 총매출 대비 신제품 매출액 비율					
혁신 output — 최근 3년간 신제품에서 얻은 이익					
혁신 input — R&D 투자 금액이 많음					
혁신 input — R&D 인력의 수가 많음					
혁신 input — 예산 대비 R&D 비율이 높은 수준임					
혁신 시스템 — 회사는 혁신 아이디어를 적극적으로 수집함					
혁신 시스템 — 혁신 아이디어를 평가하는 절차가 수립되어 있음					
혁신 시스템 — 아이디어 제안자에 대한 보상 시스템이 마련되어 있음					
혁신 균형성 — 점진적 혁신과 모험적 혁신이 적절하게 구성되어 있음					
혁신 균형성 — 단기적 혁신과 중장기적 혁신이 적절하게 구성되어 있음					
혁신 리더십 — CEO가 혁신에 대한 관심이 높음					
혁신 리더십 — 경영진이 혁신 프로젝트에 많은 시간을 할애함					
혁신 리더십 — 혁신 활동에 대한 인적 · 물적 지원이 많음					
구성원 역량 — 전 구성원 중 혁신교육을 이수한 구성원 비율이 높음					
구성원 역량 — 구성원 각자가 혁신이 자기 일이라고 생각함					
구성원 역량 — 전 구성원 중 혁신에 몰입하는 구성원 비율이 높음					
조직 분위기 — 회사의 경영관리가 혁신 활동을 적극 장려함					
조직 분위기 — 회사의 경영관리가 혁신 활동을 저해하는 정도가 낮음					
조직 분위기 — 회사의 경영관리가 혁신 활동 저해요인을 제거하고자 노력함					

기업 혁신성향의 척도

위의 척도가 복잡하다고 생각하면 훨씬 더 단순한 척도를 사용해볼 수 있다. 혁신성을 알아보고자 하는 기업의 CEO부터 가장 아래 직급까지 그리고 전 부서의 구성원들 중 50~100명 정도를 무작위 방식으로 선정해 다음 두 가지 질문을 한다.

- 회사는 귀하가 하는 일에 대해서 혁신하기를 기대하는가?
- 혁신이 인사 고과의 중요한 요소로 반영되고 있는가?

위 질문에 대해서 응답자의 70퍼센트 이상이 '예'라고 답하면 혁신 기업이라고 할 수 있다.[13]

왜
이노베이터가
되기 어려울까

변화에 저항하는 사람들이 많은 이유는 첫째, 혁신 성향의 차이로서 이노베이터는 소수이고 나머지 일반 대중은 이노베이터가 아니라는 점이다. 둘째, 혁신이 자신에게 이득인가 손실인가 계산하는 인간의 심리가 반영되어 있다. 셋째, 사람들은 일단 자기 손에 들어온 것을 귀중하게 여기는 경향이 있다. 넷째, 가급적 손실을 회피하고 현상을 유지하려 하고, 다섯째, 새로운 것의 불확실성에 주목하기 때문이다. 여섯째, 인간의 일관성 유지 욕구 그리고 일곱째, 준거집단의 의견을 중시하기 때문이다.

그럼 변화와 혁신에 어떻게 대응하는 것이 좋을까. 우리는 어느 정도 어떤 속도로 변화해야 할까? 어떤 변화는 잘 적응해야 하고 어떤 변화는 무시해도 좋을까?

혁신에 대처하는 사람들의 자세

앞서 세상이 빨리 변화하고 있다는 것과 변화의 양상에 대해서 살펴보았다. 지금부터는 주위에서 여러 가지 변화들이 일어나고 있는데도 불구하고 사람들이 변화를 거부하거나 잘 수용하지 못하는 이유를 논의하고자 한다. 인간의 심리는 변화를 거부한다. 혁신적인 변화일수록 잘 수용하지 못한다. 여기서는 왜 인간이 변화를 싫어하고 기피하는지에 대한 이유를 심리학적으로 조명해보고자 한다.

소수와 다수가 함께 살아가는 법

세상 만물을 살펴보면 대체로 정규분포를 따른다. 정규분포는 평균값을 중심으로 그 주변에 빈도가 높고 극대와 극소 주변으로 갈수록 빈도가 적으며, 좌우가 대칭이라는 의미다.

예컨대 어떤 해에는 비가 많이 오고 어떤 해에는 적게 오는 식으로 해마다 다르지만, 다년간 강우량을 관찰해보면 평균값에 비슷하게 오는 해가 가장 많고 아주 많이 오거나 아주 적게 오는 해는 흔하지 않다. 일조량, 적설량, 기온, 바람, 태풍 등 자연현상이 그렇고, 사람의 키나 몸무게, 발 크기 등의 신체적 특징, 기업의 매출액과 이익, 종업원 수, 국가별 경제성장률과 무역수지 등 사회경제적 변수들도 마찬가지다.

사람들의 여러 가지 특징이 정규분포를 따른다는 것은 세상이 참으로 살 만하게 만들어져 있으며, 특히 보통 사람들이 기죽지 않고 살아갈 수 있는 이유이기도 하다. 세상에 키가 큰 사람이 많다면 키 작은 사람들은 올려다보며 말해야 하는 경우가 많아 불편했을 것이다. 그런데 다행히도 키가 큰 사람은 아주 소수다. 게다가 키가 특출나게 큰 사람에게는 불편한 점이 있다. 의류회사들이 대부분 보통 사이즈의 상품을 생산하기에 특대 사이즈를 찾기 어렵기 때문이다.

사람들의 얼굴도 그렇다. 많은 청년들이 송중기나 김수현, 조인성, 현빈처럼 생겼다면 보통 사람들과 못생긴 사람들은 얼마나 주눅이 들 것인가. 하지만 다행히도 이런 미남자는 매우 소수다. 우리가 길거리에서 보는 대다수 남자들은 그냥 보통 남자들이고 그래서 평범한 사람들이 주류를 형성해 즐겁게 살아가는 것이다.

공부도 마찬가지다. 빼어나게 똑똑하고 모든 과목에서 우수한 천재나 수재들은 극소수다. 이들은 최고 명문학교를 우수한 성적으로 졸업하고, 세계적 연구기관에서 대단한 연구 업적을 내서 그중 몇 명은 노벨상도 수상한다. 그런데 이런 사람들은 예외적인 사람이고 나머지 대다수 보통 사람들이 우리 사회에서 주류를 형성해 비슷한 사고와 행동을 하면서 살아간다.

사람들이 새로운 현상을 받아들이는 시기는 어떨까? 한번 생각해보자. 예컨대 근래 정부가 도입한 도로명주소나 우측통행도 좋고, 핀테크의 일환으로 기업들이 추진하고 있는 스마트폰 결제방식도 좋고, 가정용 인공지능 비서나 전기차와 같은 새로운 제품도 좋다. 사람들이 세상에 새롭게 등장하는 제도나 아이디어 또는 기술이나 신제품을 도입하는 시기에 있어서도 정규분포를 따를 것인지 궁금하다. 결론부터 얘기하자면 '그렇다.'

전무후무한 당신, 이노베이터

에버렛 로저스Everett Rogers는 1962년에 출간한 《혁신의 확산Diffusion of Innovations》이라는 책에서 혁신을 받아들이는 사람의 숫자는 시기에 따라 다르며 그 분포는 정규분포에 가깝다고 했다. 그에 따르면 새로운 것이 처음으로 세상에 나온 다음 시기별로 이것을 받아들이는 사람들의 분포를 보면 다섯 그룹으로 나눌 수 있다고 한다. 다음 그림에서 보듯이 이노베이터, 조기수용자, 조기다수, 후기다수, 후발수용자의 다섯 그룹이 있다.

먼저 이노베이터는 혁신을 가장 먼저 수용하는 사람으로서 전체 수용자의 약 2.5퍼센트에 해당한다. 이들은 새로운 기술과 아이디어에 열광

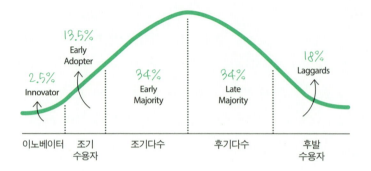

하는 사람으로 그에 수반되는 위험을 기꺼이 부담하고자 한다. 사회적
지위가 가장 높고 금전적 여유가 있으며 과학 진보에 관심이 대단히 큰
편이다. 그리고 보통 사람의 시각에서 볼 때 '전형적인 보통 사람'과는
다른 사람이라고 할 수 있다.

　대표적인 이노베이터 세종대왕은 당시 지식인들이 모두 한자를 쓸 때
이들의 반대를 무릅쓰고 평민들이 쉽게 쓸 수 있도록 훈민정음을 창제
했다. 또한 세종의 인재 등용은 오늘날 관점에서 보아도 혁신적인 요소
가 있다. 조선의 대표적 과학자인 장영실은 어머니가 동래현의 관기였던
관계로 그 역시 노비의 신분이었다. 하지만 세종은 장영실의 재능을 알
아보았다. 재능을 간파한 것보다 더 혁신적인 일은 노비에서 면천해주고
관직에 등용한 것이다. 선진국 문턱에 진입했다는 21세기 지금의 한국

에서도 빼어난 재능이 있다고 해서 아무런 공교육을 받지 못한 사람을 공무원으로 채용하기란 어려울 것이다. 세종이 그의 재능을 인정해 중히 쓰지 않았다면 조선의 과학은 천문과 기상을 비롯한 여러 분야에서 훨씬 덜 진보했을 것이다.

현재 세계에서 가장 유명한 그림은 레오나르도 다 빈치의 〈모나리자〉로 알려져 있다. 이 그림은 한 번도 거래된 적이 없어서 정확한 가치를 모르지만, 기네스북에 세계에서 제일 비싼 그림으로 올라 있으며 그 가치가 40조 원 정도로 추정된다.[1] 〈모나리자〉 이후 2000년대 초반까지 거래된 그림 중 가장 비싼 것은 미국의 추상주의 작가 잭슨 폴록의 〈No. 5〉이다. 이 그림은 2006년에 1억 4,000만 달러(당시 한화 약 1,879억 원)에 거래되었다고 한다. 폴록은 '드립 페인팅'이라는 그만의 제작 방법을 개발했다. 캔버스를 바닥에 눕히고 그 위를 걸어 다니며 공업용 에나멜 페인트를 뿌리는 방식이라고 한다. 붓을 종이에 전혀 대지 않는 방식이다. 그림을 보고 내용을 알기도 어려워 제목도 'No. 1', 'No. 2' 식으로 붙여진 그림이 많다. 통상 회화라고 할 때 떠올리는 전형적인 그림과는 완전히 다른 것이다.

우리 주변에서도 이노베이터를 볼 수 있다. 바로 혁신적 제품을 발빠르게 소비하는 사람들이다. 예를 들어 트위터나 페이스북이 나왔을 때 가장 먼저 쓰기 시작한 사람, 전기차나 로봇청소기를 가장 먼저 산 사람, 에어비앤비를 이용해 가장 먼저 여행을 가본 사람, 베컴의 새로운 헤어스타일을 가장 먼저 받아들인 사람 등을 생각해보면 된다. 그들은 새로운 것을 민감하게 관찰하고, 받아들이며, 그 결과가 별로 좋지 않더라도 경제적으로 충격을 받지 않을 사람들이다.

이노베이터는 보통 사람과 다른 이질적인 특징을 가진 사람이다. 예컨대 애플의 창업자인 스티브 잡스가 대표적이다. 잡스의 옷차림은 정말 독특했다. 늘 동일한 모양과 색상의 청바지와 검정색 터틀넥 셔츠를 입고 있었다. 집에 있을 때나 동네 슈퍼마켓에 장보러 나갈 때처럼 지극히 평범한 모습이다. 하지만 세계적으로 이목이 집중되고 많은 청중들이 참석한, 신제품 발표회 무대에서 이런 차림을 하고 있다면 사정이 다르다. 이런 중요한 행사에서 늘 같은 차림이라면 더욱 눈길을 끌 수밖에 없다. 그리고 그의 옷차림은 어느 순간부터 독특한 그만의 정체성을 나타내는 것이 되었다. 재미있는 점은 그 검정색 터틀넥 셔츠가 사실은 유명 명품 브랜드이며 그의 옷장에는 똑같은 셔츠가 80여 장이나 있었다는 사실이다.

몇 해 전 타개한 우리나라 대표 디자이너 앙드레 김도 혁신적인 사람이었다. 우선 옷차림을 보면 머리를 제외한 상의와 하의 및 구두에 이르기까지 모든 겉옷을 흰색으로 맞추었다. 그는 정식으로 디자인을 배운 것도 아니었고, 당시 우리나라 상황에서 디자인을 따질 만한 여유도 없었다. 대기업의 의류 브랜드도 외국의 유명 브랜드를 모방하거나 유행 추세를 흉내내기에 급급했다. 그는 이런 시절에 그만의 독특한 디자인을 만들어냈다. 우리나라 최고 연예인들과 외국 대사 부인들이 그의 옷을 자랑스럽게 입었으며, 그의 패션쇼에 초대받는 것을 영광으로 생각하기에 이르렀다.

이노베이터는 긍정적인 시각에서 볼 때 선구자라 할 수 있지만 보통 사람들과 다르다는 특징의 관점에서 보면 괴짜로도 볼 수 있다. 앤디 워

이노베이터의 아이콘과도 같은 스티브 잡스

홀을 생각하면 쉽게 이해할 수 있다. 먼저 그가 그린 대상 자체가 전통적 회화에서 전혀 다루지 않던 것들이다. 우리 눈에 익은 작품들만 떠올려 봐도 캠벨 수프 캔, 코카콜라 병, 앱솔루트 보드카 병처럼 광고인지 미술 작품인지 알쏭달쏭한 것들을 그렸다. 미국 달러화도 그가 즐겨 그린 소재다.

그는 미국 자본주의의 상징과 유명인들을 작품으로 표현하는 것을 즐겼다. 보통 사람들은 소위 예술가라 하면 물질주의와 상업의 산물인 유명 브랜드를 기피하거나 적어도 작품의 소재로는 상상조차 하지 않을 것이라는 이미지를 가지고 있다. 하지만 그는 보통 사람들이 예술의 대상이라고 생각하지 않던 소재들을 다루어 '팝아트'라는 새로운 장르를 만들어냈다.

하지만 엄밀하게 따져보면 우리가 생활 속에서 늘 접하고 먹고 마시는 것을 예술이라고 기피할 이유는 없다. 예술가들은 보통 자신의 작품에 담아 표현하고자 하는 내면세계 또는 의식이 있는데 앤디 워홀은 이것을 부인했다. 그는 "나를 알고 싶다면 작품의 표면만 봐주세요. 뒷면에는 아무것도 없습니다"라고 말하기도 했다.

사람들을 이끄는 오피니언 리더

조기수용자는 이노베이터에 이어 등장하는 사람들로서 전체 수용자의 약 13.5퍼센트에 해당한다. 이 그룹 사람들의 가장 큰 특징은 소속 집단에서 오피니언 리더의 역할을 하는 사람이라는 점, 다시 말하면 주위 사람들의 존경을 받는 사람이라는 것이다. 그들은 이노베이터보다는 혁신성향이 뒤지지만 높은 사회적 지위와 금전적 여유를 가지며, 교육 수준이 높고 사회적으로 전향적 생각을 가진 사람들이다. 사회적 엘리트라고 할 수 있다.

온라인 세계에서 파워 블로거는 대중들에게 상당한 영향을 미치는 조기수용자라고 할 수 있다. 많은 젊은이들이 자신의 일상을 온라인에 즉시 올리고 자신과 연결되어 있는 사람들로부터 반응을 받아보는 것을 즐기고 있다. "Thanks God It's Friday"라는 의미로 쓰이던 TGIF가 "twitter, google, iphone, facebook"으로 바뀌었다가 최근에는 "twitter, google, instagram, facebook"을 의미하는 것으로 또 바뀌었을 정도다.

파워 블로거는 온라인에서 활동하면서 특정 분야에 해박한 지식을 가지고 다양한 정보를 제공하는 등의 이유로 많은 팔로워들이 따른다. 그중에는 상업 광고나 영업 조직에 비해 훨씬 더 큰 영향력을 발휘하는 사람들도 있다. 원래 파워 블로거는 상업적 목적으로 글을 올리는 사람이 아니기 때문에 큰 신빙성과 그로 인한 파급효과를 가질 수 있었는데, 근래에는 상업적 목적을 위주로 하면서 숨기고 활동하는 블로거도 제법 있는 듯하다.

최근 중국판 파워 블로거는 '왕훙網紅'이라는 이름으로 불리고 있다. 중국의 트위터라고 할 수 있는 웨이보에서 팔로워가 최소 50만 명 정도 되는 사람들이다. 우리나라의 경우 생활의 지혜나 유익한 정보를 다루는 글을 통해 파워 블로거가 되지만, 상업적 목적이 있는 글을 쓰거나 그런 활동을 하게 되면 신뢰도가 저하되고 영향력이 떨어지는 경향이 있다. 중국의 경우에는 다른 것 같다. 많은 팔로워를 거느린 왕훙들이 공개적으로 상업 활동을 하고 있다. 어떤 왕훙은 많은 팔로워들이 몰릴 법한 동영상을 만들면서 중간에 삽입될 광고를 경매에 부쳐 수십억 원의 수익을 올리기도 했다.

우리나라의 크고 작은 화장품회사들도 중국 왕훙을 중요한 판매 채널로 활용하고 있다. 모 화장품 회사는 새로 출시한 브랜드의 중국 판촉 활동에 이들을 활용했다. 뷰티 분야에서 잘 알려진 왕훙 10여 명을 초청해 제품의 사용법과 특징 및 효과 등을 상세하게 설명하고 직접 체험하도록 한 것이다. 이들이 웨이보에 올린 긍정적 사용 후기를 통해 큰 판매 신장을 거둘 수 있었다. 현재 중국에는 이런 왕훙이 약 100만 명 정도 활동하고 있으며 이들의 활동으로 인해 발생하는 '왕훙 경제' 시장 규모가 약 18조 원 정도에 달한다고 한다.[2]

조기다수, 후기다수, 후발수용자

다음으로 조기다수자에 대해 알아보자. 조기다수자는 전체 수용자의 약 34퍼센트에 해당하며 사회에서 평균적인 사람들이다. 그들은 오피니언 리더 역할을 하는 경우가 드물고 새로운 것을 받아들이는 데 있어서 조심스러우며 조기수용자에 비해 상당한 시간을 요구한다. 후기다수자는 조기다수에 뒤이어 오는 약 34퍼센트에 해당하며 평균보다 상당히 긴 시간을 요하는 사람들이다. 그들은 새로운 것에 대해 의심의 눈길을 보낸다. 많은 사람들에게 혁신이 수용된 후 장점이 단점보다 훨씬 더 많다는 것이 확인되어야만 혁신을 받아들이는 사람들이다.

그렇다면 '보통 사람'이란 누구를 말하는 것일까? 혁신 수용자의 시기별 분포의 관점에서 보면 조기다수와 후기다수에 해당하는 사람들이다. 전체의 68퍼센트로서 압도적 다수를 구성하고 있다. 조기다수는 새로운 것을 받아들이는 데 조심스럽고 많은 시간을 요하는 사람들이며, 후기다수는 새로운 것에 대해 일단 의심하고 많은 사람들로부터 새로운 것의 장점이 확인된 이후에야 그것을 받아들이는 사람들이다. 이런 특징을 가진 사람들이 어느 사회에서나 다수를 형성하고 있는 것이다.

마지막에 등장하는 후발수용자는 전통주의자로서 새로운 것을 회피

왜 이노베이터가 되기 어려울까

하고 싫어하는 사람들이다. 사실 그들이 수용하는 단계에서는 새로운 것은 더 이상 새로운 것이 아닌 끝물이거나 새로움보다는 대중성이나 저렴한 비용 때문에 살아남아 있는 것이라고 볼 수 있다. 후발수용자는 연령이 높고 자금 여유도 부족한 사람인 경우가 많다.

혁신성향과 변화욕구의 관계

그렇다면 '나'는 어떤 범주에 해당하는지 점검해보자. 만약 어떤 사람이 새로운 사회복지정책 분야에서 이노베이터라면 패션 분야에서도 이노베이터일까? 이제 혁신성향innovativeness에 대해서 생각해볼 때다. 혁신성향은 개인이 새로운 아이디어와 제도 및 새로운 제품과 서비스를 받아들이는 정도를 말한다. 다시 말하자면 변화를 수용하는 정도라고 할 수 있다. 심리학과 커뮤니케이션 및 소비자 심리학 등 다양한 분야의 연구들은 혁신성향을 주로 개인의 성격 또는 개성의 한 특성이라고 보았다.[3] 즉 혁신성은 개인의 타고난 내재적 성향이므로 한 분야에서 혁신적인 사람은 모든 분야에서 혁신적인 사람이라는 의미가 된다. 혁신성이 높은 사람은 호기심이 많고, 모험적이며, 탐구적 성향이 강하다고 한다. 그래서 혁신성은 새로운 것에 대해서 적극적으로 정보를 수집하고 처리하는 인지욕구need for cognition와 밀접하게 관련되어 있다고 보았다. 새로운 것을 이해하는 데는 정신적 노력이 요구되기 때문이다. 인지욕구가 강한 사람, 즉 새로운 것에 대해서 많이 생각하는 사람이 혁신성이 높다는 것이다.

과연 그럴까? 새로운 것에 대해서 늘 많이 생각하는 자연과학 연구소의 연구원이나 교수가 변화에 대해서 적극적일까? 이러한 관점에서 강한 반론이 제기되었다. 혁신성에는 인지욕구와 다른 또 하나의 차원인 변화욕구가 포함되어야 한다는 주장이 제기된 것이다.[4] 변화욕구need for change는 개인이 새로움과 혁신을 그 자체로 가치 있는 것으로 보는 것을 말한다. 변화욕구는 개인이 인지욕구와 관련 없이 감각적 즐거움을 추구하기 위해 또는 변화무쌍한 상황의 자극을 추구하기 위해 변화를 받아들이는 성향이다. 예컨대 새로운 패션에 있어서 개인의 유행 혁신성은 인지욕구보다는 변화욕구와 밀접하게 관련되어 있을 것이다.

또한 신기술 애호가는 새로운 패션 애호가가 아닐 가능성이 많다. 한 개인이 복지정책 면에서는 혁신적인 아이디어를 빨리 수용하지만 패션 면에서는 대단히 전통적인 후발수용자일 수 있으며 그 반대도 가능하다. 이러한 관점에서 최근에는 혁신성향은 모든 분야에 적용되는 개인의 내재적 성향이 아니라 분야에 따라 다르게 나타나는 성향이라는 설명에 힘이 실리고 있다. 여러 자연현상이나 사회현상과 마찬가지로 새로운 것을 가장 먼저 받아들이는 사람은 소수이고 그 사회의 매우 제한적 인원만 참여하기 때문이다. 다수의 사람들은 저항하면서 미적거리고 있다가 나중에 불확실성이 상당 부분 해소된 다음 받아들인다.

전망
이론
이득과 손실을 계산하는 인간의 심리

심리학자인 대니얼 카너먼^{Daniel Kahneman}은 동료인 아모스 트버스키^{Amos Tversky}
와 함께 개인의 의사결정과 선택행동에 대해 많은 연구 업적을 남겼다.
특히 불확실한 상황에서의 의사결정에 대한 심리학 연구와 경제학 연구
를 통합해 전망이론^{prospect theory}을 개발한 공로로 2002년 노벨경제학상을
수상했다. 경제학자가 노벨경제학상을 받기도 어려운 일인데 원래 심리
학자가 이 상을 받았으니, 그가 얼마나 대단한 연구 업적을 남겼을지 짐
작하기는 어렵지 않을 것이다.

70퍼센트의 살코기와 30퍼센트의 지방

전망이론에 따라서 사람들의 선택행동을 설명해보자. A와 B 두 사
람이 각기 1,000만 원의 돈을 가지고 있다. 이 1,000만 원의 가치는 두

사람에게 동일할까? 그렇지 않다. A는 500만 원으로 주식 투자를 해 1,000만 원을 가지게 된 반면, B는 2,000만 원으로 시작해 1,000만 원을 남긴 상황이라고 해보자. A는 500만 원에서 시작했기 때문에 500만 원을 기준으로 1,000만 원을 평가하고, B는 2,000만 원에서 시작했기 때문에 2,000만 원을 기준으로 1,000만 원을 평가한다. 따라서 동일한 1,000만 원이지만, 500만 원에서 1,000만 원이 된 A가 2,000만 원에서 1,000만 원으로 줄어든 B에 비해서 훨씬 높은 가치를 책정한다.

전망이론에 관한 다음 그래프에서 보듯이 사람들은 기준점을 넘어서는 부분은 이득으로, 기준점에 미달하는 부분은 손실로 간주한다. 여기서 중요한 점은 사람들이 손실을 회피하는 성향이 있다는 것이다. 그래프에서 보면 이득이 증가할 때 그에 따른 정(+)의 심리적 가치 증가는 완만하게 이루어지는 반면, 손실이 증가할 때 그에 따른 부(-)의 심리적 가치는 급속하게 감소한다. 동일한 금액의 이득과 손실이 있을 때 사람들은 손실의 (-) 가치가 이득의 (+) 가치에 비해 훨씬 크다고 평가한다는 의미다.

다른 예로 동전 던지기 내기에서 앞면이 나오면 당신이 상대방에게 5만 원을 주고 반대로 뒷면이 나오면 상대방이 당신에게 5만 원을 준다고 해보자. 당신은 응할 것인가? 대다수 사람들은 이런 내기에 응하지 않는다. 여러 실험 결과에 따르면 뒷면이 나올 때 상대방이 당신에게 주는 금액이 15만 원 정도가 되어야만 내기에 응한다고 한다. 즉 이득이 손실의 3배쯤 되어야만 내기에 응할 정도로 손실을 회피하고자 한다는 것이다.

왜 이노베이터가 되기 어려울까

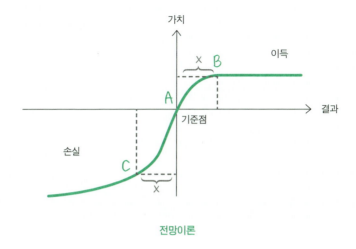

전망이론

    사람들이 판단을 내리는 데 있어서 '기준점'은 대단히 중요한 역할을 수행한다. 같은 선택 문제를 제시하는 방법에 따라 사람들은 그 선택을 이득으로 인식할 수도 있고 손실로 인식할 수도 있다. 예컨대 쇠고기 판매자가 구매자에게 지방이나 살코기의 비율을 표시해 알려주어야 한다고 해보자. 지방이 30퍼센트(그러니까 살코기가 70퍼센트)인 고기를 표시하는 방법은 다음과 같이 두 가지가 있다.

- 우리 쇠고기는 살코기가 70퍼센트입니다.
- 우리 쇠고기는 지방이 30퍼센트입니다.

당신이 판매자라면 첫 번째와 두 번째 중 어떤 방법을 쓰겠는가? 답은 소비자들이 어떤 경우에 살 가능성이 더 높은지에 달려 있을 것이다. 연구 결과 첫 번째의 경우 판매량이 훨씬 더 많은 것으로 나타났다. 첫 번째의 경우 사람들은 살코기 0퍼센트를 기준점으로 보아 살코기가 70퍼센트나 더 많아 좋은 고기라고 생각한다. 두 번째의 경우 사람들은 지방 0퍼센트를 기준점으로 보아 지방이 30퍼센트나 많아 좋지 않은 고기라고 생각한다.

신제품의 매력이 월등하게 높아야 하는 이유

전망이론으로 사람들이 새로운 것에 저항하는 현상을 어떻게 설명할 수 있을까? 혁신적인 신제품이 시장에 출시되는 경우를 생각해보자. 소비자는 신제품 구매를 결정할 때 기존 제품을 기준점으로 삼아 비교할 것이다. 기존 제품에 없는 새로운 기능이나 향상된 성능은 이득으로 생각하지만, 기존 제품에 비해 불편한 점이나 더 비싼 가격, 유지비는 손실로 생각한다. 다음 표에서처럼 모든 신제품에는 이득 요소도 있고 손실 요소도 있다. 그런데 일반적으로 소비자는 이득이 손실의 3배쯤 될 때 신제품을 구매하기로 결정한다.

예를 들어 라식 수술은 시력이 나쁜 사람들에게 안경을 대체할 수 있는 비교적 간단한 시술이다. 그러나 수술에 따른 부작용이라는 위험이 존재한다. 안경을 쓰지 않는 편리함이 주는 이득이 부작용 위험으로 인한 손실의 3배를 초과할까? 만약 그렇다면 불확실성이 있는 시력 교정

혁신 양상	이득	손실
라식 수술	안경이 필요없음	부작용 가능성
태양광 주택	저렴한 운영비	비싼 설치비
전기차	저렴한 운영비. 환경보호	휘발유 차의 짧은 주유 시간
전자책	간편한 휴대성. 저렴한 가격	메모 등의 어려움. 책장 넘기는 즐거움 없음
인터넷 쇼핑	직접 이동 불필요. 편리한 배송 서비스	직접 신선한 제품을 고를 수 없음

혁신에 따른 이득과 손실 비교

술일지라도 라식을 선택하게 될 것이다.

태양열 집열장치를 설치하면 전기료를 거의 내지 않고 환경 보전에 기여한다는 장점이 있다. 하지만 설치비가 많이 들고 때로는 발전량이 수요량에 비해 충분하지 않을 수도 있다. 전기료 절약과 환경 보전의 이득이 설치비와 불편함이라는 손실을 3배 이상 보전할 수 있을까? 그래야만 태양광 발전이라는 새롭고 불확실성이 있는 발전 방법을 선택할 것이다.

또 다른 예를 들어보자. 정부에서는 도로명주소를 쓰고, 우측통행을 하도록 권장하고 있다. 도로명주소가 정착된 나라에서는 길 찾는 것이 무척 편리하다. 도로를 따라서 번지가 순서대로 나열되기 때문에 도로 지도만 있으면 원하는 곳을 쉽게 찾아낼 수 있다. 그러나 개인의 관점에서 지금 우리 집 주소를 도로명주소로 표기하면 어떤 이득이 있을까? 우측통행을 하면 나에게 어떤 이득이 있을까? 내게 익숙한 방식을 버렸을 때 불편함은 명확하게 보이지만 이득은 명확하게 보이지 않는다. 이득이 손실의 3배 이상 되어야만 받아들인다는 원리를 생각하면 많은 사람들이 받아들이는 데는 긴 시간이 소요될 것이라 예측할 수 있다.

물론 당신이 치밀하게 이득과 손실을 따져보지 않고 혁신을 덥석 수용하는 경우도 있을 것이다. 온라인 서점에서 새로 나온 소설을 검색하다가 재미있어 보이는 책을 한 권 발견했다고 하자. 종이책은 1만 3,000원이고, 전자책은 1만 원이다. 위 표에서 보듯이 전자책은 가격과 휴대성에서 이득이지만, 종이책을 보면서 할 수 있는 밑줄 치기나 메모를 할 수 없다는 점은 손실이다. 전자책을 구입해본 경험이 없다고 하더라도 당신은 이득과 손실을 별로 따져보지 않고 쉽게 전자책을 사기로 결정할 수도 있을 것이다. 전자책은 안 사봤어도 온라인에서 물건을 사본 적이 있어서 별로 저항감을 느끼지 않고 기껏해야 1만 원이 달린 사소한 의사결정이기 때문이다.

PC에 이어서 스마트폰과 태블릿PC 등 IT 기기와 인터넷 보급률이 대폭 증가하고, e-Book이 출간되기 시작할 때 IT 전문가들은 종이책이 지구상에서 조만간 자취를 감출 것으로 예측했다. 그러나 2014년 기준, 미국의 경우 신간 중 전자책 비율이 30퍼센트 정도고, 우리나라의 경우에는 2~5퍼센트 정도에 불과하다.[5] 우리나라의 전자책 보급률이 낮은 것은 출판계의 저항도 있지만 소비자의 저항도 무시할 수 없다. 우리나라 사람들은 종이책을 넘기는 즐거움과 기억하고 싶은 문장에 밑줄도 치고, 책갈피를 꽂을 수 있는 아날로그적 감성을 더욱 중시하는 것 같다.

그럼 1~2만 원 정도의 책이 아니라, 새로 나온 이탈리아제 커피머신을 난생 처음으로 해외 직구로 구매하고자 한다고 해보자. 가격은 30만 원 정도다. 국내에 진출해 있는 오프라인 대리점에서 사면 10만 원 정도 더 지불해야 한다. 어떻게 할 것인가? 많은 사람들이 가격 차이뿐만 아니라 처음 시도해보는 직구 방식의 이득과 손실을 꼼꼼하게 따져볼 가능성이 매우 크다. 직구의 이점이 여러 가지 있다고 하지만 온라인 구매 경험이 풍부한 청년층이 아니고서는 직구에 큰 관심을 가지고 있는 사람은 여전히 매우 소수에 불과하다.

요즘 대기업의 성장세가 둔화되고 청년 취업난이 심화되면서 정부 기관과 대학들에서는 청년 창업을 적극적으로 권장하고 있다. 유망한 비즈니스 아이디어를 가진 청년들이 직접 창업해 세계 시장을 무대로 활동함으로써 한국판 테슬라, 구글, 아마존, 에어비앤비 같은 기업을 만들어내라는 것이다. 하지만 대부분의 청년들이 여전히 안정적인 대기업과 공공기관의 취업을 더 선호한다.

벤처 창업은 '하이 리스크 하이 리턴high risk high return'이라는 특징에서 알 수 있듯이 실패율이 높다. 더욱이 성공이 줄 수 있는 큰 수익은 까마득히 멀리 떨어져서 잘 보이지 않는다. 창업을 더욱 효과적으로 유도하기 위해서는 높은 실패율과 그에 따르는 부대비용 등 손실에 비해 창업의 이득이 3배 이상 커 보이도록 할 수 있는 방안이 필요하다.

소유
효과
내 손에 들어온 것은 소중한 내 물건

사람들은 일단 자신의 손에 들어온 물건에 대해서 들어오지 않았을 때에 비해 높은 심리적 가치를 부여한다. 자신이 소유하고 있는 물건은 그렇지 않은 물건에 비해 가치가 높게 보이기 때문이다. 이것을 심리학에서 소유효과endowment effect라고 한다. 사람들은 누구나 자신이 가지고 있는 물건에 집착한다. 그래서 낡고 오래된 물건을 움켜쥐고 버리지 못하는 것이다.

물건을 버리지 못하는 심리

소유효과는 사람들의 본능적인 성향이다. 어린아이가 옆집 동갑내기랑 놀고 있는 모습을 보자. 방 안에 여러 가지 장난감이 있다. 그런데 자기 손에 있는 것을 옆집 아이가 원한다. 이때 순순히 넘겨주는 아이는 거의 없다. 엄마가 아무리 좋은 다른 장난감을 권해도 지금 손에 가지고 있는 것을 빼앗기려고 하지 않는다.

우리집의 경우를 보면, 아내와 딸이 잘 입지 않는 옷들을 옷장 안에 잔뜩 쌓아두고 있다. 그러니 새 옷을 사면 넣을 자리가 마땅치 않다. 가끔 시간을 내서 옷장 정리를 하는데, 최근 몇 년 사이 입지 않는 옷을 몇 번씩 버리는 쪽에 놨다가 다시 옮겼다가 망설인 다음에야 버린다. 베란다에 가보면 고장 난 다리미, 가습기, 선풍기, 오디오 같은 물건들이 수북하게 쌓여 있다. 그런데 막상 고물상 아저씨가 와서 달라고 하면 갑자기 귀해 보인다. 아마도 우리 DNA 속에는 모든 물자가 부족해 고생했던 시절이 각인되어 있는 것 같다. 한번 내 손에 들어오면 버리지 말아야 한다는 신호가 항시 내 몸에 전류처럼 흐르고 있는 것이다.

또 내가 차고 있는 시계는 평범한 시계다. 하지만 사랑하는 여인이 선물로 준 것이라는 각별한 의미가 있다. 스위스 산 명품시계와도 바꿀 수 없다. 내 아내는 엄청 오래된 구식 금반지를 하나 가지고 있다. 반지의 객관적 가치는 금은방에 가서 무게를 달아보면 금방 나올 것이다. 하지만 시어머니가 돌아가시기 직전 며느리 손을 꼭 붙잡고 그동안 보살펴준 데에 대한 고마움의 표시로 금반지를 물려준 것이라면 절대 팔 수 없을 것이다. 이 시계와 금반지의 가치는 제3자의 입장에서 보는 것과 현격한 차이를 보일 것이다.

작가 오 헨리의 〈크리스마스 선물〉에서 남편과 아내가 서로에게 준 선물을 보자. 크리스마스 전날 남편에게 선물을 주고 싶었던 아내는 가진 돈이 1달러 87센트밖에 없었다. 아내는 고민 끝에 자신의 긴 머리카락을 팔아 남편의 시계에 잘 어울리는 시곗줄을 샀다. 그리고 남편은 자신이 가진 시계를 팔아 아내의 긴 머리카락에 잘 어울리는 머리핀을 샀다. 결과적으로 두 사람에게는 모두 무용지물인 선물이 되고 말았지만, 남편의 시곗줄과 아내의 머리핀은 서로를 아끼고 사랑하는 애틋한 정이 깃들어 있는 물건이기에 무엇과도 바꾸기 어려운 가치를 가진다.

과연 구관이 명관인가

사람들이 특별한 의미를 가지는 물건에 높은 가치를 부여하는 것은 쉽게 이해가 간다. 그런데 사람들은 특별한 의미를 가지고 있지 않은 소유물에 대해서도 자신이 소유하는 순간 그 가치를 정상보다 더 높게 평가하는 경향이 있다. 소유효과가 설명하고자 하는 것이 바로 이런 현상이다. 행동경제학자로서 2017년 노벨경제학상 수상자인 리처드 탈러Richard H. Thaler는 동료 연구자들과 함께 소유효과에 대한 실험을 했다.[6] 그가 1990년에 발표한 연구를 보자. 그는 먼저 실험 참여자들을 두 집단으로 나누었다. A 집단에게는 각각 머그컵을 하나씩 제공했다. 그리고 25센트에서부터 9달러 25센트까지 올려가면서 얼마면 그 컵을 팔 것인지 조사해보았다. 한편 B 집단에게는 머그컵을 제공하지 않았다. 그 대신 머그컵과 현금 중 선택하게 했다. 현금을 25센트에서부터 9달러 25센트까지 올려가면서 머그컵과 현금 중 원하는 것을 선택하게 한 것이다.

왜 이노베이터가 되기 어려울까

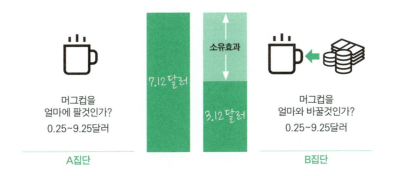

행동 경제학자 리처드 탈러(Richard H. Thaler)의 실험

소유효과

7.12달러

3.12달러

머그컵을
얼마에 팔것인가?
0.25~9.25달러

머그컵을
얼마와 바꿀것인가?
0.25~9.25달러

A집단

B집단

소유효과의 크기

두 집단은 사실상 동일한 선택지를 가진 것이다. 말하자면 머그컵과 일정액의 현금 중 선택하라는 것이다. 결과는 놀라우리만치 큰 차이를 보였다. A 집단은 머그컵을 평균 7달러 12센트에 팔고자 했고, B 집단은 평균 3달러 12센트에 사고자 했다. 두 집단 간의 유일한 차이는 A 집단의 참여자는 일단 머그컵을 자기 것으로 소유한 다음 현금을 사이에 두고 선택을 한다는 것이었다.

그렇다면 머그컵보다 가격이 비싼 와인이나 당첨될 수도 있는 로또는 어떨까? 마찬가지 결과가 나타났다. 누군가 좋은 와인을 경매에서 한 병 저렴하게 구입했다고 하자. 구매자는 이 와인을 손에 넣은 다음 생각해 보니 그런 경매의 기회가 흔히 오는 것이 아니므로 그 와인의 가치를 경매가가 아닌 보통의 소매가격으로 평가하고자 할 것이다. 여기까지는 이해할 수 있지만 그 구매자는 보통의 소매가격보다 더 높게 평가하는 것으로 나타났다.

로또도 마찬가지다. 아직 결과가 발표되지 않은 5,000원짜리 로또를 길에서 우연히 주웠다고 하자. 누군가가 현금 5,000원을 주면서 로또와 바꾸자고 하면 아깝다고 생각하지 않고 바꿔야 정상이다. 그런데 그것을 손에 넣는 순간 로또가 당첨될 것 같은 생각이 든다. 당연히 그 가치가 높아진다. 당신은 2만 원이나 3만 원에도 팔고 싶어 하지 않을 것이다. 이처럼 사람들은 자기 손에 들어온 물건의 값을 비합리적으로 높게 평가하는 경향이 있다.

이는 앞에서 살펴본 전망이론의 손실회피 성향과 관련되어 있다. 내 물건을 내놓는 손실의 아픔은 내가 동일한 물건을 얻을 때의 이득에 비해 3배쯤 더 크게 느껴지기 때문이다. 여성들이 자신이 정말 원하던 가방이나 신발을 샀을 때 '우리 애기'라고 부르면서 애지중지하는 데에는 이런 원리가 내재되어 있다고 할 수 있다. TV 홈쇼핑이나 인터넷 쇼핑 업체들은 이런 소비자의 심리를 잘 이용하고 있다. 일단 주문해서 받아보고 물건이 마음에 안 들면 무료로 환불해준다고 하지만 실제로 환불하는 구매자는 많지 않다. 일단 자기 물건이 되면 제3자의 입장에서 보는 것보다 그 가치가 더 높게 보이기 때문이다.

우리나라에서 처음 김치냉장고를 출시한 회사도 소비자의 이런 심리에 기초한 마케팅 기법을 활용했다. 김치냉장고를 살 만한 부유층 주부 200여 명을 품질평가단으로 선정해 3개월간 무료로 제품을 사용하도록 했다. 그리고 마음에 들면 구매하라고 했다. 3개월 후 자신들도 깜짝 놀

랄 만한 결과가 나왔다. 김치냉장고를 사용한 주부 전원이 제품을 구매했기 때문이다. 물론 실제로 3개월 동안 사용해보니 제품 성능이 만족스러웠기 때문이었겠지만, 이미 내 물건이 된 것처럼 느껴져서 돌려보내기 어려운 심리도 상당 부분 작용했다고 볼 수 있다.

또 사람들은 대개 자신이 사는 동네와 지역이 살기 좋다고 생각한다. '살기 좋은 도시 베스트 10' 같은 것이 발표되고 나면 우리 동네도 그 명단에 있는 도시들 못지않게 좋은데 왜 선정되지 않았을까 의아해하는 사람들도 있다. 자기가 사는 도시에 대한 가치 역시 제3자가 보는 것보다 더 높은 것 같다. 1순위로 살고 싶어 하던 곳에 이사를 간 경우라면 당연히 그렇겠지만, 직장과의 거리, 자산 등을 고려해 2순위로 선택한 곳에 이사를 간 경우에도 그렇다.

부동산 가격의 움직임에도 소유효과가 작용한다. 대개 아파트 가격은 올라갈 때에 비해 내릴 때 시원하게 내리지 않는다. 수요공급의 법칙이 잘 작동하지 않는 것이다. 아파트를 사고자 하는 수요자가 팔고자 하는 공급자에 비해 적으면 가격이 내려가야 하고 그 차이가 클수록 하락률이 커야 한다. 그런데 집을 팔고자 하는 사람들은 살 사람이 없어도 매도 가격을 내리지 않고 집이 팔리지 않는다고 투덜대기만 한다. 자기가 살아보니 자기 집이 좋다는 것이 그 이유다. 여러 가지 이유가 있지만 전철역에서 가까운 역세권, 교통의 편리성, 우수한 학군, 앞으로의 개발 가능성, 한강 조망권 등이 흔히 등장하는 요소이고, 이런 요소를 가지고 있지 않은 경우에는 조용하다든지 동네 사람들이 좋다는 점까지 동원된다. 몇 년 살다 보니 집과 동네에 정이 들어 자기 집이 특히 더 좋다고 생각하게 되는 것이다.

　자신의 사고방식을 바꾸기 어려운 데에도 동일한 원리가 작용하는 것 같다. 자신이 그동안 가지고 있던 생각이 변한 환경에 맞지 않더라도 바꾸지 않으려 한다. 정부 관료들이 정책에 대해서 가지는 생각도 마찬가지다. 우리나라에서는 정부의 규제 때문에 공익재단을 설립하고 자신의 재산을 출연해서 공익사업을 하기가 어렵다. 그 덕분에 기부하기가 쉽지 않다고 불평하는 사람들이 있다. 담당 공무원의 관점에서 볼 때는 그 재산을 공익재단에 출연하는 것이 증여세를 피하기 위한 목적인지 의심할 수 있다. 그러고는 기부자가 재단을 만들지 말고 그냥 기부하면 되지 않느냐고 생각할 수 있다. 하지만 출연자의 관점에서는 자신이 좋은 일을 하겠다는데 재단 설립을 가로막는 것을 이해하기 어렵다. 재단을 만들고 싶은 사람들은 이런 공무원들의 발상을 '구더기 무서워서 장 못 담근다'는 것과 마찬가지라고 불평한다.

현상유지
성향
대안이 없다면 현재에 집착한다

경제학자인 윌리엄 새뮤얼슨^{William Samuelson}과 리차드 젝하우저^{Richard Zeckhauser}는 사람들이 현재 상태에서 변화하는 것을 회피하고자 하는 성향을 현상유지편향^{status quo bias}이라고 한다.[7] 더 좋은 대안이 없을 때 자신의 현재 상태에 집착하는 것은 쉽게 이해할 수 있다. 하지만 더 좋은 대안이 있을 때도 현재 상태에 집착하는 것은 얼핏 이해하기 어려운 현상인데, 실제로 사람들은 이런 성향이 있다는 것이다.

경제학자인 잭 네치^{Jack Knetsch}는 1989년 발표한 연구에서 이 현상을 설명했다.[8] 그는 대학생을 대상으로 실험을 실시했다. 참여자들을 세 집단으로 나누어, 첫 번째 집단에게는 대학의 로고가 새겨진 머그컵과 스위스 초콜릿 바 중 선택하게 했다. 두 번째 집단에게는 먼저 머그컵을 준 다음 얼마 후 스위스 초콜릿 바와 교환할 수 있도록 했다. 세 번째 집단에게는 먼저 스위스 초콜릿 바를 준 다음 머그컵과 교환할 수 있도록 했다. 그 결과, 첫 번째 집단의 경우 56퍼센트가 머그컵을, 44퍼센트가 초콜릿 바를 선택했다. 이 차이는 통계적으로 의미 있는 정도가 아니므로 두 물건에 대한 학생들의 선호는 거의 동일한 것이다.

그렇다면 두 번째와 세 번째 집단에서도 약 절반의 참여자들이 처음 받은 물건을 다른 물건으로 교환할 것으로 예상할 수 있다. 그런데 결과는 예상과 전혀 다르게 나타났다. 두 번째 집단의 11퍼센트만이 교환에 나섰고, 세 번째 집단의 10퍼센트만이 교환에 나섰다. 약 90퍼센트의 참여자가 처음 받았던 물건을 유지했다. 이는 내가 받았던 물건을 내놓는 것은 다른 물건을 얻는 것에 비해 더 큰 고뇌를 수반하는 것으로 해석된다. 그리고 내 소유물을 포기하는 상실감의 크기는 소유 기간이 길어질수록 커지는 것으로 나타났다. 손실회피 정도는 소유 기간이 짧을 때는 2배 정도, 길 때는 4배 정도까지 증가하는 것으로 나타났다.

자동차와 투자, 직업 선택 등에 있어서도 유사한 결과가 나타났다. 신차를 구매하는 경우, 이런저런 차를 보고 다니는 동안에는 다 비슷비슷해 보여도 하나를 골라잡는 순간부터 그 차종 그 브랜드는 다른 차와 비교할 수 없을 정도의 가치를 가지게 된다. 주식 투자의 경우도 마찬가지다. 투자를 시작할 때는 해당 회사에 대해서 공부도 하고 증권회사에 근무하는 지인의 의견을 참고해 어떤 주식을 사게 된다. 그러면 그만그만해 보이던 주식이 내가 사는 순간 꼭 대박을 칠 것 같은 예감이 든다. 앞으로 오를 것인지 내릴 것인지 객관적으로 따져야 하는데 '내 새끼' 같은 느낌이 들면 객관적 관점을 잃어버리게 되는 것이다.

위와 비슷한 맥락에서 사람들은 과거부터 해오던 대로 현상유지하는 것을 좋아하고 자신이 꼭 변하지 않더라도 크게 문제되지 않는다면 복

왜 이노베이터가 되기 어려울까

지부동하는 경향이 있다.

우리나라 의류업체브랜드로서 중국의 중고가 시장에 다수 매장을 내고 있는 한 회장의 일화가 있다. 어느 날 그는 중국 매장의 현지 직원들이 열심히 일하는지 알아보기 위해서 비밀리에 매장을 방문했다. 그때 한 고객이 와서 옷을 입어본 다음 한 사이즈 큰 옷을 요구하자 직원은 그 사이즈 옷이 없다고 했고, 고객은 바로 떠났다. 이 회장은 황당하기도 하고 화가 나기도 했다. 창고에 해당 사이즈 재고가 있다는 것을 알고 있었기 때문이다. 그는 이 문제를 어떻게 해결할지 고민했다.

한국에 돌아와서 곰곰이 생각한 끝에 그 직원을 본사에 초청하기로 결정했다. 중국이 경제 대국으로 성장했지만 상당수 직원들은 경직된 사고방식에 머물러 있다. 공산주의 문화에 익숙해 있어 자본주의식 경영 마인드와 서비스 정신이 부족한 것이다. 이 회장은 해당 직원에게 질타를 한다고 해서 해결할 수 있는 문제가 아니라는 것을 깨달았다. 다른 직원들도 비슷한 사고방식을 가지고 있을 것이기 때문이다.

먼저 회장은 한국 본사의 직원을 시켜 중국인 직원을 공항에서부터 데려왔다. 그리고 본사 정문 앞에서 회장과 일행이 직원을 맞이한 다음 차를 한 잔 대접했다. 그러자 순간 이 직원이 눈물을 보였다고 한다. 회장은 당황해서 혹 자기가 뭔가 실수를 했는지 물었다. 그러자 생각지도 못한 답변이 돌아왔다. 그는 "태어나서 이렇게 인간적인 대접을 받아본 것은 처음이다. 회장님이 회사 정문에서 자기를 맞아주고 또 직접 안내해서 회장실에서 차 대접을 해주다니, 너무 감격해서 자신도 모르게 눈물이 난다"고 말했다.

이 직원은 1개월 동안 디자인실과 매장을 견학하며 한국 최고 수준의 서비스를 경험했다. 고급 호텔에서 숙박을 하고, 청담동 미용실에서 머리 손질도 받고, 고급 음식점에서 식사도 하고, 백화점에서 쇼핑도 했다. 어느 순간 이 직원은 이렇게 말했다. "이제 왜 고객을 최선을 다해서 모셔야 하는지 알았다. 내가 돌아가면 여기서 본 대로 해보겠다."

이 직원이 중국으로 돌아간 다음 해당 매장의 매출은 쑥쑥 올라갔다. 매출이 몇십 퍼센트 올라간 것이 아니라 몇백 퍼센트 올라갔다. 물론 이 직원을 한 달간 초청해 교육훈련에 쓴 비용보다 훨씬 큰 효과를 거두었다. 복지부동하는 습관이 있는 직원을 변화시킨 좋은 사례라 할 수 있다. 이때부터 이 회사는 각 매장에서 우수 직원을 매년 초청해 동일한 교육훈련을 실시하고 있다. 그 결과 중국 시장에서 큰 성과를 얻을 수 있었다.

또 다른 예를 들어보자. IT 강국이라고 하는 우리나라의 경우 전자상거래 기업이 많이 있지만, 글로벌 차원에서 보면 실적이 영 신통치 못하다. 뿐만 아니라 온라인에서 물건을 사고 대금을 지불하는 과정이 아직도 번잡한 경우가 많다. 일례로 드라마 〈별에서 온 그대〉가 인기리에 방영된 후 '전지현 가방'을 사고 싶어하는 중국 사람들이 우리나라 온라인몰에서 결제하기 어려워서 못 산다고 불평했다. 결제 시 '액티브 X'에서 시작해 안전을 위한 소프트웨어, 결제 대행업체 소프트웨어, 신용카드 회사의 소프트웨어 등 온갖 프로그램을 다운 받아야 하고, 다운로드하는 중에 시스템이 먹통이 되는 경우도 자주 발생한다. 이 문제를 다소 개선한 온라인업체들도 있지만, 주문하고 결제하기까지 과정이 여전히 번잡한 온라인업체들이 훨씬 더 많다.

왜 이노베이터가 되기 어려울까

그렇게 이용자의 불편을 초래하면서까지 온갖 보안 프로그램을 깔게 했으면 온라인 금융 사고라도 잘 일어나지 않아야 한다. 그럼에도 불구하고 고객 개인정보 노출 사고가 자꾸 일어나는 이유는 무엇일까? 나름대로 이유가 있겠지만, 고객 또는 이용자 관점에서 볼 때는 관련 업체들이 모두 복지부동하고 있기 때문이라고 볼 수밖에 없다.

한편 아마존에서 책을 사는 것은 정말 간편하다. 내 아이디와 비밀번호 입력하고 들어가서, 책을 고르고, 신용카드로 결제하면 끝이다. 오프라인 점포에서 신용카드를 쓸 때처럼 간단하다. 중개업체도 없고 추가로 프로그램을 깔라고 요구하지 않는다. 고객이 이런 시스템을 좋아하는 것은 당연하다.

익숙함의 선호

브랜드가 성공하는 이유

동서고금을 막론하고 자기가 태어난 고향에 대한 그리움은 비슷한 것 같다. 우리 동요에는 "나의 살던 고향은 꽃피는 산골…… 그 속에서 놀던 때가 그립습니다"라는 구절이 있고, 가요에는 "고향이 그리워도 못 가는 신세…… 꿈에 본 내 고향이 마냥 그리워"라는 노래가 있듯 고향을 주제로 하는 노래가 수도 없이 많다. 톰 존스와 엘비스 프레슬리를 비롯해 여러 가수들이 부른 〈그린 그린 그래스 오브 홈Green Green Grass of Home〉의 가사도 우리 가요의 내용과 놀라울 정도로 유사하다. "고향의 초록 잔디밭을 만져 보는 것은 정말 좋아요. 그래요, 그들 모두 팔을 뻗어, 달콤한 미소를 지으며, 나를 만나러 올 거예요It's good to touch the green, green grass of home. Yes, they'll all come to meet me, arms reaching, smiling sweetly." 나훈아가 부른 〈고향역〉의 "코스모스 피어 있는 정든 고향역, 이뿐이 곱뿐이 모두 나와 반겨주겠지"라는 부분과 동일한 영상이 머릿속에 떠오른다. 고향을 떠나 낯선 곳에 가서 정착하는 데 어려움이 크면 클수록 더 고향에 대한 그리움이 클 것이다.

왜 이노베이터가 되기 어려울까

성인에 비해 환경 적응력이 뛰어나다고 하는 초등학생 아이들조차 이곳저곳으로 학교를 옮겨 다니면 적응하지 못해서 어려움을 겪는다. 과거에는 아버지의 근무지를 따라 가족이 같이 이사하는 경우, 자녀들이 이런 어려움을 많이 겪었다. 그동안 정든 친구들과 헤어져서 새로운 곳에서 친구를 사귀는 것이 쉽지 않기 때문이다. 해외로 이사 다니는 것은 더 힘든 문제일 것이다. 아버지가 외교관이거나 해외 주재원으로 파견 나가는 경우, 자녀들이 누리는 장점도 많지만 타국으로 옮겨 다니는 데 따른 어려움이 더 많다. 더군다나 언어가 다른 나라로 몇 번씩 옮겨 다닌다면 학습의 부담까지 가중된다.

내가 미국에 공부하러 갔을 때 당시 세 살 난 딸아이가 언어 소통 문제로 어려움을 겪었다. 유아원에 간 이틀째 날, 아이는 화장실 문이 잠겨 있어서 하루 종일 소변을 참았다. 아이는 영어를 한 마디도 못 하기도 하고 모든 게 낯설어 용기도 나지 않아서 우리가 저녁에 데리러 갈 때까지 소변을 참았던 것이다. 다행히 큰 탈은 나지 않았지만 어린 나이에 무척이나 힘들었을 것이다.

성인들은 이보다 더할 것이다. 해외로 이민을 간 경우 현지에 적응하는 데까지 어려움을 겪는 일이 다반사다. 현지에서 잘 적응을 한 사람이라도 같은 민족끼리 만남을 가질 때 훨씬 편안해한다. 이민 2세나 3세인 경우에도 한국 사람끼리 잘 어울리고 배우자도 한국 사람을 찾는 경우가 많다. 소수민족 공동체가 형성되고 그 내부에서 사람들이 동질감을 느끼고 결속력을 유지하는 이유도 바로 여기에 있다.

익숙한 것에 대한 그리움은 낯선 환경에 내팽개쳐진 경험이 없는 사람으로서는 상상하기 어려울 정도로 강한 것 같다. 어릴 때 해외에 입양되어 성인이 된 후에 한국에 애착을 갖고 한국 음식을 좋아하거나 방송 등을 통해서 친부모를 찾고자 하는 사람들도 있다. 어릴 적 기억이 거의 남아 있지 않고, 양부모의 보살핌을 받으면서 남부럽지 않게 공부도 하고 성공적인 커리어를 걷고 있는데도 말이다. 어쩌면 사람이 태어나 처음으로 마주한 태초의 환경에 대한 기억은 평생 그리움으로 남는 것 같다.

또 나라마다 사람들이 즐기는 그 나라 고유의 음식이 있다. 우리나라 김치와 된장, 스위스 퐁듀, 인도 카레, 베트남 쌀국수, 독일 소시지, 스페인 하몽 등이다. 우리나라 사람들은 젖을 뗄 무렵부터 줄곧 김치를 먹어 왔다. 아이가 먹기에는 너무 매우니까 아마도 대부분 물에 씻어 준 김치부터 먹었을 것이다. 객관적으로 따져보면 그 첫맛이 정말 좋았을까? 스위스 사람들은 처음부터 쿰쿰한 냄새가 나는 치즈가 그렇게 좋았을까? 아마도 어린 시절부터 줄곧 먹다 보니까 아주 익숙해져서 잊을 수 없는 맛이 되었을 것이다.

애주가들의 경우, 늘 마시는 소주 또는 맥주 브랜드가 정해져 있다. 그 브랜드가 자기 입에 가장 잘 맞기 때문이다. 그런데 실은 블라인드 테스트를 해보면 브랜드 간의 차이를 구분하지 못하는 사람들도 많다. 자신에게 가장 잘 맞는 맛이라고 생각할 뿐이다. 그래서 브랜드 충성도가 생겨나는 것이다.

출소자들의 자살률이 높은 이유

익숙한 것을 좋아하는 사람의 심리는 심리학의 단순노출효과^{mere exposure}effect로 잘 설명할 수 있다. 연구에 의하면 사람들은 아무런 의미가 없는 대상일지라도 반복해서 노출되면 익숙해지고, 익숙해지면 더 좋아하게 된다고 한다. 예컨대 초중고 시절 학년이 바뀌면서 처음 만난 짝꿍에 대해 별 느낌이 없었지만, 1년을 지낸 다음 헤어지면서 서운해했던 기억이 있을 것이다. 또 결혼한 사람이라면 지금의 배우자를 처음 만났던 순간을 기억해보자. 꿈에도 그리던 이상형을 만나 가슴이 설레었던가 아니면 조금 실망했었던가. 아마도 조금 실망했던 사람이 더 많을 것이다. 그러나 상당 기간 부부로 지낸 지금 다시 배우자를 평가하라고 하면 대다수가 자기 배우자는 제법 괜찮은 사람이라고 할 것이다. 익숙하기 때문이다.

다시 환경 이야기로 돌아가면, 감옥 같은 곳에도 익숙해져 그곳에 계속 살고 싶어 할 수 있을까? 영화 〈쇼생크 탈출〉을 보면 그럴 가능성도 적지 않다. 영화 속에서 브룩스 헤이틀런이라는 인물은 무기징역형 선고를 받고 쇼생크 감옥에서 50년 동안 수감되어 있다. 그는 이 감옥에서 가장 부러움을 사는 보직인 서고의 관리를 담당하고 있었다. 모범수이자 평소 얌전하던 그가 가석방을 받아서 감옥에서 나갈 상황이 되자 갑자기 다른 죄수를 잡고 인질극을 벌인다. 그는 감옥에 있는 것에 너무 익숙해져서 사회에 나가는 것이 두려웠기 때문이다. 결국 예정대로 석방되어 슈퍼마켓 계산대에서 일하게 되지만 너무 바뀌어버린 세상에 적응하지 못한다. 그는 방황하다가 결국 감옥의 친구들에게 편지를 쓴 후에 모텔방 대들보에 '브룩스 여기 있었다'라는 말을 써놓고 목을 매 자살한다.

같은 영화에서 모건 프리먼이 연기한 레드 역시 40년 복역 후 가석방 심사를 통과해 사회로 나가지만 적응하지 못해 자살하기 직전까지 간다. 자신이 하는 모든 활동들이 다른 사람들의 눈에 정상으로 보이는지 살펴야 하는 자유 세상이 그에게는 공포였던 것이다. 반면 정해진 대로만 하면 아무 눈치 볼 필요 없는 감옥은 편안한 세상이었다. 다음의 대사가 그의 심중을 드러내 보여준다. "(자유 세상에서 내가 제대로 행동하고 있는지에 대한 걱정 때문에) 공포 속에서 사는 건 끔찍한 일이다. …… 나는 그저 모든 게 제대로 돌아가는 세상으로 돌아가고 싶다. 항상 두려워할 필요가 없는 세상 말이다."

마이크로소프트가 후회하는 한 가지

익숙한 것을 좋아하는 것은 기업도 마찬가지다. 큰 성공을 안겨준 현재의 성공 사업에 도취해 언제까지라도 지속될 것 같은 안도감에 빠져버리면 새로운 기회를 놓쳐버리기 쉽다. 미국의 마이크로소프트는 PC가 개인 필수품이 되면서 윈도Window로 운영체제 시장을 독점했다. 윈도 95와 윈도 98이 연이어 성공하면서 전 세계인이 컴퓨터를 켤 때마다 파란 바탕과 MS 로고를 보고 특유의 사운드를 들을 수 있었다.

이들이 돈을 버는 방식도 참 쉽다. 하드웨어 제조업체들이 많은 설비

투자를 하고 인력을 고용해서 컴퓨터를 만들어 엄청난 비용을 써가면서 광고를 하고 컴퓨터를 팔 때마다 마이크로소프트는 윈도 사용료를 받으면 그만이다. 그 결과 마이크로소프트는 1998년 당시 시가총액에서 세계 1위 GE를 제치고 1위가 되었다.

마이크로소프트는 1999년 시가총액 6,189억 달러를 기록했는데, 현재 가치로 환산하면 8,790억 달러(약 1,061조 원)에 달한다. 현재까지 어떤 기업도 이 기록을 돌파하지 못하고 있다.[9] 마이크로소프트는 세계 최고가 되었고 창업자인 빌 게이츠는 세계 최고 부호가 되었다. 워드와 엑셀 및 파워포인트로 대표되는 MS 오피스와 웹 브라우저인 MS 익스플로러로 PC용 소프트웨어시장을 완전히 장악했다. 미국 공정거래위원회에서 1990년대부터 2000년대 초까지 마이크로소프트 사가 자사 제품을 '끼워 팔기' 해 공정거래를 해치지 않았는지 눈을 부릅뜨고 지켜볼 정도였다.

이런 마이크로소프트 사도 후회하는 것이 있을까? 물론 있다. 그동안의 성공에 도취한 나머지 새로운 변화를 읽고 대응하는 데 늦었기 때문이다. 마이크로소프트의 전 CEO인 스티브 발머는 공개석상에서 모바일 시장의 변화를 따라잡지 못한 것에 대해 후회한다고 밝혔다. 그는 지난 10년을 되돌려 변화의 흐름을 다시 읽을 기회가 있다면 마이크로소프트는 스마트폰 시장에서 지금보다 더 확고한 위치를 차지할 수 있었을 것이라고 보았다. PC시장에서의 성공 경험에 안주하다가 모바일 시장의 부상을 간과한 실수를 인정한 것이다.

일본의 자랑이자 자존심이었던 소니도 예외는 아니다. 이 회사의 컬러

TV는 1990년대 세계 시장을 주름잡았다. 뒤이어 나온 워크맨은 더욱 인기가 높아서 단순히 기기를 넘어서 젊은이들 사이에서 멋쟁이를 상징하는 아이템으로 여겨질 정도였다. 소니는 이외에도 캠코더, 노트북 컴퓨터, 게임기기, 카메라 등으로 승승장구했다. 하지만 역설적이게도 큰 성공에 눈이 어두워져 디지털기술의 등장에 제대로 대응하지 못했다. LCD TV에서 뒤처졌고 스마트폰에서는 더 뒤처졌다.

소니는 2009년에 적자를 내기 시작해 2013년에는 적자금액이 약 1조 2,000억 원에 달하는 정도로 악화되었다. 그러자 실적 악화에 대응하기 위해 2015년 초 미국 본사 건물을 매각했고, 2016년에는 창사 이후 약 60년 동안 본사로 사용해오던 도쿄 고텐야마 사옥을 매각했다.

누구나 익숙한 물건을 버리고 새 물건으로 갈아타고자 할 때 버려야 하는 것이 많다든지 새로 배워야 하는 것이 많다면 망설이게 된다. 이동통신 서비스에서 번호이동성 제도가 생기기 전에는 사람들이 통신사를 잘 바꾸지 않았다. 통신사를 옮기려면 기존의 단말기를 버리고 다른 단말기를 사야 했고, 기존에 쌓아뒀던 마일리지나 포인트 등 우량 고객에 대한 혜택도 포기해야 했다. 더 곤혹스러운 것은 이동통신사를 옮길 경우 전화번호를 변경해야 하고, 새 번호를 다시 모든 사람들에게 알리는 일이었다. 또 스마트폰을 사용하는 어르신들의 경우에는 기종을 잘 바꾸지 않는다. 새로운 기종으로 바꾸면 쓰는 방식을 새롭게 배워야 하기 때문이다.

이런 번거로움을 피하려는 성향은 개인에게만 있는 것이 아니라 집단에도 내재되어 있다. 그 한 예가 바로 우리가 쓰고 있는 PC의 키보드 자판 배열이다. 이 배열을 'QWERTY' 방식이라고 한다. 자판의 왼쪽 위 가장자리에 있는 여섯 글자를 순서대로 나열한 이름이다. 이 순서는 과거 타자기의 자판 배열을 그대로 가져온 것이다. 역설적이지만 이 배열을 만든 목적이 바로 속도를 느리게 하는 것이었다고 한다. 사람들이 타자기 치는 속도가 너무 빨라 인접한 키를 연달아 치면 타자기 속에서 꼬이는 문제가 발생해서 이 문제를 해결하기 위한 방편이었다. 하지만 PC 제조사들은 사람들이 이 배열에 이미 익숙해져 있으므로 새로운 자판 배열을 도입하는 모험을 시도하지 않았다. 개인이든 조직이든 익숙한 것을 좋아하고 선호하는 경향은 분명 존재한다.

불확실성 회피
매뉴얼이 많을수록 혁신은 어렵다

경험하지 못한 미래는 불확실성이 높고 사람들은 불확실한 것을 회피하고자 한다. 그 정도는 문화권에 따라 다르다. 인류학자인 헤이르트 호프스테더Geert Hofstede는 문화를 분류하는 기준으로 개인주의 성향, 권력 격차, 남성중심주의 성향, 불확실성 회피 성향의 네 가지 변수를 제시했다. 먼저 개인주의 성향은 개인이 자신의 의사결정에 있어서 집단이나 회사, 가족보다 자신의 가치를 중시하는 정도를 말한다. 권력 격차는 개인이 그 사회의 권력 불평등을 어느 정도 수용할 수 있는지의 정도를 말한다. 남성중심주의 성향은 그 사회가 경쟁, 돈, 승리, 성취 등 남성적 가치를 중시하는 정도를 말한다. 마지막으로 불확실성 회피 성향은 한 사회의 구성원이 불확실한 미래를 어느 정도 잘 참아내고 불편 없이 살아갈 수 있는지의 정도를 말한다. 미래가 불확실해도 별로 궁금해하지 않고 답답해하지 않으면서 편안하게 지낼 수 있으면, 미래에 대한 계획을 치밀하게 세우지 않아도 된다. 반대로 이 불확실성을 참기 어려워하면 미래의 여러 가지 상황을 예측하고 각 상황별 대응 매뉴얼을 작성해두어야 한다.

질서와 정돈의 대명사, 일본

일본은 불확실성 회피 성향이 높은 대표적 국가다. 일본은 2020년 도쿄 올림픽을 유치하여 열심히 준비 중이다. 지금부터 3년 뒤의 행사지만, 이미 경비 조달에 있어서 도쿄도와 조직위 및 중앙정부가 어떻게 배분할지 확정했고, 호텔과 사회간접자본 시설의 개보수가 한창 진행 중에 있으며, 경기장의 사후 활용방안까지 결정했다고 한다. 아마 올림픽 개최 1년 전쯤이면 시설이 완성될 것이고, 모의 점검과 리허설을 여러 차례 실시할 것이다. 모든 것이 계획대로 진행되어야 만족한다. 이런 일본의 특징은 스포츠에서도 고스란히 드러난다. 일본 축구 대표팀은 '탈아시아'를 여러 차례 목표로 설정했고, 그 목표를 달성하기 위해 외국인 코치를 영입하고, 해외 전지훈련을 체계적으로 실시해 피파[FIFA] 순위가 유럽 팀 못지않게 올라가기도 했다.

일본의 높은 불확실성 회피 성향은 일본 경제에도 영향을 준다. 미래의 불확실성을 줄이고 어떤 상황이 벌어지더라도 대비하기 위해서는 저축을 많이 해야 한다. 그만큼 일본 사람들은 저축을 많이 한다. 하지만 소득이 많은 사람은 소비를 많이 해야 내수가 성장하고 그로 인해 생산과 고용이 선순환할 수 있다. 아베 내각은 내수를 진작하기 위해 일본판

양적완화, 즉 통화 공급을 대대적으로 증대했으나 시중에 풀린 돈이 소비로 가지 않고 저축으로 흘러들어 다시 금융기관으로 돌아왔다. 소득에 비해서 소비가 너무 많으면 가계가 유지되기 어려운 문제가 있지만, 소비가 너무 적어도 경제 활성화가 어려운 문제가 생긴다.

한국을 방문하는 각국 여행객의 지출 금액을 비교해보면, 일본인이 지출하는 금액은 절대금액으로도 적고 자국의 경제 수준에 비교하더라도 대단히 적은 편이다. 우리나라 관광공사의 2009~2013년의 여행자 평균 지출액 통계를 보면 일본은 990달러로서 2,271달러인 중국의 절반에도 미치지 못한다.[10] 싱가포르(1,975달러), 말레이시아(1,894달러), 대만(1,537달러), 홍콩(1,528달러), 태국(1,511달러)과 비교해도 큰 차이가 있다.

일본은 매뉴얼대로 움직이는 나라이기 때문에 질서와 정돈의 대명사 같은 나라였다. 그런데 원자력발전소 사고가 터진 후 일본 정부의 수습 과정과 태도를 보면서 실망한 사람들이 많이 생겨났다. 일본 입장에서는 매뉴얼이 준비되어 있지 않은 사고가 발생한 것이니, 수습에 있어서 우왕좌왕한 것이다.

일본이나 한국에 비해, 북유럽 국가와 미국 및 남미 국가들은 불확실성 회피 성향이 낮다. 이들은 불확실한 미래에 대해 답답해하지 않는다. 예컨대 우리나라에서는 부인이 임신을 하면 아들인지 딸인지 빨리 알고 싶어 한다. 남아 선호사상이 심할 때는 미리 알려 주면 부작용이 있기 때문에 병원에서 알려주지 못하도록 되어 있었다. 그래서 용한 점쟁이들이 돈을 벌었다. 점쟁이들은 임산부의 배 모양을 보고 아들인지 딸인지 알

왜 이노베이터가 되기 어려울까

려주었다. 그런데 아들을 몹시 원하던 한 부부가 한 점쟁이에게 가서 물으면 꼭 아들이라고 한다. 그런데 낳아 보니 딸이다. 부부가 분개해서 찾아가서 따지자 점쟁이가 말하기를 그때 보니까 딸이었는데, 너무 아들을 원하고 있어서 차마 말해주지 못했다고 하는 것이다. 그러자 이 점쟁이의 유명세는 더욱 올라간다. 비법은 늘 아들이라고 말해주는 것이다. 아들을 원하는 부부만 오기 때문에.

벤처기업이 성장할 수 있는 조건

불확실성 회피 성향은 기업 활동과 투자에도 영향을 준다. 벤처 창업이 가장 활발하고 벤처 캐피털을 비롯한 지원기관이 가장 발달한 곳은 미국이다. 벤처는 신기술을 개발해서 팔거나 그 기술을 토대로 신제품을 개발해서 판매한다. 대기업의 경우에도 신제품 개발은 실패율이 높다. 새로 시작하는 벤처기업의 실패율은 당연히 더 높다. 벤처기업에 대한 투자는 미래의 큰 불확실성을 떠안는 것이다. 빌 게이츠의 마이크로소프트, 스티브 잡스의 애플, 제프 베조스의 아마존, 마크 저커버그의 페이스북 등은 모두 작은 벤처기업에서 출발했다. 창업자들은 불확실성 속에서도 전력투구해 오늘날 세계적인 기업으로 성장시켰다. 이들은 모두 이노베이터라 할 수 있다.

이들이 가진 회사 지분의 시장가치는 엄청나게 크고, 이들이 매년 받는 배당금도 많다. 보통 직장인이 받는 월급에 비해 엄청난 금액이다. 그

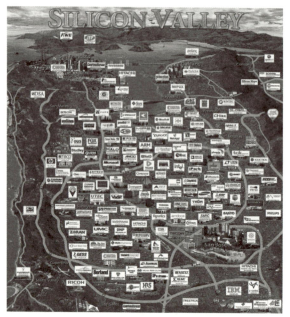

실리콘밸리에 진출한 수많은 벤처기업들

금액만 가지고 보면 일견 불공평해 보이지만 불확실성 속에서도 새로운 것을 추구한 그들과 같은 혁신 기업가가 있었기에 새로운 사업 분야가 태동했고, 기업이 성장해 수많은 고용이 이루어져 왔으며, 경제가 성장하고 있다.

　불확실성 회피 성향이 높은 나라에서는 벤처가 활성화되기 어렵다. 미국에 비해 일본의 벤처기업이 활성화되어 있지 않은 이유다. 벤처기업에 대한 투자는 불확실성이 높기 때문에 기존의 금융기관으로부터 투자를 기대할 수 없다. 은행은 이렇게 위험이 높은 투자를 하지 않는다. 그래서

　왜 이노베이터가 되기 어려울까

불확실성에 대한 높은 위험을 부담하면서 성공 시 큰 수익을 얻을 수 있다는 기대를 가지고 투자할 수 있는 엔젤 투자나 벤처 캐피털이 활성화되어야 한다. 요즘 우리나라에서도 청년 실업 문제에 대한 대책으로 벤처 창업을 많이 권유하고 있는데, 벤처 창업이 활성화될 수 있는 여건이 잘 갖추어져 있는지 점검하고, 잘 되어 있지 않다면 먼저 보완이 필요하다. 미래에 대한 불확실성이 높으면 기업이 투자하기 어렵고, 투자가 부족하면 국제경쟁력이 떨어지는 것이 기본 원리라고 할 수 있다.

일관성
유지
욕구
누구나 삶의 방식을 바꾸는 것은 어렵다

인간이 정보를 처리하는 것을 PC에 비교해서 설명할 수 있다. PC에는 C 나 D 드라이브와 같이 데이터를 영구적으로 저장할 수 있는 공간이 있고, 우리가 입력을 하거나 수정 작업을 할 때 화면에 나타나 있는 정보를 일시적으로 저장할 수 있는 공간이 있다. 우리가 자료를 영구 저장 공간에 한 번 저장해놓으면 언제라도 불러내서 볼 수 있고 수정하거나 새로운 자료를 덧붙여서 다시 저장할 수도 있다.

인간의 기억도 이와 비슷하다. 우리 머릿속에는 아기 때부터 시작해 지금까지 알게 된 정보가 쌓여 있다. 물론 그 정보들을 일부 잃어버리기도 하고 분명 무의식에 있는데도 기억하지 못하는 것도 있다. 하지만 엄청난 정보가 쌓여 있는 것은 사실이다. 인간이 새로운 환경을 맞을 때 하게 되는 생각과 판단은 이렇게 쌓여 있는 정보를 토대로 한다.

저성장 시대를 맞아 미국과 유럽에서 '제로 금리' 제도를 실행했고 일본은 심지어 '마이너스 금리'를 실행했다. 사람들은 이런 변화에 어떻게

왜 이노베이터가 되기 어려울까

대응할까? 이자가 거의 없더라도 지금까지 하던 대로 은행을 찾을 것인가 아니면 이제 생각을 바꾸어서 투자기관을 찾을 것인가? 마이너스 금리는 글자대로 해석하면 은행에 예금을 하면 이자를 받는 것이 아니라 보관료를 내는 것이다. 이것은 시중은행과 중앙은행 간의 거래에 해당하는 것이니 일반인에게는 크게 해당되지 않는다. 그렇지만 은행에 예금을 해도 이자가 거의 붙지 않는 것은 사실이다.

그동안 투자라고는 해본 적 없이 우직하게 은행에 예금해서 목돈을 만들어온 사람들에겐 매우 낯선 환경이다. 주변에선 주식이나 파생상품 또는 선물투자를 권유하기도 한다. 하지만 은행 예금에 비해서 주식 투자는 위험이 높다. 더 많은 수익을 기대할 수 있지만 위험도 높다. 주위에서 원금을 까먹은 사람들도 많이 봤다. 이런 상황에서 우리는 머릿속에 저장된 정보로 어떻게 할지 판단한다.

사람이 과감하게 바뀌기 어려운 이유는 기억 속에 저장되어 있는 방대한 데이터베이스 때문이다. 지금까지 살아온 방식이 모두 기록되어 있고 그 기록을 토대로 결정하기 때문이다. 지금까지와 다른 방식은 불편하게 느껴진다. 다른 정도가 클수록 더 불편하고 더 위험하게 보일 것이다. 기억 속에 있는 모든 정보가 '여유자금은 은행에 맡겨야 한다'고 저장되어 있는 사람에게 주식 투자는 너무 이질적이고 위험성이 높아서 받아들이기 어려운 방식이다. 이런 사람은 이자수익이 적더라도 은행 예금을 떠나기 어려울 것이다.

사람은 자신의 생각과 태도와 행동에 일관성을 유지하고자 한다. 생각대로 판단을 내리고 판단에 따라 행동하면 마음이 편안하고 평정심을 유지할 수 있다. 평소 생각과 다르게 새로운 생각을 받아들여야 한다거나 평소 생각과 다른 판단을 내려야 한다거나 평소 생각이나 태도와 다른 행동을 해야 한다거나 하면 마음이 불편해진다.

균형이론

인간의 일관성을 설명하는 다양한 심리학 이론을 살펴보자. 먼저 프리츠 하이더Fritz Heider의 균형이론이다. 평소 좋아하던 사람에 대한 생각을 부정적으로 바꿀 수 있는가? 반대로 평소 싫어하던 사람에 대한 생각을 긍정적으로 바꿀 수 있는가? 내가 좋아하던 A가 최근 들어 주식 투자를 적극 권유한다고 해보자. 나는 주식 투자를 싫어한다. A가 이런 내 생각을 헤아려주면 좋으련만 만나면 늘 주식 이야기로 시간을 보낸다. 지금 나와 A의 관계는 주식 투자를 둘러싸고 심리적으로 편안하지 않은 상태에 있다.

이때 내가 A에 대한 생각을 바꾸어서 싫어하게 되면 나는 A도 싫고, A가 좋아하는 주식 투자도 싫은 것이니 평정심을 회복할 수 있다. 아니면 내가 생각을 바꾸어서 주식 투자를 좋아하게 되면 내가 A도 좋아하고, A가 좋아하는 주식 투자도 좋아하는 것이니 역시 평정심을 회복할 수 있다.

왜 이노베이터가 되기 어려울까

일치이론

다음은 찰스 오스굿Charles E. Osgood과 타넨바움P. H. Tannenbaum의 일치이론이다. 이 이론은 균형이론에 더해 좋아하는 정도까지 고려하도록 한다는 점에서 보다 확장된 이론이라고 할 수 있다. 예를 들어보자. 영희는 남자친구인 철수를 매우 좋아한다. 좋아하는 정도가 10점 척도에서 9 정도에 해당한다고 하자. 최근 흉금을 터놓고 솔직하게 대화를 나누던 중 철수가 자신의 직업으로 '벤처 창업'을 강력하게 고려하고 있으며 그 준비를 하고 있다는 것을 알게 되었다. 그런데 영희는 안정성이 떨어지고 변화와 부침이 큰 창업을 매우 싫어한다. 싫어하는 정도가 10점 척도에서 8 정도에 해당한다고 하자.

이때 영희는 철수와 계속 만나면서 생각의 변화를 줄 수 있을까? 일치이론에 따르면 철수가 영희가 싫어하는 벤처를 강하게 추진하고 있다는 점 때문에 철수에 대한 호감이 9점에서 6점 정도로 다소 떨어질 것이고, 철수가 좋아하는 일이라는 점 때문에 벤처 창업에 대한 비호감도가 8점에서 5점 정도로 다소 희석될 것이라고 한다.

인지부조화 이론

레온 페스팅거Leon Festinger의 인지부조화 이론도 있다. 이솝 우화에 나오는 여우와 포도 이야기가 인지부조화 이론의 좋은 사례다. 포도밭에 들어간 여우는 포도가 먹고 싶은데(생각), 키가 닿지 않아서 먹을 수가 없었다(행동). 이 상태가 지속되면 마음이 괴롭다. 행동을 바꿀 수 없으니 여우는 결국 포도가 시기 때문에 먹기 싫다고 생각을 바꾸었다.

또 다른 예를 살펴보자. 직장인 X는 요즘 들어 복잡한 도심이 아닌 한적한 근교 지역에 단독주택을 지어 살고 싶은 마음이 굴뚝같다. 뜰에 잔디를 심고, 집 주변에 과일 나무를 키우고, 큰 개도 키우면서 살고 싶다. 주말에는 데크에서 바비큐 파티도 하고 뒷산으로 등산도 가고 싶다. 그런데 출퇴근이 문제다. 한적한 교외 지역은 모두 도심에 있는 직장으로 출퇴근하기에 너무 먼 곳이다.

X는 일치하지 않는 생각 때문에 마음이 너무 불편하다. 심리적 안정감을 회복하기 위해서는 직장을 옮기거나 교외 주거를 포기해야 한다. 편하게 출퇴근하는 것이 더 중요하기 때문에 교외 주택 주거는 결국 포기할 수밖에 없다는 생각이 든다. 이제 X는 직장 생활을 하는 동안 출퇴근이 편한 주거지에 살아야 한다는 생각을 지지해주는 다양한 사례들을 주의 깊게 살펴볼 것이다. 그리고 제때 승진한 사람은 모두 다 출퇴근 거리가 짧다는 사실을 확인한다. 한편 교외 단독주택에 대해서 꼼꼼하게 조사해보니 그동안 잘 모르고 있었던 불편한 점이 한두 가지가 아니다. 겨울에는 난방비가 과다하게 들어가고, 여기저기 수리도 해야 하며, 장보기 불편하고, 무엇보다 아이 학교가 너무 멀리 있다는 점 등의 여러 가지 불편 요소들이 있어서 결국 좋아하기 어렵다고 생각하게 되는 것이다.

왜 이노베이터가 되기 어려울까

우리 머릿속의 데이터베이스들

그런가 하면 부모가 생각하는 훌륭한 사위 또는 며느리의 조건은 오랫동안 일관성을 유지해왔고 잘 바뀌지 않는 대표적 사례라고 보인다. 한 결혼정보회사의 2015년 조사 결과에 의하면 이상적 배우자의 선택 기준으로 신랑감의 경우에는 성격(32.7퍼센트), 경제력(15.6퍼센트), 직업(10.6퍼센트), 외모(9.2퍼센트), 가정환경(9.0퍼센트) 순으로 나타났고, 신붓감의 경우에는 성격(32.9퍼센트), 외모(19.9퍼센트), 경제력(8.5퍼센트), 직업(7.9퍼센트), 종교(5.1퍼센트) 순이었다.[11] 이상적인 배우자의 직업은 공무원·공사(13.5퍼센트), 일반사무직(11.1퍼센트), 교사(10.1퍼센트), 금융직(7.3퍼센트), 약사(6.6퍼센트), 의사(5.2퍼센트) 순으로 나타났다. 몇 년 전까지는 의사가 독보적 1위였는데, 이 직업에 경쟁이 심해져서 인기가 다소 떨어진 듯하다. 일반적인 선택 기준으로 볼 때는 결혼할 당사자의 생각과 부모의 생각이 크게 다르지 않은 것 같다.

결혼에 있어 부모의 생각과 당사자의 생각이 일치되지 않을 때는 갈등이 발생한다. 부모는 재산과 경제력, 학벌, 지위 등을 따져볼 때 자신보다 좀 낫거나 어울리는 집안의 자식을 원한다. 그런데 아들이 아름다운 외모에 빠져 중요한 기준을 다수 충족시키지 못하는 집안의 신붓감을 데려오는 경우에는 큰 갈등 요인이 된다. 많은 영화나 드라마에서 볼 수 있는 소재다.

개천에서 태어나 용이 된 후 야망을 불태우는 청년과 '훌륭한' 사위를 얻기 위한 부잣집 신부 부모의 의지가 결합해 큰 불화를 일으키는 경우도 있다. 한 남자가 시골에서 가난한 농사꾼의 자식으로 태어나 어렵게 공부해서 법대에 진학하고 사법고시에 합격해 판사가 된다. 그 이면에는 물심양면 지원을 아끼지 않았던 한 여자의 지고지순한 사랑이 있다. 그런데 이 남자가 출세하기 위해 사랑했던 '순정녀'를 버리고 부잣집 딸과 결혼한다. 버림받은 여자는 피눈물을 흘리며 복수에 나서게 된다. 역시 많은 영화나 드라마에서 볼 수 있는 이야기다.

신사의 나라 영국에서도 청춘남녀의 결혼이 이루어지기까지 양가 부모가 꼼꼼하게 주판알을 튕기면서 계산하곤 한다. 제인 오스틴은 상류층 출신 처녀와 총각들 간의 만남과 연애, 갈등, 결혼과 이별 그리고 이들을 둘러싼 양가 가족과 주위 사람들의 관계를 잘 그려냈다. 재미있는 것은 200여 년 전 영국에서 훌륭한 신랑감과 신붓감의 첫 번째 조건이 돈이었다는 사실이다. 제인 오스틴의 《이성과 감성》을 보면 거의 40세에 근접한 '돌싱남' 대령과 뛰어난 미모에 쾌활하며 감수성이 풍부한 매력 덩어리인데다 20세도 되지 않은 처녀 간에 혼사가 이루어진다. 처녀의 부모가 볼 때 대령에게 다른 장점도 있지만 큰 땅을 가지고 있고 여기서 많은 수입을 얻고 있다는 점이 무엇보다 가장 큰 장점이었던 것이다.

위 사례들을 통해서 볼 때 시대를 막론하고 사람들의 머릿속에는 잘 어울리는 배우자 유형이 입력되어 있으며 이 데이터베이스가 추천하는 대로 행동하고자 한다. 앞서도 말했듯이 평소 생각에 맞게끔 행동하면 일관성이 유지되어 마음이 평온하다. 평소 생각에서 벗어나는 결정과 행동은 일관성을 따르지 않기 때문에 마음이 불편하다. 사람들이 평소와 다른 새로운 사고방식과 행동을 하기 어려운 이유다.

사람의 태도를 결정하는 데는 자신의 생각도 작용하고 주위 사람의 생각에 순응하고자 하는 심리도 작용한다. 외제차를 살지 말지 결정할 때 외제차에 대한 내 생각도 중요하지만, 주위 사람들의 의견도 무시할 수 없는 중요한 요소다. 특히 공무원처럼 주위 사람의 눈을 많이 의식하는 직업이나 국내 자동차 제조업체 직원이라면 자기 의견보다 주위 사람들의 관점이 더 크게 고려될 수 있다. 자녀 결혼식에 예식장과 혼수 비용을 얼마나 쓸 것인가 정하는 데는 신랑신부와 양가 부모의 의견이 가장 중요한 요소지만 주위 사람들은 어떻게 예식을 치르는가도 상당한 영향을 미친다.

살면서 중요한 결정을 할 때는 주위 사람들의 의견을 참조하게 되는데, 이때 큰 영향을 주는 사람들의 집단을 일컬어 준거집단이라고 한다. 예컨대 나는 옷을 살 때 내 생각에 더해서 아내의 의견을 반영하고 때로는 딸의 의견도 반영한다. 내가 주식을 고를 때는 한동안 관찰해온 관심

종목에 대해서 증권회사에 근무하는 후배의 의견도 들어보고 장기간 주식을 하고 있는 동료의 의견도 구해본다. 또 내가 대학에 있다 보니 고등학생 자녀를 둔 부모가 내게 입시상담을 하는 경우도 있다. 모두 준거집단의 의견을 들어서 또는 그 구성원들의 행동을 참고해서 자신의 결정을 내리려는 시도들이다.

준거집단의 영향은 관찰성이 높은 분야일수록 강하다. 예컨대 요즘 50~60대 CEO들의 옷차림은 과거에 비해 상당히 세련되어졌다. 대기업의 CEO가 되면 회사가 주선해서 옷차림에 대한 컨설팅을 받게 하고 패션 트렌드에 맞추어 입도록 주문한다고 한다. 새로 CEO가 된 사람은 다른 CEO들이 젊은 감각의 옷을 입으니 자신도 어색하게나마 시도해보는 것이다. 특히 승용차 차종에는 CEO들이 많이 타는 차가 있다. 대기업 CEO가 타는 차는 외부 많은 사람들의 눈에 띄게 마련이다. 우리 사회의 특성상 다른 회사 수준에 떨어져서는 안 되고 너무 튀어도 좋지 않으니 차종 선택이 제한적이다.

다른 사람을 보고 따라하는 것은 중지를 따른다는 의미다. 사회밀도가 높을수록 그리고 사회적 동질성이 높을수록, 차별성이 아니라 중지를 따르는 성향이 강하게 나타난다. 특히 우리나라는 사회적 밀도가 대단히 높은 편이다. 국토는 좁고 인구는 많다 보니 단위면적당 사람 수가 많고 도처에서 서로 만나게 된다. 그래서 다른 사람과 같이 비슷하게 입고 비슷하게 행동하면서 집단의 일원으로 살려는 경향이 짙다.

한편 뉴질랜드는 국토가 대한민국 면적의 2.5배 이상이면서 인구는 500만 명에 못 미친다. 두세 개의 큰 도시를 제외하면 인구밀도가 매우

왜 이노베이터가 되기 어려울까

낮다. 도심을 약간 벗어나면 온통 풀밭이고 그 위에서 풀을 뜯고 있는 양과 젖소 세상이다. 사람은 잘 보이지도 않는다. 호주도 소수 대도시를 제외하면 마찬가지다. 따라서 다른 사람이 어떻게 생각하고 어떤 행동을 하는지 쉽게 드러나지 않는다. 마찬가지로 나도 남에게 잘 드러나지 않는다. 옷을 입고 사는지 벗고 사는지, 턱수염을 기르는지 안 기르는지 서로 관심을 두지 않는다.

우리나라는 20년 전만 해도 단일민족 국가임을 자랑으로 생각했다. 민족이 하나이니 사람들 간에 동질성이 높았다. 그래서 유행이 빠르게 전파된다. 남들이 밍크코트를 입으면 나도 밍크코트를 입고, 패딩을 입으면 나도 패딩을 입고, 친구가 골프를 시작하면 나도 시작하고, 옆집 사람이 해외여행을 가면 나도 가야 하는 것이다.

언젠가 딸아이가 입는 치마의 길이가 너무 짧아 보여서 아내에게 얘기했더니, 요즘 긴 치마는 아예 팔지를 않아서 살 수가 없다고 한다. 그러고 보니 우리나라 여성들의 치마나 바지 길이가 많이 짧아졌다. 실제로 내가 백화점에 가서 살펴보니 아내의 말이 사실이다. 안 사니까 안 파는 것인지, 안 파니까 못 사는 것인지 모르지만 아무튼 현재 시중에서 살 수 있는 것은 짧은 치마밖에 없다.

대학 졸업생들이 원하는 취업 자리에도 표준이 있는 것 같다. 대다수 졸업생은 대기업에 가고 싶어 한다. 물론 대기업이 급여도 높고 근무여건도 좋다는 장점이 있지만, 경쟁이 치열하고 장래성이 제한적이라는 등의 단점도 있다. 무엇보다도 취업하기가 너무 어렵다. 반면에 중소기업은 인력난을 겪고 있다. 대졸자를 채용해서 맡기고 싶은 업무가 있어도 지원자가 거의 없다. 간혹 주위 중소기업 경영자들로부터 학생을 추천해 달라는 요청을 받는데, 많은 경우 지원자가 없어서 보내지 못했다. 중소기업이 가지는 장점이 분명히 있는데도 불구하고 자진해서 나서는 지원자가 거의 없다. 대기업을 선호하고 중소기업을 회피하는 대졸자의 취향은 본인의 의사뿐만 아니라 주위 사람들의 눈길이 크게 작용할 것이다. 번듯한 직장을 원하는 부모들은 자식이 1~2년을 지체하더라도 대기업에 가도록 권하고, 결혼하기로 한 여자친구도 예비 신랑이 대기업에 취업하기를 원한다.

독창적인 아이디어와 혁신적인 사고방식이 파고들 수 있는 틈은 매우 협소하다. 창업은 중소기업 취업에 비해서도 훨씬 더 혁신적인 사고방식이 필요하다. 아무런 기반 없이 무에서 유를 창조해야 하는 것이다. 가시적인 성과를 내기까지 5년이 될지 10년이 될지 기약이 없고 그 기간 동안 무직자로 간주될 수도 있다. 주위 사람들에게 번듯한 직장을 보여야 하는 사람이라면 시도하기가 대단히 어려운 것이다. 남들이 가지 않는 길을 가기 싫어하는 우리 문화의 관점에서 보면, 창업을 시도하는 것 자체에 거부감이 크다는 난관이 있고, 창업한 이후 성공하기 어렵다는 본질적 난관이 있는 것이다.

세상을
바꾸는
이노베이터들

보통 사람들이 위험을 회피하는 데 비해 이노베이터는 위험을 기꺼이 감수하며, 실패를 두려워하지 않고, 도전정신이 강하다. 애플의 창업자 스티브 잡스, 테슬라를 창업해 전기자동차를 넘어 우주여행을 실현하기 위해 노력하고 있는 엘론 머스크, 온라인 서점을 창업해 오프라인 서점들을 대체했고 온갖 상품을 온라인으로 판매하고 있는 제프 베조스, 전자상거래 환경이 낙후되어 있는 중국에서 세계 최고의 B2B 전자상거래 기업을 키운 마윈 같은 사람들이 대표적인 이노베이터들이다.

알리바바와
중국
벤처붐

자신의 성공과 함께 사회에 큰 파급효과를 가져오는 창업이 혁신형 창업이다. 또한 새로운 기술과 상품을 개발해서 새로운 시장을 창출하는 창업을 말한다. 알리바바를 비롯해 아마존, 페이스북, 트위터, 에어비앤비 등은 혁신형 창업의 성공 사례. 우리나라의 경우 생맥주와 치킨 등 생계형 창업의 비율이 높은 데 반해 혁신형 창업의 비율은 매우 저조한 실정이다. 벤처 창업이 활성화되어 있는 미국, 이스라엘, 핀란드, 스웨덴 등의 경우 모두 혁신형 창업 비율이 50퍼센트를 초과하고 있지만, 한국의 경우에는 21퍼센트로 매우 낮다.[1]

뉴욕증권거래소에 상장한 알리바바

먼저 중국의 알리바바^{Alibaba, 阿里巴巴}를 살펴보자. 공산주의적 사고방식의

알리바바 그룹의 홈페이지 배너

잔재가 많이 남아 있는 중국에서 알리바바라는 전자상거래 기업이 나타나서 세계적 기업으로 성장한 것은 매우 놀라운 일이다. 알리바바는 중국에서 전자상거래 시장을 평정한 후 미국의 뉴욕증권거래소에 상장하면서 미국 증시 역사상 최대 규모의 기업공개를 기록했다. 동시에 세계 최고 갑부 중 하나로 떠오른 마윈馬雲 회장도 세계적인 주목을 받고 있다. 알리바바는 2014년 9월 19일 뉴욕 증시에서 첫 거래를 시작했는데, 주당 공모가인 68달러에서 38.07퍼센트 오른 93.89달러로 마감했다.[2]

이날 알리바바의 시가총액은 2,314억 달러를 기록함으로써 알리바바는 미국 증시에 상장된 IT 기업들 중 애플, 구글, 마이크로소프트에 이어 네 번째로 시가총액이 큰 기업이 됐으며, 인터넷 기업으로는 구글에 이어 2위를 기록했다. 이에 따라 마윈 회장은 개인 재산이 180억 달러, 중

국내 최대 부자로 등극했다. 알리바바 지분의 32퍼센트를 보유한 손정의 소프트뱅크 회장도 일본 최고의 갑부가 됐다.

전자상거래업체로 성공하기까지의 과정

전자상거래는 쉽게 말하면 온라인 중개업체가 인터넷 사이트를 만든다음, 무엇인가를 팔고 싶은 사람들을 불러 모아 상품을 등록하게 하고, 사고 싶은 사람들을 초대해 둘러보게 한 다음 마음에 드는 것이 있으면 사도록 하는 것이다. 인터넷 사이트를 제공하고 관리하는 전자상거래 회사는 물건을 판 사람 또는 산 사람에게 약간의 수수료를 받는다.

당시 세계적으로 이런 회사를 창업했거나 창업을 꿈꾸고 있던 예비창업자는 수를 헤아리기도 어려울 만큼 많았다. 그중 이베이e-Bay라는 미국회사가 가장 많은 고객을 끌어들이는 데 성공해 세계적인 강자로 부상했고, 나머지 회사들은 대부분 파산 직전이거나 상당한 어려움을 겪고 있었다. 알리바바는 이미 세계적 강자도 있고 여러 경쟁기업들이 활동하고 있는 시장에 뛰어들어 오늘의 알리바바가 된 것이다.

마윈 회장은 매우 가난한 가정에서 태어나 짐꾼과 삼륜차 운전 등 잡일을 하면서 주경야독한 끝에 삼수를 거쳐 항저우사범학원 영어학과에 입학했다.[3] 졸업 후 영어강사를 거쳐 통역사업체를 차렸는데, 그의 영어실력은 출중했지만 사업성과는 영 신통치 않았다. 하지만 이 사업체를 영위하면서 영어 실력을 인정받았다. 그는 1995년 초 저장浙江성 교통청

세계경제포럼에서 연설 중인 알리바바의 마윈 회장

에 공무원으로 채용되어 업무 통역자로 마이크로소프트의 본사가 자리 잡고 있는 미국 시애틀로 출장을 가게 된다. 그는 여기서 인터넷을 처음 접하게 되었고 인터넷이 가져올 엄청난 변화를 깨달았다. 혁신적 아이디어를 얻는 데 있어서 '관찰하기', 특히 외국이라는 낯선 환경에서 자국에 없는 새로운 것을 평소보다 더욱 꼼꼼하게 관찰하는 것의 힘은 대단하다는 것이 입증된다.

귀국 후 그는 인터넷 기반 사업을 해야겠다는 생각을 하게 되었고 바로 공무원 생활을 접었다. 곧바로 아내와 친구들과 함께 기업의 인터넷 홈페이지를 만들어주는 회사를 창업했지만 실패했다. 여기까지는 우리 나라 많은 젊은이들이 시도했던 인터넷 사업 경험과 별로 다르지 않다. 하지만 그는 좌절하지 않았다.

1997년 마윈은 베이징의 대외경제무역부에 취업해 이 조직의 공식 사이트를 개설하고 산하 무역업체들 간의 인터넷 네트워크를 구축하는 일을 한다. 이 일을 수행하면서 그는 제조업체와 무역업체들 간의 전자 상거래 필요성을 절감한다. 그리고 1999년 기업 간 전자상거래를 중개하는 '알리바바 닷컴'을 창업한다. 당시 자본금은 50만 위안(약 8,500만 원)이었다고 하니 우리나라에서 보던 창업 규모와 크게 다르지 않다.

사업 초기에는 자금 조달에 큰 어려움을 겪었지만, 1999년 10월 골드만삭스로부터 500만 달러를 투자받았고, 2000년 1월에는 일본 소프트뱅크 손정의 회장으로부터 2,000만 달러(약 207억 원)를 유치함으로써 운영 자금의 숨통을 텄다. 2003년에는 개인 간 전자상거래 사이트인 타오바오를 설립해 이베이가 장악하고 있던 중국 전자상거래 시장에 정면으로 도전했고, 2008년에는 아마존과 유사한 소매 사이트 티몰을 설립했다[4].

세계 최고 기업들과의 경쟁은 외부에서 보기에는 무모하기 그지없는 싸움이었다. 하지만 마윈은 끈질기게 공격했고, 이베이도 결정적인 실수를 했다. 2007년 타오바오의 중국 전자상거래 시장 점유율은 80퍼센트에 육박하는 수준에 도달했고, 초창기 시장 선도 기업이었던 이베이는 중국 시장에서 철수했다.

물건을 직접 보지 않은 채 온라인에서 구매한다는 것은 공급자를 믿을 수 있어야 가능한 일이다. 특히 기업과 기업 간에 거래가 이루어지는 원자재나 부품은 거래 금액이 크기에 더욱더 거래 상대방에 대한 신뢰가 중요하다. 중국에서 가장 유명하고 값비싼 술인 마오타이의 경우 유통되는 물량이 진품 생산량의 10배쯤 되는 것으로 알려져 있다. 중국에 가짜 제품이 많다는 것은 비밀이 아니다. 알리바바는 이런 환경에서 세계 최대 전자상거래업체로 발돋움한 것이다.

알리바바는 물건을 팔기 위해 등록하는 업체에게 신용평가기관의 검증과 동종 업계 기업들의 추천을 거치도록 해 구매자의 신뢰를 확보했다. 또 대금 결제 문제도 해결해야 했다. 사는 사람은 돈을 냈는데 물건을 받지 못할지도 모른다는 불안감이 있고, 파는 사람은 물건을 보냈는데 돈을 받지 못할지도 모른다는 불안감이 있다. 시장 거래의 거래비용의 문제다. 알리바바는 이 문제를 해결하기 위해 우체국과 공동으로 알리페이^{Alipay}라는 결제시스템을 만들었다. 판매자와 구매자가 직접 돈을 주고받는 것이 아니라 알리페이를 거쳐서 주고받게 함으로써 양자 모두 믿고 거래할 수 있게 만든 것이다.

중국의 창업 붐에 불을 붙이다

혁신형 창업 활동에 있어서 중국은 매우 앞서 나가고 있다. 이는 우리나라에 많은 시사점을 던져주고 있다. 중국에서는 2015년 한 해에만 벤처기업이 443만 개가 생겨났다. 시간 단위로 계산해보면 1분에 8개씩 새로운 기업이 탄생한 셈이다.[5] 벤처기업에 투자하는 벤처캐피털은 1만 개이고, 그 투자 액수는 377억 달러에 달해 중국은 미국(694억 달러)에 이어서 세계 2위 규모의 벤처 자본 시장이 되었다. 이처럼 벤처 창업이

사람을 실어나를 수 있는 드론까지 등장했다

활성화된 결과, 중국은 전기차와 드론 분야에서 세계 1위 국가가 되었다.

드론 산업은 응용 분야가 매우 다양해 향후 스마트폰에 이어서 세계 시장에서 주요 산업으로 성장할 것으로 예상된다. 현재 전 세계 민간 드론 시장의 70퍼센트는 중국의 드론 제조업체인 DJI가 점유하고 있다. DJI가 최근 전시회에서 선보인 '드론 팬텀'이라는 신제품은 촬영한 영상을 지상에 있는 사람이 착용한 가상현실 기기로 실시간 전송함으로써 마치 하늘을 직접 나는 것 같은 기분을 느끼게 해준다. 다른 경쟁업체는 '비행택시'라는 신제품 콘셉트를 제시했다. 탑승자가 드론 내부에 설치된 태블릿PC에 목적지를 입력하면 자동으로 이륙해 GPS(위성항법장치)를 따라 비행함으로써 지상에서 자동차가 자율주행 하는 것처럼 자율비행 하도록 해 비행택시로 활용하겠다는 것이다.

이제 중국에 비해 우리가 기술이 앞서 있고, 중국 시장에서 성공하기 위해서는 첨단제품보다 저가형 제품을 출시해야 한다고 생각하던 때는 잊어야 한다. 이처럼 중국에 창업 열기가 폭발적으로 증가하는 데 있어서 도화선에 불을 붙인 사람은 리커창李克强 총리다. 그는 2015년 중국의 연례 정치 행사인 양회兩會에서 '대중창업 만인혁신大衆創業 萬衆創新'을 주창했다. 그는 혁신과 창업이 중국의 성장동력이라고 강조했고, 창업을 통해 제2, 제3의 ABT(알리바바, 바이두, 텐센트)가 나와야 중국 경제가 살 수 있다고 제시했다. 중국 정부는 창업 인프라 구축과 인재 유치 지원, 창업 투자 실패에 대한 보상제도, 민간 투자 촉진 등 다양한 지원정책을 실시했다.

중국은 이러한 벤처 인프라 구축과 붐 조성을 통해 벤처 창업을 활성화하는 데 크게 성공하고 있다. 2015년 기준 중국의 신설 법인은 443만 9,000개를 기록해 사상 최고치를 경신했다. 5년 전 94만 개에 비해 4배 이상 늘었고, 하루 평균 1만 2,000개 이상의 창업이 이루어지고 있으며, 우리나라 전체 벤처기업 수의 약 150배 가까운 숫자다. 그래서 요즘 중국에서 수많은 청춘들이 창업해서 사장이 되고자 하며, '나이 스물에 사장이 되지 못하면 그 누가 대장부라 부를까'라는 말이 유행할 정도라고 한다.[6]

중국의 자본시장을 보면 우리나라 유가증권시장에 해당하는 상하이 거래소와 선전거래소가 있고, 주로 성숙 단계의 중소기업이 상장하는 선전중소기업판이 있으며, 다음으로 중소 벤처기업이 상장하는 창업판, 그리고 창업 초기의 벤처기업들을 위한 신3판新三板이 있다.

세상을 바꾸는 이노베이터들

우리나라도 우량 대기업 위주의 유가증권시장이 있고, 주로 벤처기업들을 위한 코스닥시장이 있으며, 다음으로 초기 단계 벤처기업들의 상장을 위해 코넥스KONEX, Korea New Exchange를 2013년에 개설했다.

자본시장을 이와 같이 다층적 구조로 운영하는 이유는 규모가 작고 경력이 짧은 중소기업과 벤처기업이 자본시장에서 자본을 조달할 수 있는 길을 열어주기 위해서다. 그렇지 않으면 중소기업은 은행 대출이나 사금융에 의존할 수밖에 없으며, 부채 비중이 증가하면 이자비용 부담이 커지고 재무 건전성이 약화된다.

중국의 신3판 상장기업 수를 보면 2014년 300여 개에서 2016년 6월 기준 7725개로 증가해 그야말로 비약적인 성장세를 보여주고 있다.[7] 우리 코넥스의 경우 2013년 21개 종목으로 시작했고, 2016년 상장 목표가 300개인데 실제로는 139개로 기대치의 절반에도 못 미치는 부진한 모습이다.[8] 앞으로 우리나라 예비 창업자들이 좀 더 용기를 가지고 강한 기업가 정신을 발휘해주기를 기대한다.

엘론 머스크의 테슬라

2003년 7월 마틴 에버하드와 마크 타페닝은 공동으로 테슬라를 창업했다. 엘론 머스크는 초기에 자금을 투자해 최대주주로 등극했고, 마틴 에버하드와 마크 타페닝이 회사를 떠나자 엘론 머스크가 사실상 창업자 지위를 인정받으면서 현재까지 CEO로서 테슬라를 이끌어왔다. 엘론 머스크는 대단한 경력을 가진 사람이다. 그는 온라인 출판 소프트웨어회사 집투^{Zip2}와 민간 우주로켓회사 스페이스X 및 세계 최대의 주거용 태양광 발전업체 솔라시티^{SolarCity}를 설립했고 결제 서비스 회사인 페이팔^{PayPal}의 공동창업자였다.

새로운 판매 방식

테슬라 자동차의 한국 홈페이지에 들어가 메인 화면에서 '모델3'을 클

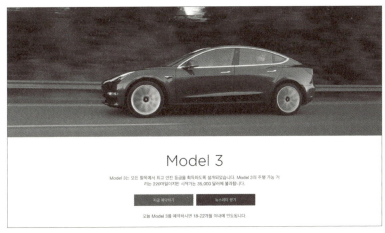

Model 3

Model 3는 모든 항목에서 최고 안전 등급을 받도록 설계되었습니다. Model 3의 주행 가능 거리는 220마일이지만 시작가는 35,000 달러에 불과합니다.

[지금 예약하기]   [뉴스레터 받기]

오늘 Model 3를 예약하시면 18-22개월 이내에 인도됩니다.

테슬라 홈페이지

릭해보면 첫 화면 하단에 다음과 같은 안내가 나온다. "3만 5,000달러 시작 가격(미국 달러 기준). 현지 가격은 2017년에 발표될 예정입니다. 생산은 2017년 중반에 시작됩니다. 새 예약에 대한 인도 예상일은 2018년 중기 또는 말기입니다." 그리고 사전 예약을 클릭하면 첫 페이지 하단에 다음과 같은 안내가 나온다. "주문 수량을 선택해주세요. 1인당 예약은 2대로 제한되며, 예약 1대당 1,000,000원의 예약금이 필요합니다."

2016년 4월 초 모델3의 출시 계획 발표와 함께 사전 예약을 받기 시작했는데, 1주일 동안 전 세계에서 예약된 수량이 32만 5,000대였다.[9] 대당 1,000달러의 예약금을 받았으니 총 예약금은 3억 2,500만 달러(약 3,300억 원)이고, 예상 매출액으로 따지면 140억 달러(약 16조 2,000억 원)에 달한다.

놀라운 일이다. 테슬라의 신차가 이만큼 각광을 받을 정도로 2016년 세계 경제가 대단히 호경기였고 자동차회사들의 판매가 호조를 보였을까? 전혀 그렇지 않다. 오히려 대다수 국가들이 불경기로 인해 침체되어 있었다. 또한 주요 자동차회사들의 판매가 정체 상태였으며 판매 증대를 위해 가격 할인을 비롯한 다양한 판촉 전략을 펼쳤다. 한 국내 자동차회사는 '출고 1개월 이내 차종 교환, 출고 1년 이내 사고 시 신차 교환'이라는 파격적인 판촉 프로그램을 발표했을 정도다.

한편 모델3의 출시 발표 시점부터 따지면 생산 시작 예정일은 1년 이상 남아 있고 대다수 고객에게 차의 인도 예상일은 2년 이상 남아 있는 상황이다. 경기는 좋지 않고 모델3의 생산과 인도에 불확실성이 완전히 가시지 않은 상태에 있는 것이다. 이런 상황에서 고객들이 테슬라 자동차에 이렇게 열광적인 반응을 보이는 이유는 무엇일까? 아직 생산을 시작하지도 않았는데 예약금으로 1,000달러를 내야 하는 것도 비상식적이지만, 1인당 2대까지만 예약을 받는다니 쉽게 이해되지 않는 대목이다. 다른 자동차회사라면 고객 한 사람이 차를 한꺼번에 3~4대 또는 10대를 사겠다면 대리점 사장이 맨발로 달려 나와 머리를 조아리며 감사해하지 2대까지만 판다고 하지는 않을 것이다.

테슬라의 현황

테슬라는 IT 벤처의 산실인 미국 캘리포니아의 실리콘밸리에서 탄생

엘론 머스크는 전기자동차는 물론 우주여행을 위한 스페이스X도 준비 중이다.

했다. 자동차회사로서는 유례없는 일이다. 창업한 지 불과 13년밖에 안되었지만, 세계에서 가장 주목받는 기업 중 하나이며, 2015년 〈포브스〉가 선정한 혁신 기업 1위에도 선정됐다.

테슬라가 만드는 전기자동차는 여타 자동차 메이커들의 전기차와 근본적으로 다르다. 다른 회사는 현재 생산하고 있는 내연기관 자동차의 단점을 보완하는 개념으로 전기자동차를 개발하고 있다. 그래서 연비나 친환경성을 내세우며 결과적으로 작고, 못생기고, 느리고, 주행거리가 짧은 차를 만들었다.[10] 반면에 테슬라는 전기차만의 장점을 극대화한 고성능 자동차 개념을 실현해 자동차 시장에 큰 파장을 불러일으키고 있다.

테슬라는 창업 후 5년차인 2008년 3월에 최초의 전기자동차인 로드스터Roadster를 시장에 선보였다. 약 10만 달러짜리 스포츠카였다. 한 번 충전하면 약 400킬로미터를 달릴 수 있고, 최고시속은 약 210킬로미터에 이르고, 제로백(0에서 시속 100킬로미터에 도달하는 시간) 4초 미만으로, 기존 고급 가솔린 자동차 성능과 비교해 전혀 손색이 없는 차였다. 이 모델은 10만 달러라는 비싼 가격에도 불구하고 4년 동안 30여 개 국가에서 대략 2,500대가 판매됐다.

이 차는 2차 전지로 전기자동차용 대형전지를 쓰지 않고 특이하게도 노트북 등에 주로 쓰이는 '18650 리튬이온 배터리'를 6,800개 이상 병렬로 연결했다. 엘론 머스크는 이미 전기차 구상 단계에서부터 전기차 전용 리튬폴리머 전지가 별다른 기술적 장점 없이 비용만 크게 상승시키는 문제점을 간파하고, 이 문제점을 돌파할 독창적인 기술을 모색한 결과 찾아낸 것이다. 테슬라는 영국 로터스Lotus의 기술을 라이센싱해 첫 번째 전기차를 개발했는데, 이 기간 동안 연구를 거듭해 마침내 독자적인 파워트레인을 완성시켰다.

두 번째 차는 프리미엄 세단형인 '모델S'로 2012년 6월에 출시되었고, 테슬라의 위상을 만드는 데 결정적 기여를 했다. 모델S는 사양에 따라 7만 달러에서 10만 5,000달러에 달하는 비교적 높은 가격에도 불구하고, 각국 정부의 전기차에 대한 세제 혜택과 지원금에 힘입어 양호한 판매 실적을 기록하고 있다. 2014년 한 해에 3만 5,000대가 판매되었고 현재 주당 1,000대의 생산이 이루어지고 있다. 이 차의 성능은 놀라운 수준이다. 2014년 말에 출시된 고성능 버전인 P85D모델은 전기모터를

10 Top Picks of 2015
Best cars and SUVs from our tests
Published: February 24, 2015 12:45 PM

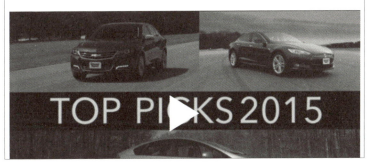

〈컨슈머리포트〉에서 선정한 2015년 탑픽 기사

Best overall: Tesla Model S

For all of the impressive new vehicles released in 2014, none was able to eclipse the innovation, magnificence, and sheer technological arrogance of the Tesla. That's why it's our best overall pick for the second consecutive year. Through the course of their life cycles, cars become obsolete quickly as newer models appear with updated gizmos. But with Tesla's over-the-air software updates, a Model S that came off the line in 2013 has many of the same new features as one built today. Despite the Tesla's teething problems at launch, our subscriber reports showed average reliability. The Model S is a technological tour de force, a high-performance electric vehicle with usable real-world range, wrapped in a luxury package.

Photo: Tesla

Read our complete Tesla Model S road test.

REPORT CARD	
Test score:	99
Reliability:	Average (3 out of 5)
Overall MPGe*:	84
Price as tested:	$89,650

*Miles-per-gallon equivalent

〈컨슈머리포트〉의 최고점을 받은 테슬라 모델S

2개 설치한 4륜구동 자동차로, 출력이 무려 691마력에 달하고 제로백은 2.8초가 나와 현존하는 4도어 및 5도어 세단형 자동차 중 가장 빠르다[11].

미국 〈컨슈머리포트Consumer Report〉는 제너럴모터스와 닛산의 전기차를 100점 만점에 68~69점으로 평가한 반면, 2015년 테슬라의 모델S P85D에 103점을 부여하면서 현존하는 자동차 중 최고라고 평가했다. 〈컨슈머리포트〉의 평가 시스템상 만점은 100점인데, 테슬라 모델S가 이 시스템을 무너뜨리면서, 컨슈머 리포트는 다른 차들에 영향을 주지 않으면서 테슬라 모델S만 99점이 나오도록 평가 시스템을 바꾸어야 했다.[12]

세 번째 차는 SUV 라인에 해당하는 모델X로서 2015년 9월에 출시되었다. 이 차의 특이한 점은 '팔콘 윙 도어'다. 차 문이 위로 열리는 방식이어서 좁은 공간에서 편하게 내릴 수 있다. 또한 바이오 디펜스 모드 시스템을 탑재해 생화학 공격 시 차량 내부를 지킬 수 있는 기능을 탑재하고 있다고 한다.

네 번째 차가 테슬라의 첫 번째 보급형 모델인 '모델3'이다. 엘론 머스크가 강조하는 테슬라의 비전인 '지속가능한 이동수단으로의 전환'을 실현해줄 수 있는 차다. 많은 소비자들이 유해 배기가스가 제로인 전기차 모델S의 장점을 알고 있지만 가격이 너무 비싸서 살 수 없었다. 전기차의 대중화는 중산층 소비자 대다수가 살 수 있는 전기차라야만 가능한 일이다. 모델3의 가격은 기본형이 3만 5,000달러(한화 약 4,000만 원)로 예정되어 있다. 테슬라는 이제 테슬라뿐만 아니라 전 세계 자동차산업에 격변을 초래할 수 있는 모델3의 출시를 앞두고 있다.

미국 투자자들은 이 회사의 가치를 어떻게 평가하고 있을까? 2017년 11월 초 기준으로 회사의 시가총액을 보면 약 510억 달러(1달러당 1,000원으로 환산하면 51조 원)에 달한다. 제너럴모터스는 600억 달러, 포드는 490억 달러, 피아트크라이슬러는 350억 달러로 나와 있다. 그러니까 테슬라는 포드보다 약간 높고, 제너럴모터스에 비해서 약 15퍼센트 정도 낮게 평가받고 있다. 같은 시점에서 현대자동차는 약 35조 원이고, 기아자동차는 약 14조 원으로 평가되고 있다. 테슬라는 현대자동차에 비해 약 50퍼센트 정도 더 높고, 기아자동차를 3개 합한 것보다 더 높게 평가받고 있다고 볼 수 있다.

테슬라가 혁신 기업인 첫 번째 이유

그럼 테슬라는 왜 혁신 기업일까? 무엇보다 자동차산업은 신생 기업이 진입하기 매우 어려운 산업이기 때문이다. 이미 강력한 글로벌 자동차회사들이 각자 매년 수백만 대 이상의 차를 생산하고 있다. 따라서 신생 기업이 기존 자동차회사의 생산 원가 근처라도 가보려면 처음부터 대량생산을 해서 규모의 경제효과를 확보해야 한다. 이것은 실행하기도 어렵고 할 수 있다고 해도 대단히 큰 위험을 안고 있다.

다음으로 경험효과experience effect를 생각해야 한다. 기존 회사들은 수십 년 이상의 경험을 토대로 생산공정과 디자인, 원자재 확보 등을 효율화해왔다. 신생 기업이 비슷한 효율화 수준에 도달하려면 역시 수십 년 경험을 쌓아야 한다.

또한 유통망을 확보해야 한다. 기존 기업들은 전 세계에 잘 짜여진 유통망을 가지고 있다. 신생 기업은 주요 시장국에서 유능한 딜러를 찾아내고 이들을 시스템으로 구축해야 한다. 여기에는 많은 자금도 필요하고 시간도 필요하다. 그리고 기존 회사들에 맞먹는 기술을 개발하기 위해서 막대한 연구개발비를 투입해야 한다. 게다가 초기에 공장을 건설하고 생산 공정을 구축하고 설비를 갖추는 데 막대한 자금이 소요된다.

소비자 관점에서 보면 자동차를 구매할 때 적지 않은 금액을 쓰기 때문에 잘 알려지지 않고 품질도 불확실한 회사의 차를 사려고 하는 소비자는 거의 없다고 볼 수 있다. 이 모든 요소들 때문에 신생 기업, 특히 막 설립된 스타트업 회사가 자동차산업에 진입하기는 매우 어렵다.

미국 자동차시장에서 7대 기업 중 6개는 1980년대부터 지금까지 그대로이고 한국의 현대자동차도 포함돼 있다. 그 6개 회사는 우리가 익히 알고 있는 제너럴모터스, 포드, 크라이슬러, 토요타, 닛산, 혼다이다. 엘론 머스크는 이런 진입장벽 요소들이 전부 극복 가능한 것이라고 생각했다. 그는 청년 시절 장래에 하고 싶었던 사업인 인터넷 사업, 전기차, 태양광 발전, 우주선 사업을 현재 모두 실행하고 있다. 그가 실천하는 긍정적이고 적극적인 사고방식이 없었다면 불가능했을 것이다.

엘론 머스크는 새로운 일을 할 때 현재 여건이 어떤지를 생각하지 말고 어떻게 하면 가능할 것인지 생각하라고 말한다. 기존 제품에 기초해 추론하지 말고 무엇이 가능할지에 관해 공리에서부터 추론하자고 한다. 그가 말하는 재미있는 비유를 하나 살펴보자.[13] "말을 타면 엄청 빨리 이

　　　　　　　　세상을 바꾸는 이노베이터들

동할 수 있다. 우리는 말 타는 데 익숙하다. 말은 풀을 먹으며 풀은 도처에 깔려 있다. 석유는 가격이 비싸서 쓰기 어렵다. 따라서 석유를 쓰는 자동차는 아무도 사지 않을 것이다." 자동차가 등장하기 전에 많은 사람들이 이렇게 생각했을 것이다. 그러나 미래를 내다보는 비전 있는 사람에 의해 자동차는 개발되었고 많은 사람들에게 필수품이 되었다.

테슬라가 혁신 기업인 두 번째 이유

테슬라는 전략적 제휴를 적극 활용했다. 설립 당시 기존의 자동차 메이커들에 비하면 테슬라는 가진 게 너무 부족했다. 글로벌 자동차 메이커조차 당시 순수 전기차 개발은 시기상조라고 했으니, 스타트업 기업에게는 더욱 어려운 일이었다. 테슬라는 로터스와 전략적 제휴를 맺는 방법을 선택했다. 로터스가 자사의 차종인 엘리스[Elise]에 대한 디자인과 엔지니어링과 기술을 지원해주고 로드스터의 계약생산까지 담당했다. 테슬라는 차량의 구조와 안전도에 관해 상당 부분을 로터스에 의존했고, 그 결과 안전 관련 주요 부품들을 로터스의 부품 공급자들로부터 조달할 수 있었다. 그리고 전 직원이 노력한 결과, 한번 충전으로 약 400킬로미터를 달릴 수 있으며, 최고 시속 약 210킬로미터, 제로백 4초 미만의 고성능 전기차를 개발했다.

테슬라는 첫 번째 전기차의 개발과 판매에 성공함으로써 보다 대규모 생산을 목표로 하는 모델S로 전진할 수 있었다. 2009년 테슬라는 벤

테슬라와 제휴를 맺은 로터스의 엘리스 로드스터

츠와 제휴해 5,000만 달러의 투자를 받고 벤츠에 구동계^{drive train}를 공급했다. 2010년 파나소닉과 제휴해 3,000만 달러의 투자를 받고 배터리를 공동개발했다. 그리고 2010년 토요타는 테슬라의 상장 시 5,000만 달러를 지분 투자했고, 캘리포니아 프리몬트 소재 공장을 테슬라에게 매각했다. 테슬라는 이 공장에서 2012년 모델S를 35,000대 생산했고, 그 후 생산능력이 증대되어 주당 1,000대를 생산하고 있다. 2013년 럭셔리 대형^{full size luxury} 시장을 기준으로 보면 모델S의 미국 판매량은 경쟁자라고 할 수 있는 벤츠 S클래스, BMW 7시리즈, 렉서스 LS, 아우디 A8 등을 모두 앞질렀다.[14]

테슬라가 혁신 기업인 세 번째 이유

테슬라는 신속하고 지속적으로 혁신을 실행했다. 엘론 머스크는 순수 전기차의 개발은 꼭 해볼 만한 일이지만, 테슬라가 자동차산업에 성공적으로 진입할 확률은 10퍼센트 정도로 보았다고 한다. 다른 사람들은 더 낮게 평가했었다. 그래서 엘론 머스크는 일을 실행하면서 배우기로 작정하고, 자본이 적게 드는 일부터 시작했다. 그는 자신이 창업해 이베이에 넘긴 페이팔의 매각 대금과 경험을 전기차 개발에 투입했다. 테슬라는 신속하게 움직이고 문제점이 발견되는 대로 수정하는 지속적 혁신을 실행했다. 그 결과 기존 메이커에게서는 기대할 수 없는 시간과 예산으로 세 가지 전기차 모델을 개발하는 데 성공했다.

2003년에 출범한 회사가 2008년에 로드스터, 2012년에 모델S, 2015년 모델X를 출시한 데 이어 이제 모델3 출시를 앞두고 있다. 테슬라는 로드스터에 1억 4,000만 달러, 모델S에 6억 5,000만 달러를 사용했다. 그에 반해 제너럴모터스는 첫 전기차인 EV1에 10여 년간 10억 달러, 쉐보레볼트^{Chevy Volt}에 12억 달러를 투입했고, 닛산은 성능이 별로 높지 않은 전기차 몇 종의 개발에 56억 달러를 투입했다. 테슬라는 첫 모델을 조기에 성공적으로 출시함으로써 고성능 전기차가 가능하다는 쪽으로 소비자와 투자자들의 신뢰를 얻어나갈 수 있었다.

테슬라가 혁신 기업인 네 번째 이유

테슬라는 네트워크 효과를 극복했다. 네트워크 효과란 한 상품이나 서비스의 가치가 그것을 사용하는 소비자 수에 따라 달라지는 것을 말한다. 예컨대 전화기가 세상에 처음 나왔다고 해보자. 이때 오로지 나 혼자만 전화기를 보유하고 있다면 전화기는 사실상 무용지물이지만, 내가 대화를 나누고자 하는 주요 기관과 주변 사람들이 전화기를 구입하면 할수록 그 가치는 높아진다. 이메일과 인터넷 포털 및 SNS 등 네트워크를 이루는 상품과 서비스의 가치는 이처럼 대부분 사용자 수에 의존한다. 자동차도 한 지역 내 사용자 수와 서비스센터 수가 그 가치에 영향을 준다는 점에서 네트워크 효과가 존재한다.

후발 기업은 선도 기업이 구축한 네트워크 효과를 극복할 수 있어야 한다. 이 경우 기업은 사용자 수를 증대시켜 자사 상품의 가치를 높이기 위해 네트워크의 일부 요소를 지원하는 전략을 쓸 수 있다. 한 기업이 제공하는 상품을 하드웨어-소프트웨어로 구분해보면 어느 쪽을 지원하는지 알 수 있다. 예컨대 소니는 비디오게임기 제조업체로서 초기에 많은 사용자와 게임 디자이너를 자사 네트워크에 참여시키기 위해 게임기 가격을 원가 이하로 저렴하게 책정하거나 소프트웨어 제작을 지원했다. 마이크로소프트는 자사 운영시스템을 탑재한 윈도 폰Windows Phone 사용자를 늘리기 위해 제조업체인 노키아를 지원했다. 애플은 하드웨어-소프트웨어 양 부문을 통합해 전체 가치를 높이는 방향을 선택했다.

테슬라는 자동차가 일면 하드웨어지만, 일면 '바퀴 위에 설치된 고성능 컴퓨터'기 때문에 다양한 소프트웨어 요소들이 있음을 인지했다. 우선 충전소를 많이 설치해야만 전기차의 가치가 올라갈 수 있기 때문에 테슬라는 충전소 설치를 지원하고 있다. 호텔과 리조트 및 음식점에 고압 충전이 가능한 충전기를 무료로 설치해주고 있으며, 30분 충전에 270킬로미터를 달릴 수 있는 급속충전소를 2015년부터 시작해 2017년까지 전 세계에 7,000곳 이상 설치할 예정이다. 급속충전소는 1곳 설치하는 데 50만 달러가 소요되는데 고객은 무료로 충전할 수 있도록 하고 있다.

서비스센터망을 구축하는 것도 중요하다. 테슬라는 서비스센터를 직영체제로 운영하고 있다. 엘론 머스크는 '서비스센터의 임무는 결코 이익을 내지 않는 것'이라고 말했다. 회사에 소속된 직원에게 이익을 내지 말라니, 이를 수용하지 않을 사람은 없을 것이다. 아직 전기차를 사볼까하는 사람들 중에는 제대로 수리·유지가 되는지 걱정하는 경우가 많다. 엘론 머스크가 직원들에게 한 말은 이런 사람들의 걱정을 불식시켜서 장기적으로 테슬라 차 판매에 기여하라는 뜻일 것이다.

테슬라가 혁신 기업인 다섯 번째 이유

테슬라는 모든 특허를 공개했다. 과거에 기업들은 특허를 비롯해 기술과 노하우를 철저하게 비밀로 유지하려고 했다. 많은 투자 끝에 얻은 자산이므로 독점적으로 활용함으로써 경쟁우위를 지키고자 했다. 그러나 특허를 공개해 경쟁자 누구나 이용할 수 있는 오픈소스로 만들어버리면 네트워크를 확대할 수 있다는 장점이 있다.

테슬라는 기술력의 회사다. 특히 배터리 기술을 중심으로 수백 개의 특허를 보유하고 있다. 그런데도 테슬라는 모든 특허를 공개했다. 엘론 머스크는 테슬라의 경쟁자는 다른 전기차 메이커가 아니라 아직도 매년 수백만 대씩 쏟아져 나오고 있는 가솔린과 디젤 자동차 메이커라고 보았다.

〈캘리포니아 매니지먼트 리뷰〉에서는 테슬라가 공고한 자동차 시장을 개척한 데에 대해서 이렇게 말했다. "역사를 보면 기술 우위는 특허에 의해서 결정되는 것이 아니라 세계에서 가장 뛰어난 엔지니어들을 끌어들이고 이들에게 동기를 부여하는 능력에 의해서 결정된다."[15] 사실 여러 경쟁자와 엔지니어들이 전기차 시장에 들어와서 일면 경쟁하고 일면 협력하는 생태계를 만들면, 참여자 모두에게 이득이 돌아갈 수 있다. PC 산업에서 IBM과 MS 및 인텔Intel이 오픈 시스템을 만들었기 때문에 수많은 중소 부품업체들이 참여해 시장을 더욱 확대시킬 수 있었다. 구글 역시 안드로이드 운영체제를 대부분 공개함으로써 스마트폰 운영체제 시장의 85퍼센트를 점유하고 있다. 큰 시장에서 주요 플레이어가 되는 것이 작은 시장을 독점적으로 유지하는 우물 안 개구리보다 유리하다는 이야기다.

　　　　　　　　　　세상을 바꾸는 이노베이터들

시장의 법칙을 다시 쓴 테슬라

테슬라에서 선보인 로드스터부터 모델3까지 4가지 전기차의 순차적 개발은 계획표에 따른 것일까 아니면 우발적인 것일까? 이는 모두 엘론 머스크의 철저한 마스터플랜에 따라 진행된 일이라고 한다. 2006년 그는 블로그 포스트에 다음과 같은 글을 남겼다.[16]

"거의 모든 신기술은 최적화되기 전까지는 초기에 단가가 높을 수밖에 없으며, 전기차도 예외일 수는 없다. 테슬라의 전략은 고객들이 프리미엄을 지불할 준비가 되어 있는 하이엔드 마켓에 진출한 다음, 생산량을 늘리고 가격을 낮춘 연속적인 모델로 최대한 빠르게 저가 시장으로 내려가는 것이다."

지금 생각해보면 매우 합리적인 결정이다. 자동차산업 종사자들은 고급차의 1대당 마진율이 대중적인 자동차의 1대당 마진율보다 2배 정도 높다고 본다. 테슬라는 모델3을 만들기 위해 로드스터와 모델S 및 모델X의 판매가 필요했던 것이다.

그런데 이 순서는 클레이튼 크리스텐슨Clayton Christensen이 제시한 '와해성 혁신이론'과는 정반대되는 순서다. 기술혁신에는 존속성 기술혁신sustaining innovation과 와해성 기술혁신disruptive innovation이 있다. 존속성 기술혁신은 기존 시장에서 주력제품의 성능을 더욱 향상시키는 혁신으로, 예를 들면 PC 시장에서 CPU 속도의 향상이나 메모리 용량의 확대를 들 수 있다. 이런 혁신은 기존 PC업체들의 경쟁력을 높여준다.

와해성 기술혁신은 새로운 시장을 창조해 궁극적으로 기존 제품을 대체하는 기술이다. 와해성 기술은 도입 초기에 기존 기업들이 중시하는 성능 차원에서 열등한 제품으로 출현한다. 그 대신 단순성 또는 편리성, 사용 용이성과 함께 저가격을 새로운 가치로 제공한다. 그래서 와해성 기술 제품은 로우엔드 마켓의 고객을 확보하는 데서 출발해서, 시장을 확대하고, 그 결과 성능이 개선되어 하이엔드 마켓의 고객 요구 수준을 충족할 수 있게 된다. 이때가 되면 와해성 기술 기업은 시장에서 강한 경쟁력을 확보하게 된다.

다음 그래프에서 보듯이 와해성 기술 제품이 하이엔드 마켓의 요구 성능을 충족하게 되면 가격 우위와 다른 장점들로 인해 기존 제품을 대체하게 된다. 예를 들면 필름카메라는 디지털카메라에 의해서 대체되었고, 디지털카메라는 다시 스마트폰에 의해서 대체되고 있다. 마찬가지로 IBM이 주도하던 메인프레임 컴퓨터 시장은 DEC의 미니컴퓨터에 의해 대체되었고, 미니컴퓨터는 다시 애플과 컴팩^{Compaq}이 주도한 PC에 의해서 대체되었다.

그런데 테슬라는 처음부터 로우엔드 마켓으로 가지 않았고, 주류 자동차 구매자를 제외한 가격에 민감한 고객을 대상으로 하지 않았으며, 초기 제품도 기존 자동차들에 비해 열등하지 않았다. 테슬라의 자동차는 루디크러스^{ludicrous} 모드(배터리 최대 출력 모드)에서 제로백을 3초 이내에 도달하고 안전도 최고등급을 받는 등 프리미엄급 성능의 자동차로 진입했다. 또한 테슬라의 자동차는 기존 자동차들과 외양도 유사하고 운전 방식도 유사하며, 단지 전기를 동력 시스템으로 사용한다는 점만 다르다. 크리스텐슨의 '와해성 혁신이론'에 따르면 테슬라는 성공할 수 없고

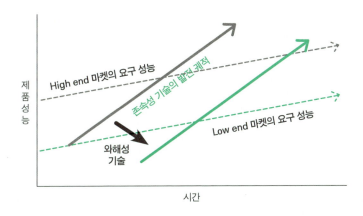

제품성능

High end 마켓의 요구 성능

존속성 기술의 발전궤적

와해성 기술

Low end 마켓의 요구 성능

시간

와해성 기술과 존속성 기술

기존 기업들에게 영향을 미치기도 어렵다. 하지만 지금까지 테슬라는 성공 가도를 달리고 있다.

이제 와해성 혁신이론을 새로 써야 하는 상황이 되었다. 말하자면 '하이엔드 와해성 기술혁신'이론이다[17]. 신기술 기업은 도입기에 주요 성능 차원에서 기존 제품을 능가하는 신제품을 출시하고, 낮은 가격이 아닌 프리미엄 가격을 받으며, 수익성이 가장 높은 핵심 고객층을 타깃으로 한다. 그 후 주류시장으로 확대해 나가기 위해 성능을 향상하는 것이 아니라 단위 성능당 원가를 인하하는 것이다. 이런 경로를 거쳐서 기존 시장을 대체하는 데 성공한 사례로 테슬라 외에도 소니 워크맨을 대체한 애플의 아이팟, 동네 커피숍을 대체한 스타벅스, 다이슨의 진공청소기 등을 꼽을 수 있다.

고정관념을
깨버린
다이슨

다이슨 제품은 청소기를 비롯해 헤어드라이어와 선풍기 등 모든 제품이
비싸다. 보통 경쟁 제품보다 10배에서 20배 정도 더 비싸다. 물론 다이
슨 제품은 기능이 탁월하다고 이미 잘 알려져 있다. 하지만 더 중요한 것
은 브랜드의 인기다. 최고의 품질과 디자인을 자랑하는 제품에는 기꺼이
대가를 지불하고자 하는 고객들이 있기 때문이다. 미국 대도시에서 스타
벅스에 들러보면 커피 한잔 시켜놓고 책이나 신문을 보거나, 스마트폰이
나 노트북으로 일하고 있는 사람들의 모습을 볼 수 있다. 남자든 여자든
트렌드리더로 보이는 사람들이 가지고 있는 것은 애플의 아이폰과 맥
북MacBook이다. 애플이 마니아층의 사랑을 받는 것처럼 다이슨 제품도 애
호가에 의해 가격에 상관없이 큰 사랑을 받고 있는 것이다.

세상을 바꾸는 이노베이터들

먼지봉투 없는 진공청소기

1979년, 제임스 다이슨(설립자 겸 회장 이름과 회사명이 Dyson으로 동일해 회장을 말할 때는 다이슨, 회사를 말할 때는 다이슨 사로 구분해 표기함)은 집에서 쓰던 진공청소기를 불편하게 느꼈다. 청소기에 먼지봉투를 새로 끼웠을 때는 먼지를 제대로 빨아들이지만, 봉투에 먼지가 점점 쌓이면서 흡입력을 점점 잃었기 때문이다. 먼지봉투는 먼지를 빨아들이는 것과 동시에 표면의 미세 구멍을 통해 공기를 통과시켜야만 공기 흐름이 유지되어 먼지를 빨아들일 수 있었다. 그런데 먼지가 차면서 이 구멍들을 막게 되므로 공기 흐름이 약해지고 먼지 흡입력이 떨어지는 것이었다.

이때부터 다이슨은 흡입력을 유지하는 진공청소기 설계를 시작했다. 그는 5년 동안 5,000개 이상의 시제품을 만든 결과 세계 최초로 먼지봉투를 사용하지 않고 흡입력도 떨어지지 않는 진공청소기 개발에 성공했다. 일반 진공청소기와 다른 차별화된 진공청소기를 개발한 것이다. 다이슨은 이 기술을 판매하기 위해 영국과 유럽 여러 나라를 찾아다녔지만 실패했고, 결국 일본에서 판매하는 데 성공했다. 일본의 에이펙스[Apex]로부터 계약금 7만 8,000달러와 1대 판매당 10퍼센트의 기술수수료를 받는 조건이었다. 다이슨의 기술로 일본에서 만들어진 이 진공청소기는 개당 약 170만 원에 판매되어 부자의 상징 같은 제품이 되었다.

다이슨은 기술 라이센스로 들어오는 수입을 토대로 새 모델을 생산하기로 했다. 그는 몇 명의 젊은 엔지니어들과 함께 자기 집에 작업실을 열었다. 이어서 1993년 자신의 연구센터 및 공장을 세웠고 다이슨 사의 전매특허인 듀얼 싸이클론^{Dual Cyclone} 기술을 채용한 첫 번째 진공청소기 DC01모델을 생산하기 시작했다. 더 좋은 진공청소기를 개발하기로 결심한 1979년으로부터 14년 만에 결실을 본 것이다. 현재도 진공청소기는 다이슨 사의 매출액 1위 제품으로서 유럽 시장에서 시장점유율이 20~30퍼센트 정도이고, 미국 시장에서는 6퍼센트에 달하고 있다.

괴상한 제품들을 만드는 회사

에어컨이 없던 시절, 선풍기는 제법 하이테크 영역의 제품이었다. 가격도 만만찮아서 모든 가구에서 한 대씩 가질 수 있는 제품이 아니었다. 간혹 인공적인 바람이 싫다는 어르신이 있긴 했지만, 모든 연령대의 사람들이 선풍기를 좋아했고 특히 아이들이 가장 좋아했다. 그런데 망이 넓은 선풍기의 경우 아이가 망 속으로 손을 집어넣어 다치는 사고가 종종 일어났다. 다이슨은 이 문제를 완전히 해결한 선풍기를 만들어냈다.

2007년에 날개가 없는 선풍기를 만들어보자는 아이디어를 냈고, 자사 엔지니어들과 함께 연구개발에 몰입한 지 3년 만인 2009년 세상에 없던 '날개 없는 선풍기'를 출시했다. 다이슨 선풍기는 출시 직후부터 디자인과 기능 면에서 대단한 찬사를 받았다. 날개가 없는데도 불구하고 바람은 일반 선풍기보다 더 시원했다. 다이슨 선풍기는 가격이 일반 선풍기보다 무려 20~30배 비싸서 사실상 에어컨과 맞먹는 가격인데도 불구하

다이슨의 날개 없는 선풍기

고 인기가 있어 큰 성공을 거두었다.

다이슨 선풍기에는 외견상 날개가 없지만 실은 나선형 모양의 고성능 날개가 원통형 기둥 안에 숨겨져 있다. 날개가 보이지 않는 곳에 있음에도 불구하고 시원한 바람을 뿜어주는 데는 두 가지의 혁신적 기술이 적용되어 있기 때문이라고 한다.[18] 첫째, 비행기의 제트엔진과 자동차의 터보차저 엔진Turbo charger처럼 회전 날개로 외부에서 공기를 끌어들이는 기술을 적용함으로써 공기 흐름의 속도를 몇십 배 더 빠르게 한 것이다. 둘째, 공기나 물처럼 흐를 수 있는 유체가 좁은 곳을 통과할 때 속력이 빨라지는 베르누이의 원리를 활용해 공기를 흡입 속도보다 15배 빠르게 외부로 내뿜도록 했다.

다이슨 사는 2016년에 새로 개발한 헤어드라이어를 출시했다. 단순히

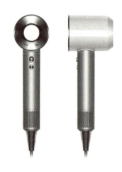

다이슨 헤어드라이어 슈퍼소닉

헤어드라이어라기보다는 과학 발명품에 가깝다. 다이슨 사는 이 제품을
개발하는 과정에서 900억 원 가까운 돈을 투자해 모발과학연구소를 설
립했고, 세계 각양각색의 모발을 대상으로 시험했으며 4년간 연구에 사
용한 모발을 다 더하면 길이가 1,625킬로미터에 달한다고 한다.[19] 그렇
게 시제품 600개를 만들어본 결과, 조용하면서 머리는 잘 말려주고 과
열로 인해 머리를 태울 염려가 전혀 없는 헤어드라이어를 개발했다.

청소기를 만들며 쌓아온 모터 기술력을 바탕으로 만든 새로운 헤어드
라이어에는 다른 제품에 비해 훨씬 크기가 작으면서 분당 11만 번 회전
하는 모터가 장착됐다. 모터 크기가 작아지면서 모터가 헤드 부분에서
손잡이로 옮겨올 수 있었고, 그 덕분에 헤드부터 손잡이까지 무게 균형
이 잡혀서 훨씬 쉽게 조작할 수 있게 됐다.

헤어드라이어를 쓰면서 좀 무겁고 크다는 생각을 해본 적은 있지만,
우리 인체에 가장 적합하도록 무게를 줄이는 데 엄청난 연구가 필요하

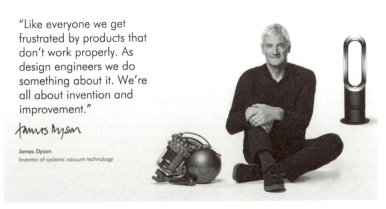

"Like everyone we get frustrated by products that don't work properly. As design engineers we do something about it. We're all about invention and improvement."

James Dyson
Inventor of cyclonic vacuum technology

다이슨 사의 창업자, 제임스 다이슨

리라고는 생각하지 못했다. 다이슨 사는 영국 옥스퍼드대학 동작연구소와 공동으로 사람들의 팔에 센서를 부착해 헤어드라이어를 사용할 때 팔의 움직임을 연구하고, 사람들이 느끼는 근육의 피로도를 측정한 다음, 무게 중심, 길이, 크기, 손잡이 두께 등 여러 부분에서 피로도를 낮출 수 있는 디자인을 개발했다고 한다.[20] 또한 지능적인 온도센서가 초당 20번씩 온도를 측정하며 데이터를 전송해 적정 온도를 유지해준다고 한다. 연구소 설립에 투입된 투자의 규모며 모터와 온도센서 기술력을 들어보면 도대체 이 헤어드라이어 가격은 얼마일지 궁금해진다. 예상했겠지만, 우리가 시중에서 흔히 보는 제품의 10배가 넘는 수준이다.

다이슨 사는 향후 수억 달러를 연구개발에 투자해 2020년까지 100개 이상의 신제품을 출시할 계획이다. 이는 다이슨 사가 현재까지 시장에 내놓은 제품 수의 2배에 달하며 회사 설립 이후 선보인 제품의 총 수와 동일한 수준이다. 다이슨 사가 향후 가장 주력하는 제품은 배터리다. 현재 리튬이온 배터리는 1회 충전당 사용시간이 충분하지 못하며, 스마트폰 배터리가 발화 사고를 일으키는 데서 보듯이 안전성이 충분히 높지 않다. 이에 다이슨 사는 기존 리튬이온 배터리를 개선하기보다는 늘 그렇게 해왔듯이 혁신적인 경로를 개척하기로 결정했다. 세라믹을 사용하는 고체형 리튬이론 배터리를 개발하는 것이다.

이러한 목적 하에 다이슨 사는 2015년 회사 역사상 처음으로 'Sakti3'라는 배터리 전문 스타트업 회사를 매입했다. 그리고 향후 5년간 배터리 공장 건설과 연구개발에 14억 달러를 투자할 예정이다. 이 투자는 다이슨 규모의 회사에게는 큰 모험이다. 하지만 다이슨 회장은 세상에서 가장 수명이 길고 가장 안전한 배터리를 만들어낼 것이라고 자신하고 있다.

많이 실패하라![21]

다이슨 사는 영국과 말레이시아에 공장을 두고 있고, 세계 70개국 이상에서 자사 제품을 판매하고 있으며, 전 세계적으로 7,000명 이상의 직원을 고용하고 있다. 본사는 영국 맘스베리Malmesbury라는 소도시에 있는데, 2016년 본사 근처에 4억 달러가 투입된 기술 캠퍼스를 건설했다. 이 캠퍼스에는 현재 총 3,000명의 엔지니어가 있으며 2020년까지 3,000명을 더 뽑을 계획이다.

세상을 바꾸는 이노베이터들

독특한 점은 직원들의 평균연령이 26세라는 것이다. 대부분 대학 졸업과 동시에 채용했기 때문인데, 그 바탕에는 회장의 경영 철학이 있다. 다이슨은 청년들의 열정과 겁 없이 덤비는 정신을 가장 중요하게 생각하기 때문이다. 자신들은 아직 작고 역동적이며 개척적인 조직이고, 현상유지에 머물지 않도록 싸워야 하는데, 젊은이들에게 그런 성향이 훨씬 더 강하다고 본 것이다. 이 젊은 엔지니어들이 해야 하는 일은 겁 없이 새로운 아이디어를 내어 신제품 개발에 도전하고 '지속적으로 실패하는 것'이다.

엔지니어들은 실패한 내용을 회사에서 지급하는 흑황색 노트에 자세하게 기록해 이어지는 다음 여러 차례의 실험과 또 다른 실패의 토대가 되도록 한다. 이 끝없는 실패의 사이클을 따라가다 보면 드물지만 혁신적인 신제품의 개발 성공에 이른다. 먼지봉투 없는 진공청소기는 5년간 5,127개의 시제품이 실패한 후 나왔고, 로봇 청소기인 360아이로봇[360 Eye Robot]은 17년간 1,000개 이상의 시제품 실패 후, 헤어드라이어인 슈퍼소닉[Supersonic]은 4년간 600개의 시제품 실패 후 개발에 성공한 것이다.

비록 성공 횟수가 많지는 않지만 이들을 합하면 큰 실적이 된다. 다이슨 사의 총 58개 제품은 2015년 24억 달러의 매출을 기록했고, 3억 4,000만 달러의 순이익을 창출했다. 다이슨 사는 세전이익의 무려 46퍼센트를 연구개발에 투입하는데, 이렇게 많은 연구개발 투자에도 불구하고 매출액 대비 14퍼센트의 순이익률을 올린 것은 대단한 실적이다.

이제 사람들은 다이슨 사가 주식시장에 상장을 할 것인지에 관심을 가지고 있지만, 다이슨 회장은 다이슨 사가 어떤 회사를 지향할 것인가에 관한 경영 철학의 관점에서 상장을 거부한다. 그에 따르면 다이슨 사의 관심은 기술과 엔지니어링 및 디자인에 있고, 거기에 걸맞는 자신들의 초점과 철학을 가족회사이기 때문에 지킬 수 있는 것이라고 한다.

다시 말해 가족회사이기 때문에 장기적 관점에서 구상할 수 있고 지금으로부터 20년에서 25년까지 먼 장래를 내다보는 기술개발을 추진할 수 있다는 것이다. 단기적 이익을 내주기를 원하는 주주들을 의식해야 하는 주식회사가 아니기 때문에 그렇게 할 수 있는 것이다. 그리고 다이슨 사에는 누구로부터도 책임 추궁을 당하지 않고 실수할 자유가 있다. 다이슨 회장 역시 아직 직접 연구개발에 몸담고 있어서 자유롭게 실수하는 분위기라고 한다. 엔지니어가 즐겁게 일하기에 가장 이상적인 회사가 아닌가 생각해본다.

세상을 바꾸는 이노베이터들

전자상거래의
거대한 조류,
아마존

제프 베조스^{Jeff Bezos}는 대학 졸업 후 월스트리트의 디이쇼^{D. E. Shaw}라는 헤지 펀드 회사의 프로그래머로 일하던 중 온라인 소매업 회사를 창업하기로 마음먹고 사표를 냈다. 그는 1995년 워싱턴 주 시애틀에 있는 자택 창고에서 동료 10명과 함께 세계에서 가장 큰 아마존 강처럼 가장 큰 회사를 만들기로 작정하고 아마존을 창업했다. 20개의 제품군을 놓고 무엇을 팔면 좋을지 검토한 끝에 책을 팔기로 결정했다.

온라인서점을 개척한 아마존

아마존은 세상에서 온라인서점을 처음으로 개척한 회사다. 과거 책은 서점에서 집어 들고 페이지를 넘겨가면서 읽을 만한지 검토한 다음에 사는 것이었다. 대형 서점이 등장하기 전에는 큰 동네마다 서점이 하나

149

씩은 있었다. 음식점이나 술집 주인이 단골고객을 익히 알고 있는 것처럼 서점 주인도 고객을 대부분 알고 있었다. 서점은 기업이 시장에서 영업하는 것이 아니라, 인문학에 제법 눈을 뜬 반* 작가가 동네에서 여는 것이었다.

그런데 대형 서점이 등장하면서 판도가 달라졌다. 전국의 동네 서점들이 대부분 문을 닫게 되었다. 익숙한 것에 대한 추억과 작은 장사에 대한 연민이 합쳐져 대형 서점의 약탈적 시장 지배에 대한 비판도 많이 나왔다. 그러나 서점의 대형화 추세는 어쩔 수 없는 것이었고, 대형 서점의 규모의 경제효과로 인해 편리한 점들도 생겨났다. 다양한 종류의 책을 더욱 저렴하게 이용할 수 있게 된 것이다. 카페나 문구류를 이용할 수 있는 부대시설도 장점으로 작용했다. 그래서 도서시장은 소수 대형 서점이 지배하는 과점시장이 되었다.

곧이어 아마존이 등장했다. 아마존은 자사 사이트에 100만 권이 넘는 책을 등록해 어느 대형 서점보다도 훨씬 더 많은 책을 선보였다. 그리고 인터넷 쇼핑몰이 가지는 장점을 최대한 활용했다. 아마존은 오프라인 점포가 없고 영업 및 관리 인력이 필요하지 않기 때문에 서점 운영비용이 크게 절감된다. 그 결과 책값이 오프라인 서점에 비해 저렴하다. 책을 검색하는 것도 편리하고 책마다 독자들의 후기가 달려 있어서 살 만한 책인지 쉽게 짐작할 수 있다.

아마존의 고객관계관리customer relationship management, CRM는 수준이 대단히 높다. 아마존 사이트에서 계정을 만든 다음 책을 사보면 안다. 고객이 다음번에 방문했을 때는 좋은 책을 알아서 추천해주고, 고객의 이메일 계정

최근 계산대 없는 식료품 가게 아마존 고도 등장했다.

으로 볼 만한 신간과 좋아할 만한 작가의 책들을 추천해준다. 동네 서점의 주인이 추천해주는 것보다 훨씬 더 최신의 고급 정보를 제공한다. 사정이 이렇다 보니 많은 고객들이 오프라인 서점을 떠나서 아마존으로 대거 이동했다. 오프라인 서점들이 작은 규모에서 부터 큰 규모에 이르기까지 줄줄이 도산했다. 오프라인 서점들에게 아마존의 등장은 아마존 지류를 건너 반대편으로 이동해야 하는 물소들을 별안간 덮치는 큰 덩치의 악어처럼 잔인하고 무서운 일이었다.

1990년대 말 미국 주식시장에서 닷컴 기업들의 인기는 하늘로 치솟았다. 덕분에 아마존은 창업 3년차인 1997년에 기업가치를 4억 3,800만 달러로 평가받으면서 주식시장에 상장해 5,400만 달러의 공모 자금을 확보했다. 아마존은 야후[Yahoo!], 아메리카온라인[America Online], 넷스케이프^{Netscape} 등 인터넷 회사들을 자사의 제휴업체로 끌어들였다. 아마존 닷컴 어드밴티지^{Amazon.com Advantage}를 신설해 독립 출판업체들의 책을 판매 했으며, 아마존닷컴 키즈^{Amazon.com Kids}를 통해 아동용 책을 판매했고, 영국 과 독일의 온라인 서점업체들을 인수했다. 그리고 판매 제품군을 확대해 1998년 비디오와 음악 CD, 1999년 완구, 전자제품, 인테리어 자재와 도 구, 비디오게임과 소프트웨어, 가구, 주방용품 등을 판매했다.

한편 아마존은 제품을 직접 판매하는 데 그치지 않고, 1999년 독립 중 소상인들이 아마존 웹사이트에 입점해 각자 상품을 판매하도록 허용하 는 온라인 마켓플레이스^{Amazon Marketplace} 사업을 시작했다. 현재 아마존은 무엇을 파는가보다는 안 파는 것이 무엇인가를 찾는 것이 더 쉬울 정도 로 광범위한 종합 판매업체가 되었다. 현재 판매 품목은 총 5억 2,594만 6,546개에 달하는데, 그중 83퍼센트의 품목이 외부 업체의 상품들이고 나머지 17퍼센트가 직접 판매하는 상품이다.²²

아마존은 책을 미국에서 직접 판매하는 사업에서 출발해서 제휴업 체 유치, 취급 상품군 확대, 해외 시장 진출 등 다양한 전략에 의해 지속 적으로 성장하고 각 시장에서 점유율을 적극 확대했다. 그 과정에서 아 마존의 주식가격은 엄청나게 올라갔다. 다음 그래프에서 볼 수 있듯이 1997년 18달러로 시작해 1999년 100달러를 초과한 후 2000년 닷컴 버 블 붕괴 시 20달러대로 하락하는 등 등락이 있었지만, 2015년 말 700달 러, 2016년 말 800달러 돌파에 이어 2017년 11월 초 1,100달러를 상회 하고 있다. 많은 투자자들이 아마존의 미래를 밝게 보고 있는 것이다.

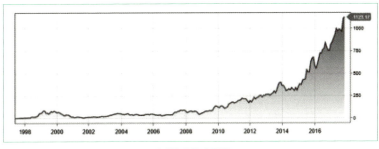
아마존의 주가 흐름

트렌드를 역행한 라디오색의 운명

미국 닷컴 기업들에게 있어서 2000년대 초반은 엄격하게 옥석을 가리는 시기였다. 실력이 검증된 닷컴 기업들을 중심으로 2000년대 중반 이후 전자상거래 분야는 높은 성장률을 기록하고 있다. 다음 표에서 볼 수 듯이 경제 부진으로 인해 총 소매 매출액이 소폭 증가하고 있는 것에 비해, 전자상거래는 비약적인 성장을 보여주고 있다. 2006년의 경우 인터넷 매출액은 총 소매 매출액의 약 3.4퍼센트에 불과하지만, 2015년에는 약 9.2퍼센트로서 10퍼센트에 근접하고 있다.

소매 매출에서 온라인의 비중이 커지는 데서 짐작할 수 있듯이, 이 시기 오프라인에 주력해온 기업은 어려움을 겪었다. 그 대표 사례가 라디오색이다. 라디오색은 이런 어려움을 겪었고 이겨내지 못했다. 라디오색은 1921년 보스턴에서 두 형제가 창업해 무선 라디오와 장비를 제작하

	2006	2007	2008	2009	2010
총 소매 매출액	2,507,669	2,564,536	2,565,323	2,509,648	2,552,890
인터넷 매출액	84,885	102,404	· 110,361	115,746	133,557

2011	2012	2013	2014	2015
2,633,205	2,721,439	2,800,720	2,878,609	2,948,165
158,375	181,657	211,993	240,429	270,969

총 소매 매출액과 인터넷 매출액(단위: 백만 달러)[23]

고 통신판매를 하는 기업이었다. 1947년에는 오디오 상품군으로 확대해 스피커와 앰프, 턴테이블 및 레코드 플레이어를 판매했고, 1963년 탠디Tandy 사에 인수되면서 성장의 토대를 닦았다.

그리고 1972년에는 판매 상품에 전자계산기를 추가했고, 1977년 'TRS-80'이라는 조립PC를 대량생산하면서 주류 전자기기 생산업체가 되었으며, 1980년대 후반에는 당시 트렌드에 맞추어 IBM 호환 PC를 출시하면서 미국의 대표적인 전자기기 소매업체로 성장했다. 1984년에는 모바일폰을 판매하기 시작했고, 이듬해에는 위성 TV시스템과 서비스, 1999년에는 자체 브랜드의 인터넷과 위성TV 서비스를 판매했다.

동네 작은 가게로 출발한 라디오섁은 미국 전역에 매장을 열게 되었고, 영국, 캐나다, 중국, 프랑스, 멕시코 등 전 세계 25개국에 진출해 전성기 최고 7,400여 개의 오프라인 매장을 운영하는 글로벌 소매기업으로 성장했다. 라디오섁은 고객들에게 동네에서도 손쉽게 전자제품을 구입할 수 있는 전통 있는 소매업체로 인식되었다.

세상을 바꾸는 이노베이터들

라디오색 매장

2000년대 들어 전자상거래가 활성화되면서 라디오색은 몰락의 길로 접어든다. 전자상거래가 급성장하면 라디오색을 비롯한 오프라인 소매 업체의 실적이 감소하는 것은 자명한 일이다. 하지만 라디오색은 온라인 으로 인해 실적이 하락하자 온라인에 진출한 것이 아니라 기존의 오프라 인 유통망을 확대했다. 온라인 진출로 인해 자사의 강점인 오프라인 매 장들의 매출을 위축시킬 수 있다는 점을 걱정했기 때문이다. 그 결과 한 매장 직원에 따르면 "우리 매장의 최대 경쟁 상대는 같은 지역 내 라디오 색 매장"이 되는 상황에 이르렀다.[24] 각 매장의 손실은 더욱 증가하는 악 순환에 빠졌다. 다음 그래프는 라디오색의 2008년 이후 매출액과 영업 이익 및 순이익 추세를 보여준다. 매출액이 지속 하락하고 있고, 2011년 부터 이익은 급락해, 2014년의 경우 4억 달러의 손실을 기록했다.

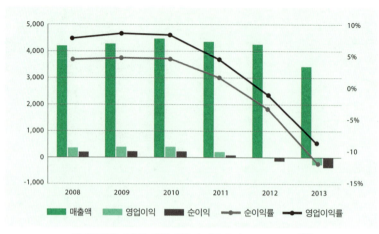

라디오색의 매출액, 영업이익, 순이익 추세(단위: 백만 달러)[25]

아마존과 라디오색의 실적 추세는 뚜렷한 대조를 이룬다.[26] 2003년 실적의 경우 아마존과 라디오색은 각각 5억 달러의 매출을 기록해 우열을 판단할 수 없다. 그런데 10년 후인 2013년 매출액을 보면 아마존은 75억 달러로 15배나 증가한 반면, 라디오색은 오히려 30퍼센트가 감소한 3.5억 달러를 기록했다. 다른 경영 지표에서도 극명한 대조를 보인다. 2013년 말 기준 라디오색은 2만 7,500명의 직원들이 전국 5,000개 오프라인 매장에서 일하면서 직원 1인당 12만 7,000달러의 매출을 올렸다. 반면 아마존은 풀타임과 파트타임을 모두 포함해 11만 7,300명의 직원들이 온라인 매장에서 일하면서 직원 1인당 64만 달러의 매출을 올렸다.

94년의 전통을 자랑하던 라디오색은 결국 2015년 2월 법원에 파산을 신청했다. 라디오섁은 당시까지 운영 중이던 미국 내 매장 4,000여 개 중 절반을 스프린트에 매각하고 나머지는 문을 닫은 것이다.

아마존의 끊임없는 도전

아마존은 전자상거래 실적 성장을 토대로 끊임없이 새로운 사업에 도전하고 있다. 전자상거래에서 유통 효율성을 높이기 위해 2000년대 초반 시애틀, 델라웨어 등 미국 내 8곳과 영국과 독일에 대규모 물류센터를 구축했고 6곳에 고객 서비스센터를 구축했다. 이 물류시설은 1999년 아마존 판매 물량의 5배까지의 물량을 소화할 수 있는 시설이었다. 또한 아마존은 물류센터와 서비스센터를 디지털 인프라로 연계함으로써 전세계적으로 조정할 수 있도록 했다.

2005년에는 아마존 프라임Amazon Prime 서비스를 개설했는데, 고객이 연 79달러의 회비를 내면 아마존 사이트에서 구매하는 물품을 2일 내로 배송해주는 것이었다. 배송 서비스는 계속 진화해 2014년에는 뉴욕 시 맨해튼에서 일부 품목들을 1~2시간 내에 배송해주는 프라임 나우Prime Now 서비스를 출범했고, 2015년에는 서비스 범위를 20개 시로 확대했다. 그리고 2014년 12월 프라임 프레시Prime Fresh라는 식료품 배송 서비스를 출범했다. 이 서비스는 고객이 연 299달러를 내면 신선한 식료품과 50만 종 이상의 가정용품을 당일 및 매일 새벽에 배송해주는 것이다.

2000년대 초반 이후에는 소프트웨어 분야로도 진출하기 시작했다.

2007년에 출시된 아마존 킨들

2002년부터 준비를 거쳐 2006년 대규모 투자를 요하는 클라우드 서비스인 아마존 웹 서비스Amazon Web Service, AWS를 시작했다. 이 서비스는 중소 웹 사이트들이 아마존의 서버와 컴퓨팅 공간을 저렴한 비용으로 이용할 수 있도록 하는 것이다. 이 시기에 아마존은 온라인 영화와 책 및 음악 인프라에도 투자를 시작했다. 2006년에는 고객들이 영화와 TV 프로그램을 다운로드 할 수 있는 아마존 언박스Amazon Unbox 서비스를 출범시켰다.

한편 2007년 이후 다양한 IT 하드웨어 생산에도 진출해 전자책과 신문 및 잡지를 쉽게 다운로드해 읽을 수 있는 e-book 리더인 킨들Kindle을 출시했다. 킨들의 초기 가격은 399달러였는데, 출시 6시간 만에 매진되는 대단한 기록을 달성했다. 그해 미국 소비자들의 구매가 집중적으로 이루어지는 크리스마스 전후에는 공급량이 부족해 아마존 웹사이트에

아마존 에코

'사과문'이 올라오는 진풍경도 벌어졌다.

킨들의 인기는 전자책 판매를 증대시키는 상승작용을 불러와 아마존의 전자책 종류는 2008년 말 12만 5,000종 그리고 2009년 말에는 29억 종에 달하게 되었다. 아마존은 2011년 애플의 아이패드에 해당하는 킨들 파이어Kindle Fire, 2014년 저가 스마트폰인 파이어 폰Fire Phone과 디지털 미디어 플레이어(스트리밍 오디오와 비디오를 TV를 통해 시청하는 기기)인 아마존 파이어 TVAmazon Fire TV 그리고 인공지능을 활용해 질문에 답해주고 음악을 켜주는 등 개인비서 역할을 하는 아마존 에코Amazon Echo를 출시했다. 2015년에는 드론을 배송에 활용하는 아마존 에어Prime Air 사업을 출범시켰다.

아마존이 이처럼 여러 새로운 사업들에 진출하는 패턴에 대해 비판적

전자상거래	물류 인프라	컴퓨팅
Amazon	Amazon Prime	Amazon Web Service
Amazon Marketplace	Prime Now	Amazon Unbox
	Prime Fresh	Kindle
	Prime Air	Kindel Fire
		Amazon Echo

아마존 사업의 세 가지 축

인 시각이 없지 않다. 일각에서는 아마존이 이익을 내는 데는 관심이 없고 오로지 외형 성장과 점유율 확대에 주력한다고 비판한다. 아마존이 진출한 사업들은 얼핏 보면 관련성이 없는 단편적 조각들의 집합처럼 보인다. 그러나 자세히 들여다보면 모두 아마존의 전자상거래와 관련되어 있으면서 아마존이 잘할 수 있는 사업들로 구성되어 있다.

아마존의 비즈니스 포트폴리오는 세 축으로 나누어볼 수 있다. 전자상거래가 한축을 담당하고, 전자상거래를 지원하거나 확대하기 위해 필요한 물류 인프라가 다른 한축을 담당하며, 전자상거래와 물류 인프라를 디지털로 연결해주는 컴퓨팅이 마지막 축을 담당한다. 하드웨어 생산이 생뚱맞게 보일 수 있지만 전자상거래와 소프트웨어의 매출을 증대시키기 위한 수단이라고 볼 수 있다. 킨들은 2007년 시초 제품 이후 여러 차

세상을 바꾸는 이노베이터들

레 업그레이드 버전이 출시되었는데, 현재 가장 저렴한 모델은 가격이 79.99달러까지 하락했다. 그런데 중요한 점은 아마존의 현재 미국 전자책 시장 점유율이 74퍼센트로 압도적이고, 킨들을 보유하고 있는 아마존 고객은 그렇지 않은 고객에 비해 전자책 구매에 연 443달러를 더 지출한다는 것이다.

배송 서비스인 아마존 프라임도 비슷한 효과를 내고 있다. 이 서비스는 2005년 출범 시 연 79달러를 받았는데 2014년 99달러로 인상되었으며, 2015년의 경우 전년에 비해 회원이 50퍼센트 이상 증가했다. 현재 아마존 프라임 고객은 2,500만 명 이상이고, 이는 3,000만 개 이상의 품목에 적용되고 있다. 이 서비스 역시 아마존 프라임 회원은 비회원에 비해 지출 규모가 4배 이상이며, 회원이 아마존 총 매출액의 절반 이상을 차지하고 있다는 것이 매출에 큰 기여를 하고 있다.

검색 시장의
최강자,
구글

전 세계적으로 정보 검색을 하는 사람들은 대부분 구글을 통해 문서나 동영상, 이미지, 지도 등의 정보를 얻는다. 구글은 PC에서의 검색을 넘어 모바일 시대로 진입하면서 안드로이드 운영시스템을 통해 모바일의 강자가 되었고, 무인 자율주행차와 인공지능 분야의 선도 기업이 되는 등 새로운 분야를 적극적으로 개척하고 있다. 검색을 하는 행위 자체를 '구글링Googling'이라고 부를 만큼 구글은 우리 삶 속에서 중요한 역할을 차지하고 있다.

구글의 성장과 야후의 몰락

구글Google 웹사이트에는 실로 무궁무진한 정보가 들어 있다. 내가 강의하는 소비자행동과 글로벌 마케팅, 마케팅원론 및 마케팅전략의 주요 이론과 개념도 모두 설명되어 있다. 과거 사례부터 최신 사례까지 다양한 내용들이 텍스트 정보에 더해 관련 이미지와 동영상까지 제공되고 있어 각각의 교과서들이 경쟁하기에는 도저히 무리라고 보이기도 한다.

학자들이 많이 이용하는 사이트로는 구글 학술검색scholar.google.com이 있다. 이 사이트에 들어가서 연구자의 영문 이름을 치면 그동안 해당 연구자가 발표한 논문들이 인용된 횟수까지도 함께 열거된다. 이 사이트는 학자들의 연구 실적에 관해 많은 것을 말해준다. 예컨대 내가 논문을 몇 편이나 썼는지 그리고 각 논문은 몇 회나 인용이 되었는지 정확하게 알 수 있다. 경쟁 대학에 있는 동료들과 비교해서 내가 논문을 어느 정도 더 많이 쓰고 있는지 덜 쓰고 있는지도 각자의 이름을 검색해보면 바로 알 수 있다.

구글이 등장하기 이전에 인터넷 포털의 원조 기업이자 전 세계 젊은 이들에게 벤처 신화를 꿈꾸게 만들었던 글로벌 인터넷 기업은 야후였다. 1990년대와 2000년대 초반까지 인터넷 검색 분야의 절대적 강자였던 야후는 이메일, 뉴스, 인터넷 쇼핑 등 다양한 서비스를 무료로 대중에게 제공했다. 우리나라에서도 네이버와 다음이 경쟁자로 등장하기 전까지 인터넷 1위 회사로 자리 잡고 있었다. 현재 40~50대의 많은 사람들이 당시 인터넷을 처음 시작하면서 야후 계정을 만들어 뉴스도 보고 검색도 하고 이메일이라는 것을 이용해봤을 것이다.

하지만 2004년 야후와 구글의 매출액을 비교해보면 야후 35억 달러, 구글 32억 달러로 야후가 앞서 있었지만 이듬해부터 구글이 매년 높은 성장률을 보여주면서 역전되는 것을 볼 수 있다. 2008년에는 야후의 매

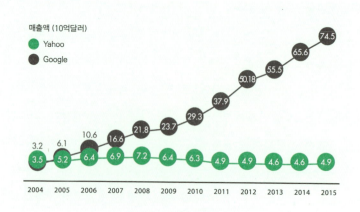

구글과 야후의 매출액 비교

출액은 정점을 찍은 후 오히려 하락하는 모습이다.

2015년에는 야후의 매출액이 구글의 14분의 1에 불과한 수준일 뿐만 아니라 약 43억 달러의 적자를 기록했다. 한편 브랜드 가치 평가기관인 인터브랜드^{Interbrand} 평가에 의하면 2013년 야후의 가치는 38억 달러로서 구글의 120억 달러에 비하면 3분의 1에도 미치지 못하고 있다.

결국 야후는 지속적인 매출 감소와 손실을 견디지 못하고, 2016년 미국의 통신회사인 버라이즌에 인터넷 사업을 매각하면서 역사의 뒤안길로 사라지게 됐다. 이제 야후는 사업 활동을 접었고, 회사 역사상 가장 성공적인 투자로 알려져 있는 중국 알리바바와 일본 야후 재팬 지분을 관리하는 투자회사로 남게 됐다. 불과 10여 년 사이에 구글은 파죽지세로 성장해 세계 최고의 회사가 된 반면, 야후는 나락으로 추락해 사업이 없는 명목상의 회사가 되었다. 그 사이 무슨 일이 벌어진 것일까?

구글신, 검색시장을 접수하다

인터넷 검색 서비스를 먼저 선보인 것은 야후다. 1994년 미국 스탠퍼드대학교 전기공학 전공의 박사과정 학생이었던 제리 양Jerry Yang과 데이빗 필로David Filo는 유용한 정보가 들어 있는 웹사이트들을 찾아보기 쉽게 분류하는 목록을 만들었다. 이들은 처음 전공 관련 정보에서 시작해 점차 수많은 웹사이트들을 종류에 따라 분류해서 목록을 만들고, 이 목록을 하이퍼링크의 형태로 웹에 공개했다.

예를 들어 특정 IT 업종의 주식에 관한 정보라면 제조업 → 전기전자제품 제조업 → 반도체부품 제조업 → 개별 회사로 이어가는 식으로 대분류에서부터 소분류에 이르는 과정을 통해서 찾아가는 식이다. 두 사람이 개인적인 필요를 충족하기 위해 만들었던 이 디렉토리 검색 서비스는 스탠퍼드 대학생들의 폭발적인 인기를 얻었고 곧이어 외부로도 확산되었다.

이후 인터넷 이용자가 대대적으로 증가하면서 이 사이트를 찾는 사람들도 대폭 증가했다. 그래서 제리 양과 데이빗 필로는 1995년 3월 야후Yahoo!를 창업했다. 야후는 이후 검색 외에도 이메일, 뉴스, 인터넷 쇼핑 등 폭넓은 서비스를 무료로 제공하면서 포털 사이트의 절대 강자로 군림했다. 야후는 회사 설립 1년 만인 1996년 인터넷 회사로는 최초로 기업 공개^{IPO}를 하고 주식시장에서 막대한 자본을 조달할 수 있었다.

야후는 초기에 사람이 특정 웹사이트의 내용을 점검해 소속 디렉토리를 결정했는데, 웹페이지가 대폭 증가하면서 점점 더 많은 인력이 소요되었고, 웹페이지가 폭발적으로 증가하면서 기계에 의한 분류로 전환했다. 이와 비슷하게 초기의 웹사이트 검색 기법은 웹페이지의 키워드 검색에 기반을 두고 있었다. 이 검색 기법은 사용자가 전혀 원하지 않는 검색 결과, 그러니까 스팸에 해당하는 정보를 제공하는 경우가 많았다. 인터넷 이용자들이 분통을 터트리는 커다란 문제점이었다.

1998년 스탠퍼드대학교의 대학원 학생이던 세르게이 브린^{Sergey Brin}과 래리 페이지^{Larry Page}는 이 문제를 해결하는 방법을 찾아냈다. 바로 구글이 탄생하는 순간이었다. 두 사람이 개발한 '페이지랭크^{PageRank}' 알고리즘은 다른 웹페이지에 의해서 링크가 걸려 있는 페이지에 가중치를 부여했다. 그 페이지는 다른 페이지의 작성자가 관심을 가질 이유가 있었기 때문이다.

그래서 두 사람은 특정 웹페이지의 중요도를 다른 페이지로부터 들어오는 인바운드 링크의 수에 따라 결정하고, 특히 주요 페이지로부터의 링크에 큰 가중치를 부여했다. 이 알고리즘에 의한 검색 결과는 이전의 키워드 검색 알고리즘에 비해 훨씬 정확하다고 인정받았다. 그로부터 1년 후 이 알고리즘은 최고 벤처 캐피털인 세콰이어^{Sequoia}와 클라이너 퍼킨스^{Kleiner Perkins}의 눈에 띄게 되었고 투자를 받을 수 있었다. 그리고 1년 후 구글은 10억 웹페이지에 대한 인덱스를 보유하게 되어 모든 경쟁자를 넘어섰다.

구글의 창업자들. 세르게이 브린(오른쪽)과 래리 페이지(왼쪽)

게다가 야후가 이 검색엔진을 사용하게 되어 이제 구글이 야후의 검색엔진이 되었다. 후일 자체 검색엔진을 개발하지 않았던 야후가 땅을 치고 후회할 일이 벌어진 것이다. 당시 구글은 오로지 알고리즘 검색 서비스에만 초점을 맞추었고, 수입 또한 이 검색 기술을 야후를 비롯한 포털 사이트에 라이센스함으로써 발생했다. 초창기 구글은 광고를 싣지 않았고, 콘텐츠나 커뮤니케이션 툴도 제공하지 않았다. 당시 다른 포털 사이트들은 방문자를 오래 머물게 하기 위해 여러 가지 부가 서비스를 제공함으로써 페이지 조회 수 증가를 유도하고 이를 통해 광고 수익을 증대시키고 있었다.

광고시장에도 손을 뻗은 구글

마땅한 수익모델이 없던 인터넷 포털들에게 검색광고라는 구세주가 나타났다. 미국의 오버추어^{Overture}라는 회사가 검색광고 시장을 개척한 것이다. 이 회사는 인터넷 사용자가 키워드 검색을 하면 그 결과로 제시되는 페이지에 광고주의 광고를 실었다. 이 회사는 광고주들의 경매를 통해서 광고 공간을 배정하므로 높은 광고비를 제시하는 광고주가 더 좋은 위치를 차지할 수 있었다.

이 방식의 검색광고는 포털의 초기 화면에 띄우던 배너광고에 비해서 큰 장점이 있었다. 첫째, 광고주 관점에서의 장점이다. 검색엔진에서 어떤 제품이나 서비스를 검색하는 사람은 조만간 구입할 의도가 있다는 사실이다. 조사기관의 추정에 따르면 전자상거래의 70퍼센트가 웹 검색을 통해서 시작되고 검색의 40퍼센트는 구매동기가 있다고 한다.[27] 둘째, 오버추어는 경매를 통해서 클릭당 비용을 더 높게 제시하는 광고주 순으로 광고를 배치함으로써 광고주를 만족시키면서 수익을 증가시킬 수 있었다. 광고주로서는 높은 순위를 차지하면 광고의 주목도를 높이고, 더 많은 클릭을 유도하며, 따라서 매출을 증대할 수 있는 이점이 있었다. 이것은 오버추어의 수익을 증대시켜주니 말하자면 판매자와 구매자가 모두 만족할 수 있었던 것이다.

오버추어는 당시 3대 포털이던 야후와 MSN 및 AOL에 광고를 공급했다. 이 포털들에는 광고를 게재하기 위해 광고주가 몰려들었다. 고객이 특정 광고를 클릭할 때마다 오버추어는 일정 비율의 수수료 수입을 제휴업체에게 지불하고 나머지는 모두 자체 수입으로 챙길 수 있었다. 야후는 2003년 오버추어를 인수했다.

구글은 1999년 검색광고 시장에 진입했다. 2년 후인 2001년 구글은

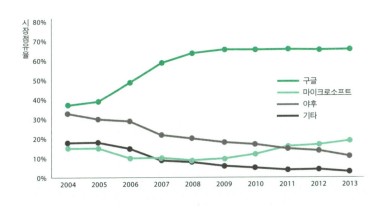

미국 검색엔진 시장의 점유율 (2004~2013)[28]

오버추어의 주 경쟁자로 부상했다. 구글이 마케팅 비용을 지출하지 않았음에도 불구하고 검색 기능의 우수성으로 인해 검색엔진 시장 점유율이 크게 증대되었기 때문이다. 한 사례로 야후 진영에 있던 AOL은 2003년 검색엔진과 검색광고에서 구글로 전환한다고 발표했다. 구글의 시장점유율은 바야흐로 야후를 초과해 지속적으로 증가하기 시작한다.

위 그래프를 보면 미국 검색엔진 시장의 점유율에서 구글과 야후는 2004년 30퍼센트대로 비슷했지만, 2013년에 이르면 구글은 70퍼센트에 근접하고 있는 반면 야후는 10퍼센트 초반으로 추락했다. 2016년 기준 세계 시장 점유율에서는 구글 약 90퍼센트, 야후 약 3퍼센트대로 더욱 극단적인 차이를 보여주고 있다.

구글은 광고에서 매우 독창적인 전략을 찾아냈다. 자사 사이트에 광고주의 광고를 실어주는 애드워즈^{AdWords} 방식과 더불어 2003년 애드센스^{AdSense} 모델을 도입한 것이다. 애드워즈는 일반적인 검색광고 방식이었지만, 애드센스는 구글의 독창적인 모델로서 광고 수입을 획기적으로 높이는 데 기여한다. 말하자면 제휴마케팅의 한 방식인 애드센스는 웹사이트를 운영하고 있는 중소 언론매체나 개인 홈페이지 또는 개인 블로그 운영자가 구글 광고를 게재하도록 광고를 공급해주는 것이다.

누구나 애드센스에 등록하면 구글 광고를 유치할 수 있고, 광고로 클릭이 발생하면 광고주에게 광고비를 받아 구글과 나누어 가지는 방식이다. 사실상 소규모 매체와 개인은 직접 광고를 수주하는 것이 불가능에 가까웠지만, 애드센스를 통해 직접 광고를 유치해 수입을 얻을 수 있는 기회를 확보하게 되었다.

구글로서는 자사 웹사이트가 아닌 여러 웹사이트를 광고 공간으로 확보하는 것이어서 구글과 협력업체에게 모두 도움이 되는 방식이다. 구글의 애드센스에 많은 광고주가 몰리게 되면 구글의 검색 알고리즘에 의해 자사 상품과 관련성이 높은 웹페이지에 광고를 실을 수 있기 때문이다.

수익의 기회를 확보한다는 점 외에도 애드센스에 등록하는 방식이 매우 간편하고 쉽다는 것도 많은 제휴업체들을 끌어모으는 원동력이 되었다. 구글의 총 광고 매출 중 애드센스가 약 41퍼센트를 차지한다고 하니 남의 공간을 활용해 돈 버는 재주가 실로 대단하다. 봉이 김선달에 비유하자면 물고기로 넘치는 세계의 웹이라는 강에서 홀로 배를 띄우고 고기를 잡고 있다고 할 수 있는 것이다.

야후는 어떻게 몰락했나[29]

야후는 2004년 이후 검색시장에서 구글에게 역전당하면서 몰락하기 시작한다. 검색 시장에서 밀리자 방문자 수의 상대적인 위축으로 인해 광고 시장에서도 밀리게 되는 악순환이 시작되었다. 더욱 큰 문제점은 그동안 1위 기업으로서의 만족감에 취해 인터넷 시장에서 일어나고 있는 시대의 변화를 감지하지 못했다는 것이다. 사용자들은 검색할 때는 구글을 이용하고, 맛집 정보나 데이트 장면을 공유하기 위해서는 페이스북을 이용했다. 인터넷 사용 방식이 급격하게 바뀌고 있는데도 야후는 정보를 카테고리별로 분류해서 제공하는 옛 방식을 금과옥조처럼 붙들고 있었다.

야후는 하락하는 실적을 만회하기 위해 공동창업자인 제리 양을 다시 CEO로 불러오는 것을 비롯해 여러 번 CEO를 교체하고 이런저런 자구책을 모색했다. 모바일의 성장을 뒤늦게 알아차리고 여기에 대응하기 위해 모바일의 압도적 강자로 부상한 구글 출신인 마리사 메이어Marissa Mayer를 새로운 CEO로 영입했다. 그녀는 야후를 인터넷과 검색이 아닌 미디어 기업으로 바꾸어놓겠다고 선언했다. 야후는 미디어 기업이 되기 위해 요리, 기술, 스포츠, 금융 등의 스타들을 영입해 디지털 매거진을 개시했다. 모바일 콘텐츠를 강화하기 위해 2억 명에 달하는 사용자를 보유하고 있던 SNS 회사인 텀블러Tumblr를 인수했다. 그러나 시장의 반응을 통해 깨달은 것은 이미 늦었다는 사실뿐이었다. 아이폰 이용자들은 애플 생태계를 애용하고 있었고 안드로이드 폰 이용자들은 구글 앱을 사용하고 있었다. 스마트폰 이용자들이 콘텐츠를 얻기 위해 쓰는 앱도 대부분 정해져 있어서 야후의 콘텐츠가 파고들어갈 틈새가 없었던 것이다. 결국 3년 만에 야심차게 시작했던 디지털 매거진 사업은 중단되었고 별 다른 대안을 찾을 수가 없었다.

구글의 경쟁력과 신규 사업

구글은 검색엔진의 정확성을 향상시키기 위해 지속적으로 노력해왔다. 구글의 검색엔진은 맞춤화된 검색 결과를 제공해준다. 두 사람의 사용자가 동일한 키워드를 검색한다고 해도 구글은 동일한 결과를 제시하지 않는 경우가 많다. 구글이 사용자의 이전 검색 기록과 클릭 기록 및 주거지를 고려하는 것은 물론이고, 구글 파이낸스^{Google Finance}, 구글 맵스^{Google Maps}, 유튜브^{YouTube} 등을 활용해 각 고객에게 맞춤화된 결과를 제공하기 때문에 사용자가 만족스러운 검색 결과를 얻게 되는 것이다.

그래서 고객 베이스가 증가하고, 이것은 광고 수입의 증대로 연결되며, 이것은 다시 검색엔진과 콘텐츠의 강화로 이어지는 선순환 사이클이 이루어지게 된다. 일단 가장 큰 네트워크를 이루면, 점점 더 많은 방문자가 몰려오고, 그 결과 개별 사용자에게 더 좋은 서비스를 제공할 수 있는 네트워크 효과가 강력하게 작용하고 있는 것이다. 2005년에 이르러서는 구글의 광고주 수가 오버추어의 두세 배에 달하게 된다.

구글은 다양한 신규 사업에 진출하고 있고 여러 회사들을 인수하고 있다. 2004년에 지메일^{Gmail}을 인수했다. 당시 야후와 MSN 핫메일 등 경쟁업체들이 2~4MB의 공간을 제공하는데 비해 1GB를 제공함으로써 경쟁자들을 압도했다. 2006년에는 유튜브를 16억 5,000만 달러에 인수했고 2013년 한 해에만 유튜브를 통해 50억 달러의 매출액을 올림으로써 성공적인 인수로 평가받고 있다. 또 2007년 더블클릭^{DoubleClick}을 인수해 애드워즈와 애드센스에 대한 경쟁력 강화에 크게 기여했다.

한편 모바일폰 부문을 살펴보면 2005년 당시 소규모 회사인 안드로이드^{Android}를 인수해 2007년 모바일폰 제조업체와 통신사들을 묶는 컨소시엄을 구성했다. 현재 모두에게 잘 알려져 있듯이 안드로이드 운영체제는 라이센스 계약만 맺으면 누구에게나 무료로 제공되는 오픈 소스로서 기본적 앱과 함께 지메일, 유튜브, 구글 맵스 등이 일괄 제공된다. 그래서 애플에 대항하는 안드로이드 운영체제는 세계 시장의 75퍼센트 이상을 점유하고 있다. 하지만 구글은 넥서스^{Nexus}와 모토롤라^{Motorola}를 인수해 안드로이드 폰 생산에 진출했지만 실패했다.

2015년 8월에는 알파벳^{Alphabet}이라는 지주회사를 설립해 사업 회사인 구글을 비롯해 다양한 분야의 융합 프로젝트를 수행하는 구글X, 스마트홈 제품을 만드는 네스트랩$^{Nest Labs}$, 투자사인 구글벤처스$^{Google Ventures}$ 등을 자회사로 두는 구조를 만들었다. 구글은 대기업이자 상장회사라는 제약 때문에 새로운 사업에 진출하거나 신속한 대응을 하는 데 한계가 있다. 지주회사-자회사 구조를 통해 이러한 한계를 피하고 각 자회사가 자율적으로 사업 활동을 추진할 수 있도록 한 것이다.

공동창업자인 래리 페이지는 "우리가 단기적 이익의 압박으로 인해 고위험 고수익 프로젝트를 피하는 일은 없을 것이다"라고 공언한 바 있다.[30] 예컨대 장기적으로 10억 달러의 수익을 낼 수 있는 사업이라면 성공 확률이 10퍼센트라도 추진할 것이라고 한다. 아울러 투자 규모가 작다면 투기적이거나 이상해 보이는 프로젝트를 추진하더라도 놀라지 말라고 미리 알려주고 있다.

구글의 역사를 살펴보면 검색엔진과 검색광고처럼 자체 개발한 비즈니스에서도 강하지만 지메일, 유튜브, 더블클릭 등 외부 업체의 인수를 통한 역량 강화에도 탁월한 실적을 확인할 수 있다. 기업이 미래의 성장 잠재력을 확보하기 위해서는 현재 비즈니스에서 파생되는 연속형 혁신뿐만 아니라 현재의 기술과 시장에 의존하지 않는 불연속형 혁신에도 노력과 투자를 아끼지 말아야 한다. 창업자인 래리 페이지가 고위험 프로젝트 추진을 강조하는 것을 보면 구글은 적절한 혁신 포트폴리오를 구성한다는 면에서도 초일류 기업의 면모가 드러난다.

작은 후발주자에서 글로벌 기업으로, 넷플릭스

블록버스터^{Blockbuster}와 넷플릭스는 비디오 대여업에서 출발한 회사들이
다. 블록버스터는 1985년에 출범해서 2000년대 초반까지 승승장구 성
장가도를 달렸다. 내가 미국 동부의 조그만 도시에서 지내던 1990년대
중반을 떠올려 보면 블록버스터의 위상은 지금의 스타벅스에 맞먹는 것
이었다. 스타벅스는 사실 하나의 소매업체에 불과하지만 애호가들에게
는 일종의 문화 공간이자 사람도 만나고 책도 읽고 공부도 하는 다용도
작업 공간이다. 자기 주거 지역에 스타벅스가 있다는 것은 그곳이 너무
시골이 아니라는 뜻이며 해당 권역에 문화인들이 거주하고 있다는 상징
이라도 되는 듯 생각하는 사람도 있다.

　당시 블록버스터가 그랬다. 블록버스터가 있다는 것은 너무 소도시가
아니며 저녁에 영화깨나 보는 사람들이 사는 지역이라는 상징인 듯 생
각하는 사람들이 있을 정도였다. 블록버스터가 없는 지역에는 훨씬 작은
비디오 가게가 있으며 비디오 선택의 폭도 작고 최근 비디오도 거의 없

175

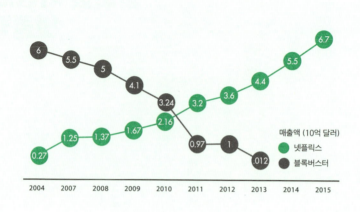

넷플릭스와 블록버스터의 매출액

였다.

　이런 상황에서 넷플릭스가 출범했다. 넷플릭스는 1997년 이미 거대한 시장 지배자가 있는 시장에 조그만 후발주자로 진입한 것이었다. 그야말로 골리앗이 지배하고 있는 전쟁터에 전혀 알려지지 않은 시골뜨기 다윗이 변변한 무기도 없이 뛰어들었던 것이다. 그런데 예상과는 전혀 다르게 블록버스터는 2011년 파산한 반면, 넷플릭스는 2016년 현재 주요 시장국에 모두 진출한 글로벌 기업으로 성장했다.

　위 그래프는 두 회사의 연도별 매출액을 비교해서 보여주고 있다. 블록버스터는 2004년 매출액이 약 60억 달러였다가 그 후 급속하고 지속적으로 하락해 도산하는 모습을 보여준다. 반면에 넷플릭스는 2004년 매출액이 2.7억 달러로서 블록버스터의 20분의 1도 되지 않았지만, 그

후 지속적으로 성장해 2011년에는 32억 달러로 블록버스터를 능가했다. 넷플릭스는 현재까지 고속 성장을 유지하고 있으며, 2015년 매출액약 67억 달러로서 2004년과 비교하면 약 25배에 달하고 있다. 넷플릭스가 시장에 진입한 이후 약 10여 년 동안 무슨 일이 벌어진 것일까?

체계화된 관리시스템의 블록버스터

우선 블록버스터부터 살펴보자[31]. 미국 텍사스 주 댈러스에 사는 데이빗 쿡David Cook은 영화를 무척 즐기는 영화광이어서 동네 비디오 가게에서 자주 영화를 빌려다 보았다. 당시 대기업들은 이미 경영관리에 컴퓨터를 광범하게 활용하고 있었지만, 비디오 가게 같은 작은 소매업체들은 그런 형편이 되지 않아서 장부에 기록하는 주먹구구식 운영 방법을 쓰고 있었다. 비디오를 빌리고 반납하는 데 시간이 많이 걸리고 가게 직원이 기록을 잘 찾지 못해 불편한 일이 자주 발생했다.

컴퓨터 소프트웨어 비즈니스를 운영한 적이 있던 쿡은 비디오 가게의 고객관리를 컴퓨터화하는 것이 결코 어렵지 않다는 것을 알고 있었다.[32] 그는 컴퓨터화된 고객관리시스템을 갖춘 비디오 가게를 열었다. 그가 예상했던 대로 고객들이 몰려왔다. 이 결과에 고무되어 그는 비디오 가게를 2개 더 열었고 총 3개의 가게가 모두 번창하자 '블록버스터'라는 이름으로 체인점을 창업했다. 이것이 1985년의 일이다. 블록버스터는 이해에 텍사스 주에 19개의 점포를 개설했다.

쿡은 블록버스터가 성공하자 1987년 웨이스트 매니지먼트^{Waste} Management라는 회사의 창업자인 휴이젠가^{Wayne Huizenga}에게 회사를 1,850만 달러에 매각했다. 휴이젠가는 블록버스터 체인점을 미국 전역으로 확대하기 시작했고, 사업이 순항해 24시간마다 새 점포가 개설되면서 1992년에는 총 점포수가 2,800여 개까지 확대되었으며, 캐나다에 이어 유럽에까지 진출했다. 이러한 성장에 힘입어 휴이젠가는 블록버스터를 1994년 비아콤^{Viacom}이라는 미디어 회사에 84억 달러에 매각해 7년 만에 400배 이상의 투자 이익을 얻었다. 블록버스터는 2000년대 중반까지 25개국에 9,000개의 매장을 두고 4,300만 회원을 보유한 초대형 기업으로 성장했다.

블록버스터를 날려버린 넷플릭스

놀라운 성장 가도를 달리던 블록버스터는 2004년부터 고객을 잃기 시작해 2010년 파산하고 말았다. 여기에 결정적 작용을 한 회사가 넷플릭스다. 이제 넷플릭스가 언제 어떻게 창업했는지 알아보자[33]. 미국 보스턴 출신의 리드 헤이스팅스^{Reed Hastings}는 비디오 가게에서 영화 빌려보기를 좋아했다. 그는 1997년 어느 날 블록버스터에서 〈아폴로 13^{Appolo 13}〉이라는 제목의 비디오를 하나 빌려 봤는데, 반납기일을 잊어버리고 몇 주 연체하는 바람에 무려 40달러의 연체료를 냈다. 배보다 배꼽이 몇 배 더 큰 이 처사에 그는 매우 분개했다. 블록버스터는 인기 비디오에 대한 회

넷플릭스의 창업자, 리드 헤이스팅스

전율을 높이기 위해 고객이 하루 연체할 때마다 대여료의 100퍼센트를 연체료로 부과했다. 연체료는 큰 수익원이었다. 그만큼 고객들이 블록버스터에 대해서 가지는 가장 큰 불만 요소도 바로 연체료였다.

헤이스팅스는 연체료를 물고 돌아오는 길에 '연체료 없는 비디오 대여사업을 하면 고객들에게 큰 환영을 받지 않을까'라고 생각하고 직접 창업하기로 결심한다. 그는 연체료를 없애는 대신 월정액을 회비로 받는 회원제 사업인 넷플릭스를 창업했다. 넷플릭스는 유료 회원에게 월 10~40달러 정도의 회비를 받고, 고객이 원하는 비디오를 집으로 배달해주는 형태로 시작했다.

이제 다윗의 도전이 시작된 것이다. 넷플릭스는 고객에게 월 회비를 받는 대신 반납기한과 연체료를 없앴다. 고객이 월 8.99달러를 회비로 내면 반납기한과 연체료 없이 영화를 빌려 볼 수 있게 된 것이다. 넷플릭스는 고객이 추가 비용을 내면 여러 개의 DVD를 동시에 빌려볼 수 있게 했다. 고객이 16.99달러를 내면 3개의 DVD를, 47.99달러를 내면 8개의 DVD를 동시에 빌릴 수 있도록 했다.

넷플릭스의 운영 방식은 블록버스터와 어떻게 다른가? 세 가지의 특징을 들 수 있다. 첫째, 오프라인 점포를 없애고 고객이 온라인으로 주문하면 우편을 통해 배송을 해주는 전자상거래 방식을 통해 비용을 크게 줄였다. 넷플릭스는 매장을 운영하지 않아 점포 운영비용과 인건비를 대폭 절감할 수 있었다. 또 블록버스터의 개별 오프라인 점포에 비해 매우 다양하고 많은 영화를 보유하고 있어서 소비자가 보고 싶은 영화를 집에서 편리하고 쉽게 선택할 수 있었다. 고객이 넷플릭스에서 비디오를 주문하면 DVD가 든 봉투 하나가 배송된다. 비디오를 다 본 후에는 이 봉투에 다시 넣어서 집 근처 우체통에 넣으면 된다. 사업 초기에는 가입자가 많지 않아서 우편 배송비가 많이 들어 손실이 발생했지만, 2003년 가입자가 150만 명을 돌파하면서 매출과 순이익이 큰 폭으로 증가하게 됐다.

둘째, 중앙 물류관리시스템을 활용해 지역별 수요에 정확하게 대응했다. 블록버스터에서는 각 점포의 지역별 수요관리가 정확하지 않아서 많은 고객들이 찾는 인기 비디오가 없다든지 별로 찾지 않는 비디오가 잔뜩 쌓여 있는 문제가 발생했다. 블록버스터에서 인기 비디오가 연체되는 일이 없도록 연체료를 물릴 수밖에 없는 이유이기도 하다.

셋째, 넷플릭스는 고객에게 월 회비를 받기 때문에 고객이 특정 비디오를 연체해도 큰 손해가 발생하지 않았다. 고객이 빌린 비디오를 반납하지 않으면 다른 비디오를 빌릴 수 없는 구조이기 때문이다.

넷플릭스가 이처럼 성공을 구가하고 있음에도 불구하고 블록버스터의 대응은 매우 굼떴다. 이미 넷플릭스의 서비스가 이륙에 필요한 임계치를 돌파한 다음인 2004년 블록버스터는 '블록버스터 온라인'이라는 서비스를 시작했다. 넷플릭스처럼 고객이 온라인으로 주문하면 배달해주는 시스템이다. 그러나 넷플릭스의 서비스를 그대로 모방한 블록버스터는 특허침해에 관한 소송을 당했고 막대한 배상금을 지불하면서 이 서비스를 종료할 수밖에 없었다.

넷플릭스의 새로운 비즈니스 모델

순항하던 넷플릭스에게도 큰 위기가 닥쳐왔다. 인터넷 보급이 확대되면서 인터넷을 통한 VOD서비스가 성장해 DVD 대여 시장이 급격하게 위축된 것이다. 넷플릭스는 두 갈래 길에서 선택을 강요당하는 상황을 맞이했다. 오프라인 대여시장에 그대로 머물 것인가, 아니면 인터넷 기반의 새로운 비즈니스를 시작할 것인가. 여기서 넷플릭스는 과감한 선택을 단행했다. 바로 '온라인 스트리밍 서비스'를 시작한 것이다. DVD 대여 시장은 익숙하지만 쇠퇴일로로 갈 수밖에 없다는 점을 고려해, 불확실하고 익숙하지 않지만 온라인 비즈니스를 전개하기로 한 것이다.

넷플릭스는 2007년부터 기존 서비스 가입자들에게 추가 비용을 받지 않고 약 7,000개의 영화를 온라인 스트리밍 방식으로 언제든 볼 수 있도록 개방했다. 고객들은 별도의 요금을 내지 않고 온라인과 오프라인 두 방식으로 동영상을 시청할 수 있게 된 것이다. 이 방식은 대단히 성공적이었다. 기존 가입자들은 이탈하지 않았고 오히려 신규 가입자가 늘어났다. 그 결과 1년 사이에 순 가입자가 200만 명이나 증가했다. 그리고 오프라인 이용자들이 온라인 이용으로 전환하면서 우편배송 비용이 크게 줄었다.

넷플릭스 온라인 스트리밍 서비스의 큰 장점은 고객이 여러 채널을 통해 서비스를 이용할 수 있다는 점이다. 이를 N-Screen 전략이라고 부른다. 고객은 하나의 콘텐츠를 TV나 PC, 태블릿PC, 스마트폰 등 다양한 기기에서 이용할 수 있다. 넷플릭스는 마이크로소프트와 소니, 닌텐도 등 게임기기업체와 제휴함으로써 게임기기에 연동해서 TV로 넷플릭스의 콘텐츠를 시청할 수 있고, 인터넷에 연결된 스마트TV로도 볼 수 있으며, 하드웨어 업체들과 제휴해 블루레이 플레이어로도 볼 수 있도록 했다.

넷플릭스는 미국 내 인터넷 스트리밍 시장을 개척한 뒤 두 가지 성장전략을 채택했다. 첫째, 해외 시장 확장이다. 2010년 캐나다 진출을 시작으로 중남미, 영국, 아일랜드와 북유럽, 아시아 등 사실상 세계 전역으로 확장해 나가고 있다. 2016년 현재 전 세계 넷플릭스 가입자는 8,300만 명에 이른다.[34] 둘째, 자체 제작 콘텐츠다. 넷플릭스는 현재 5퍼센트 정도의 자체 프로그램을 제작하고 있으며, 향후 점유율을 15퍼센트까지 증가시킬 예정이다. 이 회사가 제작한 드라마인 〈하우스 오브 카

넷플릭스는 극장 중심으로 영화를 개봉하는 방식도 바꾸고 있다.

드^{House of Cards}〉는 에미상 3관왕을 차지했고 세계 여러 나라에서 인기를 끌
었다. 주인공인 상원의원이 원내총무와 부통령을 거쳐 대통령이 되는 과
정을 그렸는데, 주인공 부부와 경쟁자, 관련 정치인들이 보여주는 온갖
술수와 음모와 배신, 출세, 타락, 범죄, 사랑 등이 적나라하게 펼쳐진다.

　넷플릭스는 고객들의 사용 기록과 관련된 빅데이터를 잘 활용하기로
유명하다. 드라마를 제작할 때 시청자들의 선호도를 파악해서 스토리와
배우 선정 및 연출 등에 반영한다고 한다. 또한 고객 데이터를 바탕으로
개인 취향에 맞는 영화를 추천해주는 '시네매치^{Cinematch}' 서비스는 정확도

가 80퍼센트에 달할 정도여서 고객의 찬사를 받고 있다. 고객이 그 많은 영화를 목록에서 가나다순으로 뒤질 필요가 없도록 해주기 때문이다.

넷플릭스와 블록버스터의 결정적 차이

블록버스터는 대응이 느리긴 했지만 2000년대 중반까지는 어느 정도 경쟁력을 유지했다. 온라인 시장의 성장을 보면서 넷플릭스와 유사하게 우편방식의 DVD 렌탈 서비스를 실시하고 온라인 스트리밍 서비스를 도입했다. 그런데 새로운 CEO가 부임하면서 이 회사는 완전히 잘못된 길로 가게 되었다.[35] 그가 변화를 도입한 것이 아니라 쇠퇴일로에 있는 오프라인 대여사업을 강화하는 데 주력했기 때문이다.

불운하게도 그는 오프라인 유통의 강자인 세븐일레븐에서 경력을 쌓은 인물이었다. 그는 자신이 익숙한 오프라인 대여 매장에 집착했다. 이미 돌이키기 불가능한 물줄기를 어떻게 해서든 역류시켜보기로 작정했던 것이다. 그는 블록버스터의 오프라인 점포를 푸드 코트가 구비된 복합쇼핑공간으로 확장하는 전략을 추진했다. 전임 CEO가 이미 유사한 전략을 구상해보았다가 실패 가능성이 커서 접었던 상황이었다. 하지만 현실은 전임 CEO의 눈에도 넷플릭스가 주도하고 있는 온라인 사업이 미래의 살길임이 명확하게 보였다. 이미 오프라인 대여 시장은 기존의 업체들이 하나하나 파산하고 있는 상황이었다. 결국 블록버스터는 밑 빠진 독인 복합쇼핑매장 사업에 돈을 지속적으로 쏟아붓다가 파산했다.

세상을 바꾸는 이노베이터들

제약산업은 대표적인 지식기반산업이다. 제약회사가 신약을 하나 개발하는 데는 화학물질의 합성에 관련된 화학적 지식뿐만 아니라 독성학, 약리학, 의학, 생물학, 미생물학, 병리학 등 다양한 분야의 지식이 융합되어야 한다. 신약 개발에는 보통 10년 이상의 기간과 최소한 1억 달러 이상의 막대한 연구개발 투자비용이 소요된다. 또한 통계적으로 볼 때 신물질 탐색에서부터 신약이 탄생하기까지의 성공 확률은 4,000분의 1에서 1만 분의 1로 대단히 낮다.[36]

대단히 위험 부담이 큰 장기적 프로젝트이지만, 그만큼 대표적인 고부가가치 산업이기도 하다. 그동안 치료제가 없던 질병에 대한 신약을 개발하거나 기존 약보다 약효가 우수한 신약을 개발할 경우 장기간에 걸쳐 독점적 이익을 얻을 수 있다. 신약은 특허권으로 보호받으면서 구매자가 가격에 민감하지 않기 때문에 이익률도 높다. 약효가 보다 우수한 신약이 나올 경우 비싸더라도 이 약을 쓰고자 하는 환자들이 있기 마련이기 때문이다. 이러한 신약의 경우 매출액 대비 마진율이 평균적으로 20~30퍼센트에 이르는 것으로 알려져 있다.

제약산업은 소득 증대와 함께 세계적인 고령화 가속, 만성질환 및 신종 질병의 증가, 웰빙에 대한 욕구 증대 등으로 인해 향후 지속 성장이 예상된다. 세계 의약품 시장 규모는 2013년 1,100조 원대에서 2016년 1,400조 원대로 커질 것으로 전망된다.[37] 2013년 기준 세계 자동차 시장은 약 600조 원이고, 반도체 시장은 400조 원인 점과 비교해 보면 의약품 시장의 규모를 쉽게 짐작할 수 있다. 2014년 글로벌 제약기업의 총 매출액은 9,365억 달러로 전년 대비 8.8퍼센트 증가했다. 매출 1위 기업은 노바티스Novartis로 513억 달러를 기록했고, 2위인 화이자Pfizer 449억 달러, 3위인 사노피Sanofi 400억 달러, 4위인 로슈Roche 376억 달러로 나타났으며, 상위 20개 기업은 글로벌 총 판매액의 절반 이상인 56.3퍼센트를 차지했다.[38] 상위 20개 기업의 국적을 보면 화이자Pfizer를 포함해 미국 기업이 8개로 가장 많고, 독일, 스위스, 영국 및 일본 기업이 각기 2개씩으로 2순위, 아일랜드, 이스라엘, 프랑스, 덴마크 기업이 각 1개씩으로 3순위에 올라 있다. 그야말로 선진국 기업만이 상위 20대 기업에 올라 있으며, 이 기업들이 세계 총매출액의 절반을 초과할 정도로 글로벌 시장을 장악하고 있다.

여기서 2순위에 올라 있는 스위스는 특히 눈여겨볼 만하다. 인구가 800만 명을 약간 상회하니 우리의 약 6분의 1이고 국토면적은 남한의 절반에도 못 미친다. 그런데 1인당 소득을 살펴보면 2016년 4월 기준 8만 달러를 초과해 세계 2위이고, 국가 경쟁력 지수의 순위를 발표하는

세상을 바꾸는 이노베이터들

IMD$^{International Institute for Management Development}$나 세계경제포럼 보고서를 보면 여러 차례 세계 1위로 평가받고 있다.

스위스의 높은 소득 수준을 떠받치는 산업이라고 하면 세계적인 시계산업과 금융산업, 알프스 산맥의 유명 스키 리조트와 영화에도 자주 등장하는 예쁜 마을을 기반으로 한 관광산업을 떠올리지만, 스위스 국가 경제에서 가장 큰 비중을 차지하는 것은 바로 제약산업이다. 글로벌 20대 제약사 중 1위인 노바티스와 4위인 로슈가 스위스 국적의 기업이고, 전 세계 의약품의 4퍼센트 정도가 스위스에서 생산되고 있으며, 제약산업 수출액이 스위스 총 수출액의 30퍼센트 대를 차지하고 있다.

국내 제약산업은 희망적인가

우리나라의 전체 산업 중에서 제약산업이 차지하는 비중은 상당히 낮은 편이다. 2013년 기준 국내 GDP 대비 제약산업 총 생산액 비율은 1.13퍼센트이고, 제조업 GDP 대비 비율은 3.99퍼센트로 나타나고 있다. 2013년 의약품 수출 금액은 2조 3,185억 원인 데 비해 수입 금액은 5조 1,558억 원으로 약 3조 원 가까이 무역적자를 기록하고 있다. 2014년 상장 제약기업의 수는 총 81개 사로 이들의 매출액 합계는 12.8조 원으로 나타났다. 그러니까 제약 상장 기업은 평균 1,600억 원 미만의 매출을 기록하고 있는 것이다.

2014년 1,000억 원 이상 매출을 달성한 기업은 33개사이고, 그중 상위 10대 기업의 매출액은 6.1조 원으로 상장 제약기업 전체 매출의 약절반 수준인 48.1퍼센트를 점유하고 있다. 매출액 1위 기업은 유한양행으로 1조 82억 원을 기록해 우리나라 역사상 제약기업 최초로 매출 1조 원 이상의 실적을 거두었고, 그 뒤로 녹십자 8,543억 원, 대웅제약 7,272억 원, 한미약품 5,820억 원, 동아에스티 5,681억 원 등의 순으로 나타나고 있다. 우리나라 제약회사는 규모나 실적에 있어서 글로벌 상위 기업에 비교하면 크게 뒤쳐져 있는 것이다. 우리나라 최대 기업이 매출에서 이제 막 1조 원을 초과하고 있지만, 글로벌 최대 기업은 50조 원을 돌파하고 있다.

우리나라의 제약회사는 연구개발 역량에 있어서도 글로벌 수준에 비교하면 상당히 낮은 편이다. 의약품은 세 가지 유형으로 나뉜다. 첫째, 신약은 말 그대로 지금까지 없던 새로운 구조의 약을 의미한다. 둘째, 제네릭은 기존에 있던 신약의 특허가 만료된 후 용량, 안전성, 품질, 용도 등에서 동일하게 만든 의약품으로 식품의약품안전청의 시험을 통해 오리지널과 효능이 동등하다고 입증된 것이다. 셋째, 개량신약은 기존 약물의 구조나 제제, 용도 등을 약간 변형시켜서 얻어지는 약물로서 말하자면 신약과 제네릭의 중간에 있는 의약품이라고 할 수 있다.

예를 들어 남성의 발기부전 치료제인 비아그라는 미국 화이자의 신약으로서 1998년에 출시되었고 2012년 5월에 특허가 만료되었다. 그러자 국내에서 동일한 효능을 가진 제네릭 의약품이 누리그라, 스그라, 자하자, 오르맥스, 세지그라 등의 상표명을 달고서 우후죽순처럼 등장했다. 신약을 개발하지는 못한 채 특허가 만료된 인기 의약품의 복제약을 개발하는 데 치중하는 우리나라 제약산업의 현주소를 보여준다.

국내 제약산업은 규모가 영세한 중소기업이 많고, 상위권 기업도 글로벌 선도 기업에 비교하면 양적, 질적 측면에서 모두 상당히 미약한 실정이다. 국내 매출 1위 기업의 매출액은 세계 1위 기업의 50분의 1~60분의 1 수준에 불과하다. 매출의 구성에 있어서도 자체 개발 의약품의 판매보다 글로벌 제약사의 제품 판매 대행에 의한 판매 비중이 높다. 국내 1위 제약사의 2014년 상반기 자체 생산 제품 매출 비율은 38퍼센트에 불과하고, 동기간 이 비율이 가장 높은 기업은 한미약품으로 88퍼센트로 나타나고 있다.[39]

타사 의약품의 판매 대행분을 제외하면 우리나라 제약회사들의 매출액은 더욱 줄어드는 것이다. 국내 제약기업들이 생산하는 의약품은 주로 제네릭 의약품으로 내수시장을 중심으로 하고 있다. 신약 개발의 경우, 국내에서만 판매가 허가된 국산신약이 20개 이상 개발되었지만 상업적 성공을 거둔 것은 없고 글로벌 신약은 전무한 상황에 있다.

한미약품의 신약 개발 전략

한미약품은 2015년에 항암신약과 폐암신약, 당뇨신약, 면역질환치료제 등 6건의 신약 기술을 스펙트럼, 일라이릴리, 베링거인겔하임, 사노피-아벤티스, 얀센, 자이랩 등에 수출했다.[40] 한미약품의 2015년 기술수출 계약 규모는 총 8조 원으로, 2014년까지 국내에서 연매출 1조 원을 넘어선 제약사가 단 1곳이라는 점을 고려하면 엄청난 실적이라고 볼 수 있다. 2016년에도 1조 원대의 대형 항암제 기술 수출 계약을 성사시켜 대형 수출 실적을 기록하고 있다.[41] 이 계약은 세계 3위 제약사인 스위스 로슈의 자회사인 미국 제넨텍과 맺은 것이다.

열악한 여건에 처해 있는 국내 제약산업에서 한미약품은 어떤 전략을 써서 이렇게 큰 기술 수출 실적을 거두고 있을까? 첫째, 한미약품은 국내 제약회사로는 놀라운 수준의 R&D 투자를 실행했다. 제약산업은 다른 산업에 비해 R&D 집약도가 높아서 글로벌 제약기업과 바이오기업은 매출액의 15~30퍼센트를 R&D에 투자하고 있다. 예컨대 2014년 기준 세계 1위 제약사인 노바티스는 매출액의 17.1퍼센트인 99억 달러를 R&D에 투자했고, 바이오기업인 암젠[Amgen]은 매출액의 21.4퍼센트인 43억 달러를 R&D에 투자했다.[42]

한미약품은 매출액의 20퍼센트인 1억 4,500만 달러(1,525억 원)를 R&D에 투자했다. 일단 방향이 정해지고 난 다음에는 무모하다고 할 만큼 과감하게 투자를 단행했다. 최근 15년간 R&D에 쓴 돈은 9,000억 원에 달해 연구원들이 연구비 예산 걱정 없이 마음껏 연구할 수 있는 환경이 조성됐다.[43] 성과도 나지 않는 R&D 투자에 돈을 쏟아부어 회사가 망하게 생겼다는 투자자의 항의를 견뎌내는 것은 결코 쉬운 일이 아니었다.

둘째, 오픈 이노베이션(개방형 혁신) 전략을 꼽을 수 있다. 한미약품은 자사의 실력이 세계 최고가 아니라는 점을 인정하고 신약 개발 경쟁력을 높이기 위해, 연구개발에 있어서 업계와 학계 및 연구계와 적극 협력

세상을 바꾸는 이노베이터들

했다. 한미약품은 2010년부터 eR&D(외부 연구개발) 팀을 운영하면서 국내외 산·학·연 기관과 적극적으로 소통하고 있다고 한다. 이 회사가 오픈 이노베이션을 적극 추진한 배경에는 외부 기관과의 협력을 통한 R&D 결과물의 상품화 성공률이 회사 내부에서 R&D를 전적으로 수행하는 방식의 3배에 달한다는 통계가 깔려 있다.[44]

셋째, 선택과 집중전략으로서 가능성이 높은 분야에 집중적으로 투자했다. 한미약품의 R&D 투자는 당뇨, 비만, 항암제 등 글로벌 시장에서 기술 수출이 가장 활발하게 이루어지는 분야에 집중돼 있다. 예를 들어 한미약품의 대표적 독자 개발 기술인 랩스커버리 기술을 보자. 랩스커버리는 의약품의 약효 지속 시간을 연장해주는 기술로서 약물 투여 횟수와 투여량을 감소시키는 효능이 있다. 전 세계적으로 3억 5,000만 명이 넘는 당뇨 환자들이 매일 인슐린 주사를 맞아야 하는 고통에 시달리고 있는데, 랩스커버리 기술을 적용하면 주 1회 또는 월 1회 주사로 같은 효과를 얻을 수 있게 해준다.[45]

넷째, 초기 단계 기술의 수출 전략이다. 한미약품의 신약 기술 수출은 대부분 임상 1상의 성공 이후에 곧바로 이루어졌다. 최종적으로 신약 완제품을 개발해서 수출하면 더 큰 수익을 올릴 수 있는데 왜 이렇게 했을까? 글로벌 임상 3상을 진행하기 위해서는 최소 1조 원 이상의 막대한 자금이 소요되며 실패의 리스크도 고스란히 떠안아야 한다. 국내 제약사 중에는 이런 자금과 리스크를 감당할 수 있는 곳이 없다. 한미약품도 마찬가지이므로 당장 욕심을 부리지 않고 다양한 성공 사례를 쌓아가면서 회사 규모와 역량을 키우는 쪽으로 방향을 설정한 것이다.

익숙한 것들의 새로운 변신, 아모레퍼시픽

아모레퍼시픽은 2015년 〈포브스〉가 선정한 '세계 50대 혁신 기업' 순위에서 처음으로 28위에 올랐다.[46] 아모레퍼시픽의 국내 재계 순위는 자산을 기준으로 50위 안팎이지만, 2016년 1분기 아모레퍼시픽과 지주회사인 아모레G의 시가총액 합계는 38조 3,986억 원으로서 삼성, 현대자동차, LG, SK 그룹에 이어서 5위에 해당한다.[47] 자산 순위에 비해 주가가 대단히 높게 평가받고 있다는 것은 그만큼 자산이 생산적으로 활용되어 많은 매출액과 이익을 내고 있다는 의미다. 아모레퍼시픽의 서경배 회장은 블룸버그가 2014년 선정한 '세계 200대 억만장자 순위'에서 삼성 이건희 회장에 이어서 한국인으로서 2위에 오른 바 있다. 무엇이 아모레퍼시픽을 혁신 기업으로 만들었을까?

2,058,263   2,293,407   2,510,994   2,267,650   3,182,317   3,757,959

711,492   96,266   356,041   369,362   373,786   375,550   501,954   687,721

2008   2010   2011   2012   2013   2014   2015

■ 매출액   ■ 영업이익   단위: 백만 원

아모레퍼시픽의 매출액과 영업이익

아모레퍼시픽의 시작

아모레퍼시픽의 모태는 1932년 개성에서 문을 연 창성상점이다. 당시 서경배 회장의 할머니가 동백기름을 원료로 크림을 만들어 팔았다고 한다. 서 회장의 아버지이자 창업자인 서성환 회장은 1948년 서울로 옮겨 와 사명을 '태평양화학공업사'로 바꾸었다. 그 후 태평양화학은 성장을 이어오면서 1970~80년대 여러 업종에 진출해 계열사를 25개까지 늘렸다. 그러나 1990년 초 부실 계열사들을 정리하고 화장품 전문회사로 방향을 잡았다. 이후 아모레퍼시픽은 지속 성장해왔으며 한방 화장품과 쿠션 같은 혁신 제품을 출시하면서 한국 화장품을 전 세계에서 환영받는 'K뷰티'의 선두 주자로 우뚝 서게 만들었다. 태평양에서 아모레퍼시픽으로 사명이 바뀐 2006년 이후 매출액과 영업이익을 보면 견고한 성장세를 이어오고 있다.

세계 혁신 기업 순위 28위에 오르다

아모레퍼시픽은 창업자 시절부터 기술개발 투자에 적극적이어서 1954년 국내 최초로 연구실을 만들었다.[48] 처음에는 약 2평짜리 공간에서 출발했지만 기회가 있을 때마다 연구소를 확장했다. 아모레퍼시픽은 현재 세계 6개국에 연구진 500여 명을 두고 연구 개발에 전력을 쏟고 있다. 서성환 선대회장은 1966년에 인삼을 이용해 만든 화장품을 처음 출시했다. 인삼 판매의 본고장이었던 개성에서 사업을 시작한 그는 원래 인삼에 관심이 많았다. 처음에는 인삼 관련 자료가 부족해 성분 분석과 추출 같은 기초 작업부터 시작했다. 그리고 인삼 연구에 수십 년 간 매달리면서 인삼을 제품화하는 과정을 수없이 되풀이했다. 이러한 과정을 거쳐서 1997년 탄생한 제품이 현재 K뷰티의 첨병 브랜드로 인정받고 있는 한방 화장품 설화수雪花秀다.

아모레퍼시픽을 세계 화장품업계에서 혁신적 기업으로 인정받게 만든 일등 공신은 쿠션형 파운데이션 제품이다. 아모레퍼시픽 소속 브랜드인 아이오페가 2008년 출시한 에어쿠션은 이전에 존재하지 않았던 새로운 유형의 화장품이다. 과거 여성의 기초 메이크업 제품은 딱딱한 고체형 팩트 제품과 액체형 제품 중의 하나였다.

세상을 바꾸는 이노베이터들

에어쿠션은 기존 제품과는 완전히 달랐다. 팩트 용기에 담겼는데 액체처럼 점성이 있었다. 하지만 액체형 제품을 단순히 고체형 용기에 담은 것이 아니었다. 특수 스펀지에서 조금씩 배어나는 형태로 고체형과 액체형의 장점을 결합한 제품이었다. 딱딱한 고체형 제품은 화장을 수정할 때 효과가 별로 없고, 액체형은 효과는 좋지만 손에 묻혀야 하고 휴대하기 불편하다는 문제가 있었다. 아모레퍼시픽의 연구진은 이런 문제의 해결책을 찾기 시작했다. 자외선 차단과 메이크업이 동시에 가능하고, 손쉽게 덧바를 수 있으며, 안전성과 휴대성이 높은 제품을 만드는 연구가 시작된 것이다. 하지만 원하는 것이 복합적이어서 그런지 좀처럼 해결책을 찾을 수 없었다.

그러던 어느 날, 한 연구원이 '주차 도장'을 보곤 영감이 떠올랐다고 한다. 주차권에 찍는 주차 도장처럼 액체가 흐르지 않고 균일하게 얼굴에 찍어 바를 수 있는 스펀지를 개발해야 한다는 데 생각이 미쳤던 것이다. 이렇게 반짝이는 아이디어는 전혀 다른 엉뚱한 곳에서 나오는 경우가 많다. 얼토당토않게 보이는 것들과 연결해 생각하기를 해보아야 한다는 좋은 예다.

연구진은 최적의 재질을 찾기 위해 스탬프, 목욕용 스펀지, 사인펜, 인형, 소파 제조업체 등 스펀지를 다루는 곳이면 어디든 찾아갔다. 그리고 200여 개의 다른 종류의 스펀지를 가지고 3,600회 이상의 테스트를 거친 끝에, 마침내 80만여 개의 미세 구멍을 갖는 '발포 우레탄 폼' 스펀지를 찾아냈다. 이것이 바로 아모레퍼시픽이 자랑하는 혁신적 화장품인 에어쿠션 기술의 핵심이다. 발포 우레탄 폼 스펀지가 액체 내용물을 안정적으로 머금고, 이것을 팩트형 용기에 담아 휴대성을 높인 것이다. 이 혁신적인 기술에 아모레퍼시픽은 '셀 트랩^{Cell Trap}'이라는 명칭을 붙였다.

이 혁신 제품에 대한 소비자의 반응은 폭발적이었다. 현재 쿠션 제품은 아모레퍼시픽의 15개 브랜드를 통해 출시되고 있고, 2015년 해외 시장 약 650만 개를 포함해 국내외에서 총 3,300만 개 넘게 판매되었으며, 누적 판매량은 8,000만 개를 돌파했다.[49] 중국, 싱가포르, 말레이시아, 태국, 베트남, 대만, 홍콩 등 아시아 국가와 미국에서 최고 인기 제품의 반열에 올라 있고, 현재 세계적으로 1초에 하나씩 판매되고 있다고 한다. 이 회사 연구진이 3,600회 이상의 테스트를 거듭하면서 포기하지 않고 그 모든 실망과 좌절을 이겨낸 대가가 아니겠는가.

조선의 세종대왕과 이순신 장군은 연결사고의 대가다. 한글의 세 가지 기본 모음을 보면 'ㆍ'(아래 아)는 하늘(天)을 본떠 만들고, 'ㅡ'는 땅(地)을 본떠 만들었으며, 'ㅣ'는 인간(人)의 형상을 본떠 만들었다. 기본 자음은 입과 혀, 이 및 목구멍의 발음기관을 연결시켜 만들었는데, ㄱ은 어금닛소리, ㄴ은 혓소리, ㅁ은 입술소리, ㅅ은 잇소리, ㅇ은 목소리임을 한번 발음해보면 쉽게 깨달을 수 있다. 이순신 장군이 아이디어를 낸 거북선 역시 혁신적인 전함이자 연결사고의 결과다. 몸통은 거북 모양으로 창문이 없기 때문에 병사가 보이지 않아서 적선에서 총과 활을 쏘기가 어렵고, 등에는 쇠못이 박혀 있어 적병이 기어오르기가 어려우며, 머리는 무서운 용의 모습으로 적병에게 두려움을 줄 수 있는 형상이다. 역사적 혁신의 선구자로서 세종대왕과 이순신 장군을 재조명하는 시간을 가져보자.

세계 최저 문맹률의 바탕이 된 한글

얼마 전 20대의 딸과 30대의 조카를 차에 태우고 여의도를 지나가는데, 길 표지판에서 '대한지적공사'를 보았다. 내가 호기심이 발동해 두 사람에게 "저것이 무엇일까"라고 물어보았다. 둘 다 모른다. 지적^{指摘}질 하는 곳은 아닌 것 같고, 유식하다는 뜻의 지적^{知的}도 아닌 것 같고, 도로 공사처럼 무슨 공공기관 같기는 한데 도무지 모르겠다는 것이다. 한자를 배우지 않은 세대에게 땅의 주소를 뜻하는 지적^{地籍}으로 잘 연결되지 않는 것이 무리는 아니다. 다행히도 이 기관의 이름은 2015년 6월 '한국국토정보공사'로 바뀌어 무슨 일을 하는 곳인지 훨씬 쉽게 알 수 있게 되었다.

법조계에서는 그 뜻을 알기 어려운 단어를 유난히 많이 쓰고 있다. 어떤 판결문에는 "피고 A는 피해자 B를 우수로 안면을 강타해 노면에 전도케 했고……"라고 나와 있다.[50] 무슨 뜻일까? '오른손으로 얼굴을 때려 길바닥에 쓰러뜨렸다'는 뜻이다. 수수께끼처럼 도무지 뜻을 알기 어려운 용어들도 많이 있다. 맹도견(맹인 안내견), 멸각하다(없애버리다), 압날하다(찍다), 저치(저축해 둠), 전촉(다른 기관에 위촉함), 호창(높은 목소리로 부름).

법률명에는 너무 길어서 읽기도 어렵고 이해하기도 어려운 한자어들이 많다. 예컨대 현행 법률 가운데 이름이 두 번째로 긴 법이 81자로서 '대한민국과 아메리카합중국 간의 상호방위조약 제4호에 의한 시설과 구역 및 대한민국에서의 합중국 군대의 지위에 관한 협정의 시행에 따

세상을 바꾸는 이노베이터들

른 국가 및 지방자치단체의 재산의 관리와 처분에 관한 법률'이다.[51]

만약 우리 한글 없이 지금도 한자를 쓰고 있다고 가정해보자. 위에 제시한 예들은 특히 어려운 한자 용어들을 찾아본 것이기는 하지만, 아직도 보통 사람들이 이해하기 어려운 한자 용어들이 많다. 만약 한글이 없었다면 많은 사람들이 읽고 쓰기에 어려움을 겪을 것이고 문맹률이 높을 수밖에 없을 것이다.

유네스코 세계문맹률 통계를 보면 2011년 기준 한국의 경우 성인(15세 이상)과 청년층(15~24세) 모두 0퍼센트라고 나와 있다.[52] 문자 해독률이 100퍼센트라는 의미이다. 그런데 내가 우연히 시골 노인들이 등장하는 TV 다큐멘터리를 보니 어느 집 할아버지와 할머니가 두 분 다 글을 읽고 쓸 줄 모른다고 하는데 이 통계는 어찌된 것일까? 정확하게는 아마 99.999 정도로 나올 텐데 소수점 몇째 자리에서 반올림해서 100퍼센트가 된 것으로 이해하면 될 것이다. 짐작하겠지만 사실상 전 국민이 읽고 쓸 수 있는 나라는 세계에 여럿 있다. 그러나 모든 나라가 그런 수준에 있는 것은 아니다.

전 세계 문자의 평균 해독률은 83퍼센트이고, 사하라 이남 아프리카(66퍼센트), 남서 아시아(66퍼센트), 아랍(74퍼센트) 등이 하위권에 속한다. 아프리카 기니아(25.3퍼센트), 니제르(28.7퍼센트), 부르키나파소(28.7퍼센트) 등이 최하위권에 속해 있다. 문맹률이 높은 아프리카 국가들의 공통점은 자체 문자가 없다는 것이다. 식민지 시대 이후 독립된 오늘날에 이르기까지 북부 아랍어권을 제외하면 대다수 나라에서 영어, 프랑스어, 포르투갈어 등 과거 식민국의 언어를 공용어로 사용하고 있다.

유네스코에서는 모국어 개발 등 문맹 퇴치의 공로가 있는 기관이나 개인에게 유네스코 세종대왕 문해상UNESCO King Seijong Literacy Prize을 수여하고 있다. 대한민국 정부의 지원으로 제정되어 1990년부터 매년 시상해오고 있다. 자랑스러운 이 상의 이름에서 알 수 있듯이 우리나라 문자 해독률이 100퍼센트에 가까운 것은 바로 우리가 한글을 가지고 있기 때문이다. 아직도 하늘 천天, 땅 지地를 외우고 있어야 한다면, 우리나라에서 읽고 쓸 수 있는 사람의 비율은 훨씬 낮았을 것이다.

언어는 인간만이 가진 특성이다. 나이 든 사람은 자기가 배운 것을 언어를 통해 젊은이에게 전달해줄 수 있다. 이처럼 물려주고 학습하는 관계가 인간을 다른 동물과 구별하는 요소이고, 언어가 없다면 우리는 다시 동물이 될 것이다. 인간의 진화는 언어에 의한 것이므로 '유전학적'이 아니라 '문화적'이다. 또한 변화에 필요한 기간은 수천 년이 아니라 몇 년에 불과하다. 언어 덕분에 인류는 지구상에서 급속히 번성했으며 유례가 없을 정도로 빨리 진화했다. 언어를 통해 인류는 '자연적' 존재를 벗어나 '문화적' 존재가 되었다. 그런 언어, 다시 말해 문자, 그것도 세계에서 가장 우수한 한글을 세종대왕이 만들었다.

세종대왕은 지금 우리가 쓰는 한글의 근간이 된 훈민정음을 직접 창제했다. 물론 세종대왕의 측근에서 예조판서인 정인지와 집현전의 최항, 박팽년, 신숙주, 성삼문, 이개, 이선로와 돈령부의 강희안 등 뛰어난 학자들이 공동 참여했고 지원했지만, 창제 작업을 시작한 세종대왕이 가장 크게 공헌한 주연구자라고 볼 수 있다. 세종이 한글 28자를 만든 뒤 집현전 학자들에게 그 쓰임새에 대해서 연구하고 해설을 하도록 지시했고

세상을 바꾸는 이노베이터들

그 결과물이 〈훈민정음 해례본〉이니 다른 학자들이 한 것은 주로 훈민정음 해설서를 쓴 것이다.

우리가 익히 알고 있듯이 조선은 유교국가로서 국시인 유교의 중심지는 중국이고 중국의 문자인 한자를 대대수 동아시아 국가에서 공용어처럼 사용하고 있었다. 중국의 문물을 받아들이고 쓰면 문명국이고, 그것을 쓰지 않으면 오랑캐로 간주되었다. 다른 주변 국가가 그렇듯이 조선도 문명국가로 인정받기 위해 사대부들이 열심히 유학을 공부하던 시절이다. 오늘날로 치자면 세상의 글로벌 공용어가 한자였던 것이다. 당시 환경에서 평민들이 쉽게 읽고 자기 뜻을 다른 사람에게 전할 수 있도록 새로운 문자를 만드는 것은 대단히 혁신적인 생각이다.

세종은 훈민정음을 창제한 목적으로 "우리나라의 말소리가 중국과 다르고 문자도 서로 통하지 않으니 어리석은 백성들이 말하고 싶은 것이 있어도 끝내 그 뜻을 펴지 못함이 많았다. 내가 이를 딱하게 여겨서 새로이 28자를 제정하니 사람들이 쉽게 익혀서 날마다 쓰는 데에 편리하도록 한 것이다"라고 밝혔다.[53]

왕이 이렇게 거룩하고 실용적인 뜻을 밝혔음에도 불구하고 만만찮은 반대가 있었다. 집현전 내부에서도 세종의 취지에 공감하고 지지하는 사람들도 있었지만, 부제학 최만리를 비롯해 신석조, 김문, 정창손, 하위지, 송처검, 조근 등은 극렬 반대했다. 이들은 다음과 같은 내용의 긴 상소문을 올렸다.[54] 첫째, 대대로 중국을 섬기며 사는 처지에 새로운 문자를 만드는 것이 중국에 알려지면 외교적으로 큰 문제를 일으킬 것이다. 둘째, 한자와 다른 글자를 가진 몽고, 여진, 일본, 티베트 등은 모두 오랑캐들이니 새로운 글자를 만드는 것은 스스로 오랑캐가 되는 것이다. 셋째, 새 글자는 비속하고 쉽기만 한 것이라 중국의 학문과 멀어지게 만들어 우리 문화수준을 떨어지게 할 것이다.

백성을 위해 좋은 일을 하면서도 반대하는 자들과 중국과의 외교적 문제를 피하기 위해 훈민정음 창제 과정은 비밀리에 진행되었다. 상소문의 내용 중에는 새로운 글자의 창제는 매우 중요한 일이니 모든 국민과 선조와 중국에 묻고 심사숙고해 진행해야 하는데 그렇게 하지 않고 소수에 의해 졸속으로 처리되었다는 내용도 있다. 그런데 만일 그렇게 공개리에 진행했다면 그 알량한 선비들에 의해 진행이 불가능했을 것이다.

나는 우리 문자가 있기 때문에 우리 고유의 문화 창조가 가능하다고 생각한다. 우리나라 드라마가 세계 여러 나라에서 인기를 얻고 있는 배경에는 우리말과 글의 영향이 분명히 작용하고 있다고 생각한다. 예컨대 드라마 〈태양의 후예〉의 대사들을 보면 남녀 주인공이 주고받는 대사가 정말 감칠맛이 살아 있고 생동감이 넘친다. 요즘 청소년들이 문자를 주고받으면서 많은 내용을 빨리 전하기 위해 약자를 많이 써서 알아보기 힘들지만, 이 또한 한글이 오늘날의 정서를 전하는 데도 적합하다는 의미로 볼 수 있다.

거북선을 만들어낸 이노베이터

또 한 명, 역사적 인물 중에서 이노베이터를 꼽으라면 이순신 장군을

세상을 바꾸는 이노베이터들

들 수 있다. 예나 지금이나 나라가 위태로운 지경에 있을 때 이노베이터의 역할은 무엇보다 중요하다. 이순신의 어린 시절을 다룬 기록들을 보면 그는 장군의 기질을 타고난 듯하다. 아이들과 어울려서 전투 놀이를 즐겨 하고 늘 대장을 도맡았다. 글공부 쪽에도 재능이 있어서 병법 관련 책들을 두루 읽은 흔적이 있다. 아이들에게 '배수의 진'을 설명해주고 자신이 전투에 직접 적용했다. 그는 이런 소년 시절을 거쳐 무과에 급제하기로 결정하고 병서를 읽고, 말타기를 익히고 궁술과 검술, 창술을 연마한다.

내가 더 놀라는 부분은 그가 수군의 지휘관이 되자마자 수군에 잘 적응한 사실이다. 그는 사실상 수군 경험이 별로 없는 상태에서 지휘관이 되었다. 이순신은 32세에 무과에 급제해 함경도에 초급장교인 권관權管으로 임명되었고, 4년 후인 36세에 전라도 발포만호鉢浦萬戶로 임명되었다. 이 직책이 포구 수비를 하는 것이니 이때 처음 수군이 된 것이다. 발포는 현재 고흥군 고흥반도 해안선을 따라 위치하고 있는데, 이렇게 이순신과 운명적 연을 맺게 된다.

이순신은 수군 경험 없이 내륙에서 근무하다가 해상 방비를 하는 장군 반열의 수군만호가 되자 많은 시기와 음해를 받게 되었다.[55] 전라감사가 이런 점이 염려되어 이순신을 불러 진을 치는 법을 테스트하고 여러 진의 모양을 그려보라고 했다. 그가 여러 진의 모습을 아주 정밀하게 그려보이자 전라감사는 트집을 잡지 못했다고 한다. 이순신은 부임하기 전에 이미 철저히 공부를 해두었던 것이다. 발포에서 복무했던 18개월 동안 이순신은 조선 남해안의 지역적 특성을 파악하고 익혔다. 이는 훗

날 남해의 제해권을 장악하고 왜를 물리치는 원동력이 되었다.

그런데 시기하는 자들의 모함 때문에 2년 뒤 파직당했다가 1년 뒤인 39세에 다시 함경도 권관으로 근무하게 된다. 짧은 수군 경험을 마치고 다시 육군으로 돌아간 것이다. 여기서 3년을 근무한 뒤 42세에 조산만호造山萬戶가 되었고, 43세에 녹도둔전사의鹿島屯田事宜가 되었지만 또다시 모함을 받고 투옥되었다. 그 후 45세에 전라도 정읍 현감이 되었고, 그로부터 2년 후인 47세에 어린 시절 친구인 유성룡의 천거로 마침내 전라좌수사가 되었다. 이때부터 그의 수군 지휘관 경력이 본격 시작되었다.

그가 전라좌수사로 여수에 부임했을 때 장차 왜적이 쳐들어올 것을 직감하고 준비를 했는데, 바로 이듬해인 48세에 임진왜란이 발발했다. 이순신이 전라좌수사가 되기까지의 수군 경력을 보면 발포만호로서 2년과 조산만호 겸 녹도둔전사의로서 2년 남짓이니, 합쳐도 4년 미만이다. 오히려 함경도 권관으로서 여진족을 방어하면서 처음 4년, 재차 임명된 후 3년, 그리고 정읍 현감 2년 등 육군 지휘관으로서 보낸 기간이 9년으로 훨씬 길다. 이런 그가 전라좌수사가 되자마자 세계에서 가장 뛰어난 해군 지휘관이 된 것이다.

오늘날 군 편제로 보자면 해군과 육군은 완전히 분리되어 있고, 군 지휘관이 해군과 육군을 순환해서 근무하는 일도 없으며, 각 군 지휘관이 되는 경로도 육군사관학교와 해군사관학교로 분리되어 있다. 한 사람의 장군이 육지와 바다 전투에서 모두 뛰어난 능력을 발휘하는 것은 불가능에 가까운 일이다. 전쟁을 총괄하는 지휘자는 물론 육군 책임자와 해군 책임자를 모두 지휘해야 하겠지만, 육군과 해군의 작전은 각 군의 전

세상을 바꾸는 이노베이터들

문가가 담당한다.

  중국의 《삼국지》를 보더라도 육전과 해전에 모두 능한 지휘자는 촉한의 제갈공명밖에 없었다. 위의 조조가 100만 대군을 동원하고서도 그 반도 안 되는 오·촉 동맹군에게 적벽에서 왜 역사적 대패를 당했는가? 위의 조조와 장군들이 육전에서만 강하고 수전에 익숙하지 못하다는 약점 때문이었다. 조조군은 파도가 일렁이는 강물 위에 떠 있는 배에서 화살을 쏘기가 어려우니 여러 배들을 옆으로 묶어서 마치 긴 제방처럼 만들었다. 이제 배가 출렁거리지 않고 견고하게 유지되니 화살을 쏘기 쉽다고 생각했다. 그런데 어느 날 역풍이 불어서 적군에게 화살을 쏠 수조차 없는 상태에서 적군의 불화살에 의한 화공에 모든 배와 군사가 불타게 되리라고는 짐작도 못했던 것이다.

  이순신이 오늘의 서울에서 태어났으니 바다에 익숙할 리도 없고, 무과 급제 후 처음 맡은 관직도 육군이며, 오래 근무한 관직도 육군에 속해 있었다. 그러니 전라좌수사라는 수군 지휘자로서 그가 보인 능력은 임지인 여수에 부임하면서부터 공부를 통해서 닦은 것이라고 보아야 할 것이다. 말하자면 그는 제갈공명을 능가하는 학습능력이 있었던 것이다. 적벽에서 장강의 바람 방향이 서풍에서 동풍으로 바뀐 것은 사실상 운에 의지한 것이었지만, 이순신은 조류 방향의 변화와 물살의 빠르기를 다 인지해 각 전투의 상황에 맞는 맞춤형 작전을 펼쳤다.

  전투의 승리는 작전의 독창성에 의해서 크게 영향을 받는다. 적군의 공격이 아군이 대비하고 있던 전술과 그대로 일치한다면 아군이 잘 방어할 수 있겠지만, 전혀 생각조차 못하던 독창적 공격이라면 방어하기 어려울 것이다. 예컨대 카르타고의 한니발은 전사에 길이 남는 독창적인 전법을 구사했다. 카르타고는 양강 구도를 형성하고 있던 로마에게 1차 포에니 전쟁에서 패배해 지중해의 큰 섬인 시칠리아와 사르데냐를 넘겨 주게 된다. 카르타고는 복수에 나서서 기원전 219년 2차 포에니 전쟁을 일으키고, 한니발이 크게 이기면서 이탈리아 남부까지 진군한다.

기원전 216년 마침내 칸나이 전투에서 한니발은 기발한 전술을 동원해 대승을 거둔다.[56] 카르타고는 강력한 기병을 보유하고 있는 반면 로마는 전통적으로 강한 보병군단을 보유하고 있다. 한니발은 남쪽에 주둔하고 있고, 로마의 주력군은 북쪽에 주둔하고 있다. 그리고 동과 서, 그러니까 각 군의 좌, 우에는 기병이 배치되어 있다. 우측의 기병 전력은 양측이 비슷하지만, 좌측의 기병 전력은 카르타고가 2배 정도 우월했다.

한니발은 로마 군단이 자기 군대 중심부로 깊숙하게 진격하도록 기다리고 있었다. 양측 보병 간 전투가 전개되기 시작할 때 한니발은 좌측의 월등한 기병대를 동원해 로마 기병대를 순식간에 짓밟고, 로마군의 뒤를 빙 돌아 우측에서 벌어지고 있던 기병전에서 로마 기병의 후위를 치는 독창적인 전술을 구사했다. 결국 카르타고 기병과 보병은 로마군을 완전 포위해 섬멸시키는 데 성공한다. 로마군은 이 전투에서 수만 명의 전사자가 발생하면서 참패했다. 고대의 전투로서는 상상하기 어려운 희생자를 낸 것이다. 칸나이 전투는 포위공격의 완성된 형태로 훗날 나폴레옹과 롬멜 등 위대한 지휘관들이 모두 꼼꼼하게 사례연구를 했다고 한다.

이순신 장군은 여러 전투에서 한니발의 칸나이 전투에 못지않은 독창적인 전술을 보여주었다. 임진왜란이 발생한 1592년에 한산도 앞바다에서 이순신 장군 지휘 하의 조선 수군은 왜의 수군을 크게 무찔렀다. 이순신 장군은 이 전투에서 육전에서 포위 후 섬멸할 시에 쓰이는 전술인 학익진을 전개했다. 이순신 장군은 경상우수사 원균과 노량에서 합류한 후 왜의 전함들을 만나 전투하는 시늉을 내다 거짓으로 후퇴해 적선을 큰 바다로 유인했다. 적선은 이때까지만 해도 육지에서와 마찬가지로 손쉬운 승리를 예상했던 것이다. 하지만 후퇴하던 조선의 모든 군선이 방향을 돌려서 일렬로 늘어서면서 학이 두 날개를 활짝 펼친 듯 양 끝을 오므리면서 왜선들을 포위했다. 그리고 조선 수군은 포격으로 적함을 깨뜨린 뒤 적함의 갑판에 올라가 백병전을 벌였다. 왜군은 궤멸되었고 후방에 있던 몇 척만이 도망갈 수 있었다.

이순신의 승리로 인해 왜국의 보급로는 심각한 문제에 직면하게 된다. 전라도를 차지하고 서해안을 통해 한양 근처까지 물자를 보급하려던 계획에 큰 차질을 빚자 왜군의 식량 보급이 어려워진 것이다. 왜의 진격이 주춤해짐으로써 육전에서 홍의장군 곽재우가 승리할 수 있는 전기가 마련되었다.

이순신 장군은 여러 해전을 승리해 3도수군통제사로 승진했다. 하지만 원균과의 불화와 모함으로 인해 투옥 당했다가 권율 장군 밑에서 백의종군하게 된다. 원균은 이순신 대신 3도수군통제사가 되어 전투를 지휘했지만, 칠천량 전투에서 대패했다. 함선이 대부분 격파되어 불과 12척만이 남게 되었다. 이순신 장군은 이런 절망적인 상황에서 다시 3도수군통제사가 되었고, 남아 있던 12척의 배로 명량대첩을 이룩한다. 임진왜란에 이어 재차 쳐들어온 정유재란의 명량 해전에서 이순신 장군은 적선 330여 척 중 131척을 격파했다.

명량 해협은 폭이 매우 좁은 병목 지역이라 유속이 대단히 빠르고, 특히 물길이 바뀌는 밀물과 썰물 때에 급류로 변하는 곳이었다. 왜선들이 몇 척 되지 않는 조선 전함을 몇 겹으로 에워쌀 수 있을 정도로 숫자가 많은 것을 믿고 덤벼들었지만, 이순신의 독려에 따라 조선군이 용감하게 포와 화살을 쏘아대자 위축되었다. 난전이 벌어지던 중 적장이 부상을 당해 바다로 떨어졌고 이순신 장군이 적장을 끌어올려 참수하자 적들은 전의를 잃게 되었다. 더군다나 적선은 지형적 특성을 모르고 덤볐다가 제대로 용을 써보지도 못하고 박살이 난 것이다. 명량에서의 대패로 인해 왜의 수군은 곤란한 지경에 빠져 화의를 꾀하게 되었고, 이듬해 도요토미 히데요시가 죽자 왜군이 철수하게 된다. 조선이 살아남게 되었다.

조선 수군이 왜군을 이길 수 있었던 배경에는 조선 주력 전선인 판옥선이 왜의 주력전선인 세키부네關船에 비해 몇 가지 결정적인 강점이 있다는 것이 작용했다.[57] 판옥선은 조선 전기의 주력 군함이었던 맹선에 갑판 한 층을 더 만들어 3층으로 만든 배다. 판옥선의 1층 갑판에서는 노를 젓는 요원인 격군格軍이 노를 젓고, 2층 갑판에서는 전투요원들이 적을 내려다보면서 각종 포와 총으로 공격을 하며, 1층 갑판 아래에도 병장기를 보관하고 병사들이 휴식할 수 있는 선실이 있다. 판옥선은 왜군 주력선에 비해 크고 단단하며 선체가 높기 때문에 왜군이 그들의 장기인 '상대방 전선에 기어 올라가 싸우는 백병전'을 펼치기 어렵게 되어 있다. 조선군은 기본적으로 활과 화약무기 같은 원거리 무기를 능숙하게 사용했지만, 백병전에 상대적으로 서툴렀던 약점을 보완할 수 있었다.

판옥선은 함수 모양이 뾰족하지 않고 평면이며 밑바닥이 평평한 평저선平底船인 탓에 속도가 느린 편이고 기동력이 떨어진다. 하지만 이 점은 조수간만의 차가 큰 서해에서 썰물 때 안전하게 바닥에 내려앉는 장점으로 작용했다. 조선 수군은 쳐들어 온 왜군을 일정한 지역 내에서 공격하고 방어하는 데 주력했다는 점에서 판옥선의 강점을 발휘하면서 기동력이 약한 약점을 최소화할 수 있었다. 그리고 판옥선은 120명 이상의 전투원과 비전투원을 탑승시키고 여러 포를 탑재할 수 있었다. 반면에 세키부네는 70~80명이 탑승하고, 1~2문의 대포만 탑재하며, 주로 조총으로 전투를 수행했다. 조선군 주력선인 판옥선이 왜군 주력선인 세키부네에 비해서 화력이 월등했던 것이다.

거북선은 판옥선을 한 단계 더 발전시킨 전함이다. 이순신이 아이디어를 제시하고 나대용, 정걸, 송덕일 등이 조선기술을 동원해 임진왜란 하루 전에 완성했다. 기본 구조는 판옥선의 2층 갑판의 윗부분을 제거하고 그 자리에 둥근 지붕을 덮은 것이다. 거북선은 등판에 판자를 덮고 쇠못을 박아 왜군이 기어오를 수 없게 만들었고 좌우로만 화포를 쏠 수 있던 판옥선과 달리 선두의 용머리에서도 쏠 수 있게 설계되었다. 이순신이 처녀 출전한 사천해전의 전과를 보고하기 위해 조정에 올린 장계를 보면 거북선의 강점이 고스란히 드러나고 있다.[58]

이순신 장군은 경험이 많지 않았음에도 불구하고 해전에 잘 적응했고, 전투마다 해당 수역의 특성을 반영하는 독창적인 전술을 구사했다. 그가 장계에서 거북선 개발을 묘사한 내용을 보면 이노베이터로서의 면모가 명쾌하게 드러난다. 거북선은 어디에서도 전례가 없는 혁신적 전함인

데, 용머리로 적에게 우선 큰 공포심을 심어주고, 창문이 없어 적이 화살을 쏘기가 어려우며, 거북 등에 못이 박혀 있어서 왜군이 장기인 백병전을 전개할 수 없게 설계한 것이다. 그는 진정한 이노베이터다.

재료공학 박사 변호사

이제 우리 주위에서 볼 수 있는, 좀 남다른 이노베이터들에 대해 이야기해보려고 한다. 우리 기업들이 1970년대부터 적극적으로 해외 시장에 진출해 시장을 개척하고 현지에서 세계 유수의 기업들에 맞서 각고의 노력을 해왔기에 현재 우리 경제의 위상을 이루었다. 왜 우리 기업들이 적극적으로 해외로 진출하려 했을까? 여러 요인이 있겠지만, 가장 기본적 요인은 국내 시장이 작기 때문이다. 해외 시장을 차지할 수 있어야 기업이 성장할 수 있었던 것이다.

이제 교육과 취업에 있어서도 이와 같은 맥락에서 생각해야 한다. 학교를 졸업하고 취업 시장에 나가는 졸업생의 유형을 나누어보자. 첫 번째 국내에 있는 한국 기업에서만 일할 수 있는 사람, 두 번째 국내에 있는 한국 기업과 외국 기업에서 일할 수 있는 사람, 세 번째 외국에 있는

211

한국 기업에서 일할 수 있는 사람, 네 번째 외국에 있는 현지 기업과 한국 기업에서 일할 수 있는 사람. 네 부류의 사람 중 누가 가장 많은 취업의 기회를 가질 수 있을까? 누가 가장 좋은 대우를 기대할 수 있을까? 답은 명확하다. 네 번째 유형이 가장 많은 기회를 맞을 것이고 첫 번째 유형이 가장 제한적인 기회를 가질 것이다.

많은 대학생들이 외국어를 익히고, 해외 연수를 가고, 배낭여행을 다녀오는데도 불구하고 취업할 때가 되면 국내에 있는 한국 기업에만 매달린다. 부모들도 역시 크게 다르지 않다. 자식들이 공무원 시험에 합격하거나 공기업에 들어가게 되면 열광하고, 대기업이나 금융기관에 입사하면 환호한다. 국내 기회에 과할 정도로 집중하는 반면 더 많은 기회에 대해 너무 관심이 없다.

국내 대기업에 취업해 해외 자회사나 지사에 파견 나가는 세 번째 유형은 주로 1970년대에 많이 보았던 방식이다. 내 주위에 네 번째 유형의 사람이 몇 사람 있다. 한 사람 예를 들어보자. 그는 나와 같은 미국 대학에서 재료공학 전공으로 박사학위를 받은 후배다. 그 후 한국의 대기업 연구소에서 연구원으로 2년 일하다 그만두기로 하고, 어느 날 내게 전화해서 '미국 로스쿨에 갈 계획입니다'라고 말했다. 이 후배는 40대에 접어든, 결혼해서 아기 둘 있는 가장이었다. 무엇보다 공학을 공부한 사람인데 로스쿨에 가겠다니 무척 놀라웠다. 공학 박사까지 하고 또 미국 로스쿨에 가다니 돈 많은 집 자식이라서 가능하다고 생각할 수도 있다. 이 친구의 집은 부잣집도 아니었지만, 아무리 부잣집 자식이라도 이런 결심은 쉬운 것이 아니다. 결심이 대단했다고 해도 공학을 공부한 사람이 법 공

세상을 바꾸는 이노베이터들

부를 하는 것이 쉬웠겠는가. 그러니 엄청 고생을 했을 것이다. 생소한 공부를 하는 것도 고생이요, 40대 가장이 소득 없이 돈 써가며 공부하자니 마음고생이 대단했을 것이다.

결론부터 말하자면 그는 현재 미국 워싱턴D.C. 인근 버지니아 지역에서 특허 전문 변호사로 일하면서 행복하게 살고 있다. 물론 공학 전공자로서 전혀 생소한 법 공부를 하느라고 고생을 많이 했다고 한다. 특히 첫 학기에는 단어의 뜻조차 알 수 없는 전문용어들을 찾아가며 읽느라고 엄청 힘들었다고 한다. 수업 시간마다 많은 분량의 자료를 읽고 소화해서 가야 하는데, 영어권 동료들에 비해서 훨씬 더 많은 시간과 노력을 투입해야 가능했을 것이다.

지금 변호사로 일하는 데는 과거 재료공학을 전공한 것이 큰 힘이 된다고 한다. 미국에 진출하는 한국 기업들은 특허권 등록이나 분쟁과 관련해서 여러 가지 어려움을 겪고 있다. 후배는 공학 토대가 있어서 관련 내용을 이해하고 어떤 식으로 접근해야 한국 기업에게 유리할 것인지 판단하는 데 큰 도움이 된다는 것이다. 말하자면 특화된 전문 분야가 있는 변호사가 된 것이다.

스포츠 생리학 박사를 꿈꾸는 경영학도

또 다른 예도 있다. 지금으로부터 약 10년 정도 전의 이야기다. 내가 교수로 재직하고 있는 경영학부의 한 학생이 어느 날 나에게 유학을 가고 싶다고 하면서 자문을 청해 왔다. 그런데 MBA나 경영학 석박사 과정이 아니라 매우 생뚱맞게 스포츠 생리학 석박사 과정을 하겠다는 것이다. 이미 학부 3~4학년 동안 생물학과 체육대학의 과목들을 다수 수강하고 있다고 한다. 나는 학부에서부터 박사까지 경영학만 했던 터라 자문해주기가 쉽지 않았다. 또 솔직히 처음 얘기를 들었을 때 나는 두 가지 점에서 썩 마음이 내키지 않았다. 먼저 경영학과 학생이 미국에 가서 전혀 새로운 분야인 스포츠 생리학을 공부해서 박사가 될 수 있을까 싶었다. 어려워 보였다. 또 아무래도 경영학이 스포츠 생리학보다 전공으로서 향후 유리하지 않을까 싶었다. 그런데 이 친구의 의지가 대단해 보였다.

결론부터 얘기하자면 이 친구는 내가 가졌던 우려를 불식하고 2년 만에 석사 학위를 취득했고, 또 4년 만에 박사 학위를 취득했다. 지금은 영국의 최고 명문대학 의대에서 박사후 과정 연구원으로 일하고 있다. 박사 과정 그리고 연구원으로 일하는 동안 논문을 많이 발표한 덕분에 미국 유타 주의 대표적인 주립대학에서 스포츠 생리학 분야의 교수로 채용되어 오는 신학기부터 강의를 시작하게 되어 있다.

그는 특정 운동이나 스포츠 활동과 질병 및 면역과의 관계를 연구하고 있다고 한다. 또 올림픽에서 우리 선수들이 메달을 많이 따기 위해서는 스포츠 생리학에 토대를 둔 운동 프로그램을 실시해야 한다고 한다. 장수자들이 많은 마을을 찾아가 장수 노인들의 신체활동과 근력 및 대사간의 관계를 연구할 계획이 있다고도 한다. 이 친구는 지금 연구하고 있는 분야가 자기 적성에 잘 맞는다고 하니 젊은 시절 전공 분야를 과감

세상을 바꾸는 이노베이터들

하게 바꾼 결정이 앞으로 행복하게 살아가는 데 큰 도움이 될 것으로 보인다.

제2의 인생을 개척한 탈북민 이야기

또 다른 예는 탈북민들에게서 찾을 수 있다.[59] 탈북민들이 한국에서 적응하고 성공하기는 정말 어렵다. 세계에서 가장 통제된 공산주의 국가에서 나서 청소년 또는 중장년이 되기까지 외부 세계와 거의 단절된 채로 살다가 한국에 와서 일자리를 잡고 한국의 보통 사람처럼 살아가는 것은, 한국전쟁 후 찢어지게 가난했던 한국에서 미국으로 이민 간 사람들의 현지 정착 과정 이상으로 힘들 것이다. 사유재산이 거의 인정되지 않는 사회에 살다가 한국 사회에서 내세울 수 있는 경쟁수단을 제대로 갖추지 못한 상태로 혼자 힘으로 돈을 벌고 생계를 꾸리며 살아가는 것은 결코 만만한 일이 아닐 것이다. 온갖 어려움을 헤치고 탈북에 성공해 한국에 왔다가 중국이나 북한으로 다시 돌아간 이들이 있는 것을 보면 그 어려움이 짐작이 간다.

그중 한 탈북민의 사례가 눈에 띈다. 그녀는 탈북 후 한국에 입국해 2009년 하나원 교육을 받았고, 그 후 지방의 식당 등에서 6개월 동안 일을 했다. 당시 그녀는 미혼이었는데, 가까운 동네에 살며 농사일을 하고 있던 나이 많은 이혼남을 알게 되었고, 시부모의 반대 속에 어렵게 결혼했다. 결혼 후 그녀는 시부모를 잘 모시고 살며 농사일도 열심히 도왔다.

그녀는 농사일을 하면서 그냥 주어진 일을 하고 시댁에서 과거에 하던 방식대로 답습하기만 하지 않았다. 그녀는 농산물 판매에 혁신적인 방법을 동원하기 시작했다. 남편과 시집을 비롯한 농촌에서는 한 해 동안 힘들게 지은 농산물 대부분을 공판장이나 농협 등 도매유통망을 통해 판매하고 있었다. 도매로 팔면 한꺼번에 물건을 처리하기는 쉽지만 수익이 매우 낮았다. 그녀는 힘들게 지은 자식 같은 농산물을 싸구려로 파는 것을 그대로 받아들이기가 힘들었다. 주위 사람들에게 문의도 해보고 여기저기 관찰도 한 끝에 그녀는 농산물을 소매로 팔기로 결정했다. 농산물을 트럭에 싣고 시내로 가서, 주택가와 인구 밀집 지역을 돌면서 1 대 1 직거래로 상품을 팔았다.

이 방식은 잘 통했다. 매일같이 소리치면서 물건을 파느라 육체적으로 힘들고 피곤했지만, 과거 도매로 넘길 때와 비교하면 거의 2배에 가까운 수입을 올릴 수 있었다. 그녀는 여기에 그치지 않았다. 인터넷을 통한 농산물 직거래가 가능한 것을 알게 된 후 인터넷 홈페이지를 개설해서 온라인 직거래도 시작한 것이다.

또 한 명의 탈북민 사례도 소개한다. 그녀를 보면 대단히 용기가 있고, 결정을 과감하게 내리며, 실행력이 뛰어나다는 것을 알 수 있다. 한국에서 요리학원 강사로 인기를 얻었고 이것을 바탕으로 자신의 요리학원을 여는 데 성공한 탈북민의 이야기다. 그녀가 탈북하게 된 경위는 다음과 같다. 딸이 어느 날 갑자기 사라졌는데, 온데를 뒤진 끝에 딸이 친구와 함께 남쪽으로 도망갔다는 것을 알게 되었다. 이때 그녀는 주저앉지 않고 보다 과감한 결정을 내렸다. 2010년 당시 군 복무 중이었던 아들을

세상을 바꾸는 이노베이터들

찾아가 함께 탈북을 감행한 것이다.

　그녀의 과감한 결정과 행동에 따라 가족은 재회할 수 있었다. 그런데 이제 한국에서 무슨 일을 해서 생계를 꾸려갈 수 있을지 걱정이 앞섰다. 그녀는 북에서 개성시 인민위원회 회계사로 일해서 비교적 여유 있게 살 수 있었지만, 이 경력이 사기업들이 크게 발달해 있는 한국에서는 인정되지 않았다. 그녀는 오랜 고민 끝에 음식 관련 일을 해보기로 결정했다.

　그녀는 음식에 취미도 있고 솜씨도 있다고 자부하고 있었다. 요리학원에 다니며 남쪽에 맞는 요리법을 배우고 그동안 써오던 북쪽 요리법을 한 단계 업그레이드했다. 한동안 요리학원에서 공부하고 실습한 끝에 큰 어려움 없이 한식, 중식, 일식, 양식 자격증을 차례로 취득했다. 이때 함께 요리를 배우던 한국 친구가 요리학원을 차릴 계획이니 함께 일하자고 제안했다. 그렇게 그녀는 요리학원 강사 일을 시작했다.

　그런데 가르치는 일은 생각보다 쉽지 않았다. 특히 그녀는 남한의 언어에 자신이 없었다. 모르는 단어도 많고 영어가 많이 섞여 있어서 알아듣기 어려웠다. 그녀는 언어의 약점을 보완하기 위해 사전을 찾아서 단어를 외우고 TV 뉴스를 열심히 보면서 말을 익혔다. 길 가다가도 모르는 단어가 들리면 사전을 찾아보고 외우기를 되풀이했다. 또 학원에서는 솔선수범해 다른 강사들이 꺼리는 야간 강의를 도맡아했고, 강의 기법 향상에 도움이 된다고 생각되면 보수를 받지 않고도 강의를 했다. 이후 그녀는 학원 운영과 회계까지 맡아서 처리하게 됐다. 북에서 하던 회계가 이때 많은 도움이 되었다고 한다.

　그 과정에서 그녀는 요리학원에서 강사로 어떻게 일하면 되는지와 학원 경영을 어떻게 하면 되는지 경험하게 되었다. 요리 강사로서도 큰 인기를 얻었다. 그는 강사 겸 경영자로서의 경험을 2년 쌓고 나니 자신이 직접 할 수 있겠다는 자신감을 얻게 되었다. 그는 마침내 독립해서 자신의 이름으로 요리학원을 열었다. 그녀의 학원은 현재 충청북도 지역에서 제일 규모가 크다고 한다.

이 두 사람이 목숨을 건 탈북을 결행했다는 점에서 용기는 이미 확인되었다. 그러나 영화 〈쇼생크 탈출〉에서 볼 수 있듯이 오랜 통제사회에 있던 사람이 자유사회에서 적응하는 것은 결코 쉬운 일이 아니다. 두 사람은 단순한 적응 이상의 성공을 거두고 있다. 한 명은 이 사회의 시장이 어떻게 돌아가는지를 꼼꼼하게 관찰한 뒤 1 대 1 직거래와 온라인 직거래를 활용해서 이전보다 훨씬 많은 수익을 올리는 데 성공했다. 다른 한 명은 북한에서 하던 일과 전혀 관계없지만 한국에서 통할 수 있는 자신의 역량을 찾아서 발전시키는 데 성공했다. 두 사람 다 과거에 머물지 않고 새로운 역량을 개발하는 혁신 역량을 보여준 것이다.

이노베이터를
완성시키는
12가지 생각

이노베이터가 되려면 어떻게 해야 할까? 우리 기업을 혁신적 기업으로 탈바꿈하기 위해 필요한 조건은 무엇이며, 개인이 가져야 할 마음가짐은 무엇일까? 변화의 시대를 대비하기 위한 보다 구체적인 조언을 지금부터 살펴보고자 한다. 기업의 측면에서는 '직원과 교육훈련', '혁신 전략', '마케팅 전략', '조직 분위기', '네트워크', '실패와 학습조직'의 분야로 나누어 팁을 제안할 것이다. 그런 다음 개인이 변화에 대해서 가져야 할 마음가짐으로서 '변화 선도자를 관찰하자', '청년층과 자주 대화하자', '장기적 시야에서 판단하자', '현상유지의 단점을 무시하지 말자', '코스모폴리탄의 관점에서 생각하자'라는 팁을 제안하고자 한다.

혁신은 생각보다 가까운 곳에 있다

경제에 있어서 혁신적 기업의 영향력이 점점 커지고 있다. 혁신을 창출하는 기업이 세계 시장을 지배하고 세계 총 매출액과 이익 중 많은 부분을 차지하고 있다. 혁신적 기업이 지속적으로 창출되는 국가는 경제가 활력을 유지하고 개인들의 소득과 생활수준도 향상될 것이고, 그렇지 못한 국가는 활력을 잃게 될 것이다. 개별 기업의 관점에서도 그렇고 국가 경제의 관점에서도 이노베이터의 역할이 그만큼 대단히 중요하게 부각되고 있다.

오늘날 세계 IT업계와 바이오업계를 선도하는 기업들을 보면 대부분 혁신적 창업자가 초기에 큰 역할을 했다. 글로벌 시장을 이끌어가고 있는 선도 기업 중 불과 20~30년 전에 조그만 스타트업 기업으로 창업한 기업들이 수두룩하다. 알리바바, 테슬라, 아마존, 구글, 넷플릭스 등이 그렇고, 트위터, 페이스북, 이베이, 에어비앤비 등도 마찬가지다. 기업 경쟁력이 점점 새로운 지식과 기술에 의존하게 됨에 따라 신생 기업이 태동해 단기간에 세계 시장에서 주력 기업으로 성장할 수도 있고 반대로 지배적 기업이 어느 순간 사라지기도 한다.

기업은 이노베이터를 찾아내서 그 역할을 증대시킴으로써 새로운 비즈니스를 개발하고 성장시킬 수 있다. 그렇다면 이노베이터를 어떻게 찾아낼 것인가? 먼저 스스로 찾아오게 하는 방법이 있다. '사내 벤처' 제도가 좋은 예다. 이노베이터는 팀원의 일원으로서 팀 구성원들과 조화를 이루면서 업무를 잘 수행하기보다는 홀로 탁월한 아이디어를 내는 데 강점이 있다. 사내 아이디어 공모나 경진대회를 통해 반짝이는 아이디어를 가진 사람을 뽑는 방법이다.

그런 다음 그 사람에게 초기 몇 년간 필요한 자금과 인력을 지원해준다. 독립된 사내 벤처로서 기존의 업무 절차와 인사 및 관행으로부터 철저하게 독립을 시켜주어야 한다. 사내 벤처의 사업으로 시장에서 성공하면 자회사로 분리하면 된다. 많은 자금과 인력을 투입하지 않고도 새로운 비즈니스를 개발하는 효과적인 방법이다.

하지만 한때 혁신적이었던 기업도 규모가 커지고 구성원이 증가하면 혁신성을 유지하는 것이 어려워진다. 수직적 관리계층이 증가하면서 일선 연구원의 아이디어가 경영진에게 전달되기 어렵고 의사결정 속도가 떨어지기 때문이다. 다수 대기업들이 이런 문제점을 극복하기 위해 벤처투자 전문 자회사나 사내 벤처캐피털을 설립해 외부 스타트업 기업들에 투자하고 있다.

구글의 자회사인 구글벤처스는 2016년 상반기에 36개 스타트업 기업에 약 1조 8,000억 원을 투자했고, 인텔은 30개 스타트업 기업에 약

5,900억 원을 투자했다.[1] 독일과 스위스, 프랑스 등 유럽 선진국들과 아시아의 중국, 일본, 인도 기업들도 적극적으로 투자하고 있다. 우리나라에서도 삼성, 현대자동차, GS, SK 등이 스타트업 투자에 관심을 보이고 있다.

인재가
없다?
인재를
키워라!

기업이 혁신을 하기 위해 타고난 이노베이터에게만 의존할 수는 없다. 타고난 이노베이터는 소수에 불과하기 때문이다. 기업은 교육훈련을 통해 모든 구성원이 혁신적으로 사고하도록 역량을 키울 수 있다. 하지만 많은 경영자들이 자기 조직 구성원의 혁신성이 떨어진다는 소극적 생각을 가지고 있다. 말하자면 우리 연구원과 직원들이 많은 아이디어를 가지고 오지만 하나같이 '쓸모없거나, 어이없거나, 말도 안 되거나, 터무니없거나, 황당하거나, 형편없는' 것이라고 불평한다.

정말 조직 구성원들이 모두 바보 같아서 그런 것일까? 아니다. 조직 구성원이 혁신적인 아이디어를 가지고 오지 못하는 것은 대부분 혁신적 사고를 하도록 훈련을 받지 않았거나, 혁신적으로 사고할 수 있는 기회를 가지지 못했거나, 조직 분위기가 혁신적 사고방식을 독려하는 분위기가 아니기 때문이다.

우리나라 교육은 초등학교부터 대학교까지 혁신적 사고방식을 키우

224

는 데 적합하지 않다. 교육이 시험 문제를 잘 풀어서 높은 성적을 얻는 데 집중되어 있기 때문이다. 시험에 잘 나오는 비슷한 유형의 문제를 여러 번 풀어서 실수하지 않는 데에만 익숙하다. 유교 질서에 바탕을 둔 우리의 문화도 혁신적 사고방식에 긍정적으로 작용하지 않는다. 독창적으로 생각하고 상대방에게 동의하지 않을 경우에 의문을 제기하기보다는 교사와 어른 및 선배의 의견에 순응하는 것이 바람직한 것으로 받아들여져 왔기 때문이다. 그러니 회의에서 조직의 장이 훈시에 가까운 의견 제시를 하면 나머지 참가자들은 조용히 받아써 자기 부서에 전달하기만 하면 된다. 정부와 기업과 대학에서 흔히 볼 수 있는 분위기다.

어떻게 하면 구성원이 혁신적으로 사고하도록 할 수 있는가? 혁신에 관한 연구들을 보면 혁신적 사고방식의 요체는 질문과 탐구에 해당하는 'inquiry'라고 한다. 이노베이터는 다른 사람들이 그냥 넘어가는 것들에 대해서 궁금해하고 알아보고자 하는 사람이기 때문이다. 그래서 이노베이터 교육은 다음 네 가지에 집중되어야 한다.[2]

첫째, 전통적 통념에 도전하라. 어떤 산업에서나 종사자들의 사고방식은 시간의 흐름에 따라 수렴되는 경향이 있다. 동종 업계 경영자들은 동종의 자료를 보고 비슷한 컨퍼런스에 참가하고 유사한 자문회사의 자문을 받는다. 우리나라 대기업들이 경영 자문을 받는 경영 컨설팅회사들은 잘 알려진 소수의 미국계 회사들이다. 따라서 여러 경영자들이 비슷한 생각을 하게 된다. 하지만 이노베이터는 반대다. 이노베이터는 기존의 게임 룰을 뒤집고 전통적인 신념을 무시하며 관례를 따라야 한다는 생각을 존중하지 않는다. 앞서 소개한 아모레퍼시픽의 혁신적 화장품인

쿠션 제품도 전통적인 통념에 도전한 결과의 산물이다.

1990년대 말경 TV를 주로 생산하는 가전업체들은 대부분 절망적인 상황에 직면했다. 당시 플라즈마 디스플레이 기술로 만든 진공관 TV를 찾는 전 세계의 수요가 정체 상황에 도달했고 더 이상 성장할 가능성이 보이지 않았다. 웬만한 선진국의 가정에 TV가 두세 대씩 보급되고 나니 더 이상 신규 구매자가 나타나기도 어렵고 대체 구매의 주기도 길었다. 경쟁의 격화 때문에 미국과 유럽의 가전업체들이 문을 닫기도 했다. 많은 사람들이 TV시장은 끝났다고 생각했다. 그런데 TV시장이 끝나기는커녕 액정 디스플레이 기술을 사용하는 LCD TV가 등장하면서 오히려 시장은 더 커졌고, 2007년에는 LCD TV의 판매량이 진공관 TV의 판매량을 뛰어넘었다. 이때 LCD TV 기술에 앞선 기업은 성장하고 진공관 TV 기술에 주력하던 기업은 뒤처지게 되었다.

둘째, 새로운 트렌드에 주목하라. 이노베이터는 미래에 나타날 추세에 대해서 예측하는 데 많은 시간을 쓰기보다는 이미 나타나고 있는 작은 징후들에 주목한다. 이노베이터가 되기 위해서는 예측에 의존하기보다 세상 변화에 대한 광범한 관찰이 필요하다. 경쟁자가 알아차리지 못한 추세는 어떤 것이 있는지 파악하고, 이 추세를 활용해 전통적 비즈니스 모델을 뒤엎어버릴 수 있는 방법을 생각해야 한다.

제프 베조스는 전자상거래가 성장할 조짐을 보일 때 무엇을 팔면 적절할지 생각했다. 그는 책이 전자상거래에 잘 맞는다고 꿰뚫어보았다. 또 그는 이미 소니 같은 회사에서 기술적으로 상당히 우수한 단말기를 만들고 있을 때 전자책 단말기 시장에 진입했다. 그리고 기능이 더 우수한 단말기를 생산하는 것이 아니라 더 많은 전자책을 확보하기 위해 주력했다. 말하자면 전자책 단말기를 둘러싼 생태계 조성에서 승리한 것이다.

테슬라가 전기차를 가장 먼저 출시할 수 있었던 것은, 전기차의 개념화나 생산기술이 테슬라에게만 있어서가 아니다. 다수의 글로벌 자동차 회사들이 전기차를 개발하고 있었다. 테슬라는 전기차의 수요와 보급의 필요성이 절실하다고 인식했고, 1회 충전으로 보다 먼 거리를 달릴 수 있는 혁신적 배터리 기술을 다른 경쟁사보다 먼저 찾아냈다.

셋째, 자기 조직의 역량과 자산을 활용하라. 기업이 자신의 정체성을 정의하는 데 현재 자신이 생산하는 제품과 서비스를 중심으로 한다면 혁신은 어려워진다. 혁신 기업이 되기 위해서는 자신이 알고 있는 것과 가지고 있는 것, 즉 핵심역량과 전략적 자산을 중심으로 정체성을 정의해야 한다. 새로운 제품과 새로운 비즈니스는 역량과 자산의 새로운 배합에 의해서 창출될 수 있으며, 지속적으로 새로운 배합 방법을 찾아내면 끊임없이 신제품을 개발할 수 있다.

애플은 원래 PC회사였지만 세계 PC시장에서 일부 마니아 고객층을 제외하면 애플의 존재감은 미약했다. 그러나 애플은 자신들의 비즈니스를 PC시장에 제한하지 않았다. 애플은 소프트웨어 개발과 디자인 능력을 활용해 아이팟을 생산하고 아이튠즈라는 음악 시장 생태계를 창출했다. 다음으로 PC 기반의 인터넷 연결 기술을 모바일로 확대해 아이폰과 아이패드를 개발하면서 세계 젊은이들 사이에서 혁신의 아이콘이 되었다. 이제는 무인 자동차와 인공지능 개발에 주력하고 있다.

넷째, 고객의 내면의 니즈를 보라. 연구원들이 기존 기술과 시장의 범위를 벗어나서 생각하기 어려운 것처럼 고객도 관습과 전통과 통념에서 자유롭지 못하다. 따라서 고객에게 무엇을 원하는지 물어봐서 새로운 통찰력을 얻기는 어렵다. 그보다는 고객을 시간을 두고 오랫동안 세밀하게 관찰해서 통찰력을 얻는 것이 더 좋다. 고객에게 좌절을 안기는 문제가 무엇인지, 어디서 고객의 시간을 낭비하게 하는지, 왜 기능을 지나치게 복잡하게 만드는지 등 고객의 문제를 관찰하라는 것이다. 이노베이터가 되기 위해서는 문화인류학자가 되고 민속학자가 되어야 한다.

예컨대 카 셰어링과 라이드 셰어링을 살펴보자. 지구상에서 인간이 활용할 수 있는 천연자원은 대부분 유한한 자원이며, 인간이 자원을 많이 쓸수록 환경이 오염된다는 관점에서 보면 공유경제가 활성화될 것을 예측할 수 있다. 어떤 국가나 지역에서 승용차가 증가하는 것은 어느 정도까지는 경제 발전의 지표이자 관련 산업의 성장을 가져온다는 점에서 긍정적으로 볼 수 있지만, 어느 수준을 넘어서면 요즘 우리가 관찰하는 것처럼 공기 오염과 미세먼지로 인해 인간의 생태계를 위협하게 된다. 개인이 모두 차를 소유할 필요가 없음을 깨닫게 되는 것이다.

그런데 카 셰어링 수요가 사람들이 진정 공유경제의 필요성을 인식해 나온 것일까? 그보다는 생활의 필요성에서 나온 것이다. 유럽의 주요 도시들과 뉴욕 시나 보스턴 시와 같이 복잡한 지역에 거주하는 사람은 차를 보유하기가 불편하다. 주차공간이 집에도 부족하고 직장에도 부족하긴 마찬가지다. 출퇴근은 전철이나 버스로 해결할 수 있는데 때로는 차가 필요하다. 한편 자동차를 보유하고 있는 사람 역시 차를 매번 이용하지는 않는다. 상당 시간 자동차가 사용되지 않고 서 있는 것이다. 결국 차량 소유자와 일시 사용을 원하는 사람을 연결해주는 서비스가 필요하며, 카 셰어링이 성장할 것임을 의미하는 것이다.

카 셰어링은 차량 소유자가 차를 사용하지 않을 때 사용을 원하는 사람에게 빌려주고 사용료를 받는 서비스다. 기존의 차량 렌트와 유사하지만 일반 개인 간 시간 단위로 렌트가 가능하다는 점에서 더 편리한 방식이다. 제너럴모터스와 포드, BMW 등 자동차 메이커들도 약간씩 다른 방식의 카 셰어링 비즈니스를 시작했다.

또 라이드 셰어링은 차량 소유자가 시간과 목적지가 맞는 탑승객을 태워줄 수 있도록 차량 소유자와 탑승객을 연결시켜주는 서비스다. 우버는 2010년 6월 미국 샌프란시스코에서 처음 서비스를 시작한 이래 세계 여러 나라로 시장을 확장하고 있다. 여러 곳에서 현지 택시 회사와 과세당국과 마찰을 빚었지만 여전히 고성장 중이다.

집도 마찬가지 관점에서 볼 수 있다. 주택 소유자가 해외로 한 달간 여행을 간다면 그 사람의 집이 유휴 상태로 존재한다. 해외여행을 다니는 사람들이 점점 늘어나고 있는 상황에서 집을 비워두게 되는 사람과 그 집에 머물고자 하는 여행객을 연결해주면 양쪽이 다 이득을 보게 된다. 여행객은 호텔에서 접할 수 없는 색다른 경험을 할 수 있고 주택 제공자는 수입을 올릴 수 있다. 이 경우에도 사업자 등록 회피와 과세문제 등 문제가 없는 것은 아니다. 하지만 에어비앤비는 이미 시가총액 면에서 호텔업계 세계 톱을 다투고 있다.

사업의
목표에 맞는
혁신을
정의하라

기업에서 혁신이 원활하게 추진되기 위해서는 자기 조직 내에서 혁신이 무엇을 의미하는지 명확하게 정의하고, 그 정의를 조직 구성원이 모두 공유해야 한다. 모든 구성원이 동의하는 실제적 정의가 있어야만 혁신의 목표를 정하고, 프로젝트 별로 자원을 배분하며, 신제품 출시 계획을 세우고, 혁신 성과를 측정할 수 있다.

혁신의 실용적 정의를 도출하는 것은 생각보다 쉽지 않다. 혁신에는 다양한 유형이 있다. 예를 들어 세상에 없다가 처음으로 출현한 스마트폰과 전기차, DNA 테스트, 태양광 발전, 이메일 등은 급진적 혁신이자 불연속형 혁신이다. 그런가 하면 성분은 동일하지만 더 편리한 용기에 담은 치약과 세척력이 더 강화된 세제, 면발이 더 쫀득하고 맛이 더 좋은 라면, 잉크 잔액이 남지 않는 볼펜 등은 점진적 혁신이자 연속형 혁신이다. 디지털카메라와 MP3 플레이어처럼 양자의 중간 정도에 해당하는 혁신도 있다. 그렇다면 우리 회사에서 말하는 혁신은 무엇인가?

이노베이터를 완성시키는 12가지 생각

혁신을 정의하는 것은 과거 10년 정도의 역사를 돌아보고 우리 회사 매출액과 이익에 특히 크게 기여했던 아이디어 유형을 확인하는 데서 출발하는 것이 좋다. 다이슨 사에서 혁신은 '문제를 보게 되면 그 문제를 해결하는 방법을 찾아내는 것'이다. 다이슨 사의 주력 제품들은 먼지봉투 없는 진공청소기, 날개 없는 선풍기, 모터가 손잡이에 있는 헤어드라이어 등 급진적 신기술을 기반으로 하고 있다.

구글은 혁신 유형 간 인력 배분에 70-20-10룰을 적용하고 있다.[3] 이 회사는 엔지니어의 시간 배분에 대해서 검색엔진과 검색광고 같은 핵심 사업에서 파생할 수 있는 연속형 혁신에 70퍼센트의 시간을 쓰고, 중간형에 20퍼센트, 그리고 완전히 새로운 사업인 불연속형 혁신에 10퍼센트를 쓰도록 규정한 것이다. 구글이 불연속형 혁신과 중간형 혁신에 30퍼센트의 노력을 할애하도록 공식 규정한 것은, 구성원들이 혁신적 신사업 발굴에 대한 노력을 소홀히 하지 않도록 요청한 것이다. 앞서도 말했지만 구글의 공동 창업자인 래리 페이지는 구글이 단기적 이익의 압박으로 인해 고위험 고수익 프로젝트를 피하는 일은 없을 것이라고 공식적으로 밝히고 있다. 큰 이익을 예상할 수 있는 사업이라면 성공 확률이 10퍼센트라도 추진할 것이며, 투자 규모가 작다면 투기적인 프로젝트도 추진할 수 있다고 공언했다.

반면에 미국의 가전회사인 월풀Whirlpool은 일반적인 서술을 사용해 혁신을 '소비자에게 독창적이고 흥미로운 것, 경쟁우위를 창출하고, 추가적 혁신 시리즈를 제공하며, 특히 소비자에게 더 큰 가치를 제공하는 것'이라고 정의한다. 혁신을 정의할 때 중요한 것은 어떤 아이디어가 혁신적이고 어떤 아이디어는 아닌지 사내에서 그 정의를 적용하면서 구성원들이 공유하게 된 것에 토대를 두어야 한다는 것이다.

지속적으로 예산을 투입해야 한다

기업에서 혁신을 창출하기 위해서는 구성원들이 새로운 아이디어를 지속적으로 실험해야 한다. 앞서도 말했지만, 아모레퍼시픽이 자랑하는 혁신적 화장품인 에어쿠션 기술의 핵심은 80만여 개의 미세 구멍을 갖는 발포 우레탄 폼 스펀지다. 화장품의 내용물을 이 스펀지가 머금고 있기에 액체와 고체의 중간 형태로 사용자에게 적용될 수 있는 것이다. 연구진이 최적의 재질을 찾기 위해 200여 개 다른 종류의 스펀지를 가지고 3,600회 이상의 테스트를 거치는 동안, 회사가 혁신이 아니라 비용 절감을 강조했다면 수천 회에 걸쳐 테스트하는 것은 불가능했을 것이다. 그 이면에는 이 회사가 창업자 시절부터 기술개발 투자에 적극적이었다는 사실이 존재한다. 아모레퍼시픽은 현재 세계 6개국에 연구진 500여 명을 두고 연구 개발에 전력을 쏟고 있다.

마찬가지로 한미약품은 최근 몇 년간 막대한 규모의 기술 수출 실적을 거두고 있다. 그 근저에는 한미약품이 국내 제약회사로는 놀라운 수준의 R&D 투자를 실행했다는 점이 있다. 이 회사는 최근 15년간 R&D에 9,000억 원을 투입했고, 2014년 한 해에만 매출액의 20퍼센트인 1억 4,500만 달러(한화 약 1,525억 원)를 투자했다. 연구원들이 연구비 예산

이노베이터를 완성시키는 12가지 생각

걱정 없이 마음껏 연구할 수 있는 환경이 조성되어 있는 것이다. 물론 절대금액 면에서 보면 세계 1위 제약사인 노바티스는 2014년 99억 달러를 R&D에 투자했고, 바이오기업인 암젠Amgen은 43억 달러를 투자했으니, 한미약품의 투자 규모는 매우 작은 것이다. 그러나 한미약품이 특정 분야 연구에 집중했기 때문에 연구원들이 연구비에 큰 제약을 받지 않았던 것이다.

혁신활동에 대한 인정과 보상을 확실히 하라

많은 기업에서 개인과 부서에 대해 업적 평가를 실시하고 그것을 토대로 승진과 급여 조정 및 상여금을 결정하고 있다. 업적이 가장 명확하게 드러나는 직무는 실적을 계량화하기 쉬운 직무이다. 예컨대 제조 생산 담당자는 기간별 생산량으로 평가할 수 있고, 영업 담당자는 판매량과 고객 방문 횟수로, 애프터서비스 담당자는 고객 서비스 횟수와 서비스 만족도 점수로 평가할 수 있다.

반면에 중장기 경영전략을 수립한다든지 회계 부서에서 일하거나 전산 부서 또는 자금관리 등 지원 부서에서 일하는 구성원의 실적은 계량화하기가 어렵다. 연구개발 부서에서 일하는 구성원도 마찬가지 문제가 있다. 특히 회사가 지향하는 혁신이 중장기적 불연속형 혁신이라면 기간별 실적 측정이 쉽지 않다. 제약회사의 경우 신약 개발에 10년 이상의 장기간이 소요되고 있다. 실적 측정이 어렵다는 점이 개인과 부서의 업적 평가와 승진 및 상여금 결정에 불리하게 작용하면 안 된다.

특정 개인이 아이디어를 내고 그 아이디어를 토대로 상업화에 성공하는 경우에는 개인의 공헌도를 평가하고 그에 걸맞은 보상이 따라야 할 것이다. 따라서 기업은 연구개발에 있어서 개인의 공헌도를 추적하고 평가할 수 있는 시스템을 갖추어야 한다. 개인의 공헌을 조직이 인정해주는 것은 대단히 중요하다. 개인이 창출한 결과에 대해서 조직이 명확하게 인식하고, 그에 대해 주위 사람들로부터 인정을 받을 때 보람과 성취감을 느끼며 더욱 열정을 가지고 일할 수 있기 때문이다.

소비자가 공감하는 마케팅 전략을 세워라

새롭고 뛰어난 아이디어가 있더라도 소비자가 그 가치를 인정하고 받아들이지 않으면 단지 하나의 신기한 발명에 그치고 만다. 아이디어나 제품 또는 서비스의 가치를 개별 소비자가 인정하고 받아들이는 것이 '수용'이고, 여러 소비자들에게 퍼져 나가는 것이 '확산'이다. 새로운 아이디어나 제품이 소비자들에게 널리 수용되고 확산될 때 혁신이 성공하는 것이다.

기술과 시장의 균형 감각

혁신의 접근방법은 크게 기술주도형 혁신과 시장주도형 혁신으로 나뉜다. 기술주도형 혁신은 기업이 기초기술과 응용기술을 발전시키고 기존 기술의 문제점을 돌파하는 데 주력하여 새로운 지평을 여는 기술을 개발한 다음, 개발된 기술의 적용 분야로서 신제품 개발을 모색하는 것이다. 반면에 시장주도형 혁신은 고객 니즈를 발굴하여 충족시켜주기 위한 또는 고객이 안고 있는 문제점에 대한 해결방안으로서 신제품을 개발하는 것이다. 두 가지 접근방법이 각기 장점도 있고 단점도 있다. 가장 바람직한 것은 두 가지 접근방법을 균형적으로 사용하는 것이다. 단, 내성적인 사람에게 동시에 외향적인 사람이기를 요구하는 것과 마찬가지로 한 조직이 두 가지 관점을 균형적으로 가지기는 매우 어렵다.

요즘 기술이 고도화되고 여러 분야가 융합되면서 기술주도형 연구개발이 건수와 비중 면에서 모두 증가하고 있다. 과학자와 엔지니어가 아니고는 이해하기 어려운 기술이 더욱 많이 등장하고 있다. 이런 추세를 반영하듯 창업자 CEO는 기술주도형 혁신을 더 중시하는 것으로 보인다. 기술 주도를 강조한 어록들을 살펴보자. 말이 주 이동수단이던 시절 자동차를 개발한 헨리 포드는 "내가 우리 회사 고객들에게 원하는 것이 무엇이냐고 물었더라면, 그들은 아마 더 빨리 달리는 말이라고 대답했을 것이다"라고 말했다.[4] 이 비유에 엘론 머스크도 한 마디를 보탰다. "말을 타면 엄청 빨리 이동할 수 있다. 우리는 말 타는 데 익숙하다. 말은 풀을 먹으며 풀은 도처에 깔려 있다. 석유는 가격이 비싸서 쓰기 어렵다. 따라서 석유를 쓰는 자동차는 아무도 사지 않을 것이다." 자동차가 등장하기 전에 많은 사람들이 이렇게 생각했을 것이라는 것이다.

소니의 창업주인 아키오 모리타 회장은 고객에게 물어보지 말고, 기업이 새로운 아이디어로 시장을 선도해야 한다고 주장했다. 비슷한 시각에서 애플의 스티브 잡스는 신제품 아이디어는 고객에게서 나오지 않으니

이노베이터를 완성시키는 12가지 생각

고객에게 물어보지 말라고 하였다.

고객의 관점을 무시하면 어떤 일이 벌어질까? 스티브 잡스는 자신의 성공 경험을 과신하여 큰 판단 실수를 경험하기도 했다. 세그웨이Segway 는 자동평형 기능을 갖춘 개인용 이동수단이다. 〈타임〉지는 지난 10년 동안 가장 실패한 10대 기술의 하나로 세그웨이를 꼽았다. 그런데, 이 제품이 출시되기 전에 잡스가 이 기술에 반하여 투자를 하지 못해 안달 을 했고, 아마존의 베조스도 마찬가지였다고 한다.[5] 시장과 고객의 관점 이 반영되지 못한 제품임을 인식하지 못했던 것이다.

혁신에 있어서 여전히 누구도 무시할 수 없는 중요한 사실이 있다. 연 구개발의 결과물인 제품과 서비스의 성공은 결국 소비자 또는 사용자가 받아들이느냐에 달려 있다는 것이다. 창업자의 생각에만 의존하거나 과 학자와 엔지니어에게만 맡겨두면 기술을 위한 기술 개발에 치중할 가능 성이 높다. 이 문제를 보완할 수 있는 제도적 장치가 반드시 필요한 것이 다. 연구개발팀에 과학자와 엔지니어뿐만 아니라 마케팅, 영업, 디자인 등 관련 부서 인력이 참여해서 협력하는 다기능협력Cross-functional Cooperation 은 그런 제도적 장치의 하나라고 볼 수 있다.

또 다른 장치로서 혁신의 설계와 생산 과정에 소비자를 참여시키는 것이 있다. 여기에는 소비자의 관점을 반영할 수 있는 이점뿐만 아니라 소비자 자신이 참여하면 그 결과물의 가치를 높게 평가한다는 장점이 있다. 가구 회사 이름을 딴 이케아IKEA 효과를 보면, 소비자가 자신이 시 간과 노력을 들여서 조립한 책상에 대해서 이미 조립되어 있는 똑같은 책상보다 더 큰 가치를 느낀다는 것이다. 고객은 더 큰 가치를 느끼고 기업은 비용을 절감할 수 있어서 양자 모두에게 유리하다고 볼 수 있다.

앞서 살펴본 것처럼 소비자는 다양한 이유로 새로운 것에 저항한다. 혁신 기업의 가장 큰 어려움이 바로 여기에 있다. 기업이 고객에게 큰 가치를 제공하기 위해서는 신제품에 기존 제품에 비해서 큰 변화를 도입해야 한다. 시장에 새로 나온 신차가 이전 모델에서 외관만 부분 변경된 것이라면 고객에게 제공하는 가치는 약간 증가할 뿐이지만, 엔진과 연비, 디자인 등 차의 핵심 요소에 전면적 변화가 있다면 가치가 크게 증가할 것이다.

그런데 제품의 변화는 대개 소비자의 제품 사용방법에 변화를 요구한다. 따라서 제품 변화가 클수록 사용 습관에 큰 변화를 요구하는 경우가 많다. 예컨대 전기자동차는 내연기관 자동차에 비해서 훨씬 자주 충전해야 하고 1회 충전으로 가는 거리도 훨씬 짧다. 문제는 사용 습관의 변화가 크게 요구될수록 소비자의 저항이 커진다는 것이다. 소비자가 현상유지에서 크게 벗어나야 할수록 심리적 저항감이 큰 것이다. 소비자 저항을 피하기 위해서는 신제품에 작은 변화만 구현해야 하는데, 이렇게 해서는 소비자에게 제공하는 가치 증가가 작다. 소비자에게 보다 큰 가치를 제공하기 위해서는 제품에 큰 변화를 구현해야 하는데, 이렇게 해서는 소비자 저항이 크다. 혁신 기업이 직면하게 되는 딜레마가 바로 이것이다.

기업이 이 딜레마를 극복해야만 혁신이 하나의 발명에 그치지 않고 성공적 혁신이 될 수 있다. 그러기 위해서 기업은 혁신의 성격을 잘 파악해서 거기에 맞는 전략을 써야 한다. 다음 그래프를 살펴보자.

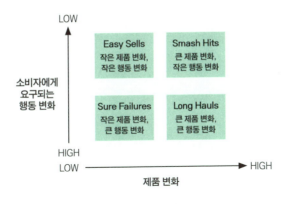

혁신 성격에 따른 마케팅 전략[6]

'Smash Hits'에 해당하는 전략은 제품의 변화가 큰데도 불구하고 소비자에게 요구되는 사용 행동의 변화는 작아서 말 그대로 크게 성공할 가능성이 높다. 국내 시장에서 큰 성공을 거둔 김치냉장고와 LED TV가 이런 경우에 해당하고, 글로벌 시장의 최강자인 구글의 검색엔진과 유튜브, 넷플릭스의 우편배송에 의한 DVD 대여 등이 여기에 해당한다.

다음으로 'Long Hauls'에 해당하는 칸은 제품 변화가 커서 큰 가치를 제공하지만, 사용 행동의 변화가 커서 소비자의 큰 저항이 예상된다. 이 경우 기업은 혁신의 확산이 장기간에 걸쳐 이루어질 것으로 예상하고 거기에 맞도록 예산 배분을 해야 한다. 디지털카메라와 e-book이 그랬고, 전기자동차도 그럴 것으로 예상된다. 제품의 가치만 보고 당장 큰 성공을 실현하기 위해서 단기간에 자원을 쏟아부으면 유망한 혁신을 이루고도 버티지를 못해 실패하게 된다.

239

'Easy Sells'에 해당하는 전략의 경우 사용 행동 변화가 작기 때문에 초기에 쉽게 소비자 수용이 이루어질 수 있지만, 작은 제품 변화로 인해 가치 증가가 크지 않기 때문에 큰 효과를 거두기 어렵다. 우리 주위에서 보는 대다수 신제품이 여기에 해당한다. 해마다 쏟아져 나오는 신형 컴퓨터, 신형 자동차, 신형 등산복, 신형 라면, 신형 볼펜 등이 좋은 사례다.

'Sure Failures'에 해당하는 전략은 제품 변화가 작은데도 불구하고 행동 변화가 커서 실패할 가능성이 99퍼센트쯤 된다고 볼 수 있다. 1990년대 후반에 있었던 시티폰을 생각해보면 된다. 삐삐로 연락이 오면 이 시티폰으로 전화를 할 수 있었다. 그런데 전화를 받지는 못하고 할 수만 있으니 공중전화기가 근처에 있는 곳에서는 거의 쓸모가 없었으며, 크기는 무전기처럼 커서 들고 다니기가 불편하고, 값은 비쌌다. 혁신 개발자가 반면교사로 삼아서 피해야 할 혁신의 유형이다.

전방면으로
소통이 가능한
조직을
만들어라

기업이 혁신에 성공하기 위해서는 전 구성원이 자기 회사가 지향하는 혁신의 방향과 자신이 맡아야 하는 역할을 명확하게 인식해야 한다. 조직 내 커뮤니케이션이 원활하게 이루어져야 한다는 의미다. 경영진-구성원 간의 하향식 커뮤니케이션과 구성원-구성원 간의 수평적 커뮤니케이션 및 구성원-경영진 간의 상향식 커뮤니케이션이 모두 활발하게 이루어져야 한다. CEO를 포함한 경영진은 자기 회사의 혁신 전략이 무엇인지 전 구성원에게 명확하게 커뮤니케이션해야 한다. 예컨대 하향식 커뮤니케이션은 연속형 혁신과 불연속형 혁신의 비중을 어느 정도로 하는지, 단기적 혁신과 중장기적 혁신의 비중을 어느 정도로 하는지, 집중해야 할 분야가 무엇인지, 어느 정도 예산을 쓸 것인지 등을 명확하게 제시해야 한다.

그리고 각 구성원이 수행하고 있는 일이 무엇인지, 누가 어떤 역량을 가지고 있는지, 누가 어떤 지원을 필요로 하는지 수평적 커뮤니케이션을

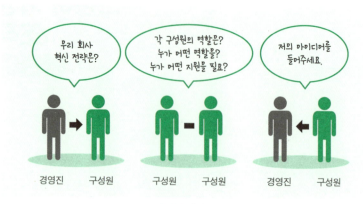

경영진   구성원   구성원   구성원   경영진   구성원

전 방면 의사소통

통해 잘 알고 있어야만 구성원 간 협력이 원활하게 이루어질 것이다. 업무를 직접 수행하고 고객 및 공급자와 직접 접촉하는 일선 직원들은 현장에 기반한 혁신 아이디어들을 많이 제안할 수 있는 위치에 있다. 일선 직원들의 아이디어가 상향식 커뮤니케이션을 통해 경영진에게 잘 전달되어야만 평가를 거쳐 우수 아이디어가 실현될 기회를 살릴 수 있다. 조직 규모가 커지고 수직적 계층이 늘어날수록 일선 직원의 아이디어가 경영진에게 잘 전달되지 않기 때문에 CEO는 항상 수직적 계층이 최소화되도록 관심을 기울여야 한다.

구글 본사에서 일하는 직원들은 구글의 성공 비결로 개방성과 함께 자율성을 꼽고 있다.[7] 구글의 구성원들은 자신의 생각을 자유롭게 말하고 서로 다른 의견을 수용하는 데 익숙하다고 한다. 특히 매주 금요일 열리는 'TGIF 행사'에서 직원들은 CEO를 포함한 최고경영진에게 회사 정

이노베이터를 완성시키는 12가지 생각

구글 본사의 TGIF 미팅

책에 대한 칭찬뿐만 아니라 쓴소리와 신랄한 비판을 서슴지 않고 내놓는다고 한다. 직원들은 이와 같이 자유롭고 수평적인 분위기에서 내가 구글의 주인이라는 주인의식이 생기며 이것이 업무에 대한 열정과 몰입으로 이어진다는 것이다.

반항아들도 포용할 수 있어야 한다

우리나라 조직들은 유교적 질서가 강하다. 아랫사람이 윗사람 승인이나 지원 없이 자율적으로 일하기 어려우며 신입사원은 당연히 선배들의 지시를 따라야 하는 분위기다. 수직적 질서가 엄격한 조직일수록 구성원이 독창성을 발휘해 일하기보다는 규정과 절차와 선례에 따라 일할 것이다. 이런 분위기에서는 불확실성이 높지만 성공 시 성과가 큰 프로젝트를 제안하고 추진할 수 있는 젊은 직원은 나오지 않는다. 그냥 조직의 규정과 절차대로만 일하고자 할 것이다.

하지만 혁신은 본질상 불확실성이 높고 성공 확률이 낮으며, 혁신성이 강한 프로젝트일수록 규정과 절차와 선례가 잘 확립되어 있지 않다. 위험 부담을 안고 새로운 방식을 시도해야 하는 것이다. 따라서 선배들이 보기에 자기주장을 강하게 펴고 전통과 다른 자기 방식을 제안하는 후배가 버틸 수 있는 조직문화가 필요하다. 이제 연구개발을 추진하고 신사업을 개발하는 것과 같이 혁신적 아이디어가 필요한 분야에서는 유교 질서를 버려야 할 때다. 선배와 후배가 아이디어를 교환하는 관계가 필요하지 선배가 훈계를 하고 후배는 복종해야 하는 질서가 필요한 것이 아니다.

개발팀은 안정적이고 조화로운 분위기에서 업무를 수행한다는 생각을 버려야 한다. 혁신을 성취하기 위해서는 팀원들 간에 건설적인 갈등과 마찰이 존재해야 한다. 따라서 개발팀에 낙천주의자가 많은 것이 좋겠지만 비관주의자도 반드시 필요하다. 모두가 'YES'라고 할 때 'NO'라고 할 수 있는 사람이 있어야 한다.

신제품 개발 과정에서 두 가지 중요한 오류가 발생할 수 있다. 첫째, 아이디어 개발 단계에서 나온 여러 가지 아이디어 중 좋지 않은 아이디어는 중단시켜야 하는데, 중단하지 못하고 지속하는 '긍정 오류'다. 연구개발 종사자들이 팀 분위기를 해치지 않기 위해서 또는 최고 경영층의

이노베이터를 완성시키는 12가지 생각

뜻에 따라 누구도 선뜻 나서서 'NO'라고 못하는 것이다. 이런 아이디어가 계속 진행되면 비용만 증가한다.

세계 1위 제약사인 노바티스는 신약 물질을 개발하는 팀이 현재 잘못된 방향으로 가고 있음을 인지해 중단을 결정하는 경우, 그 결정에 대한 보너스를 지급하고 있다. 잘못 가고 있는 것을 알면서도 계속 가는 것에 비해 그만큼 비용을 절약한 데 대한 포상이다.[8]

둘째, 아이디어가 좋은데도 불구하고 어느 단계에서 중단하는 '부정 오류'다. 그 이유는 누구도 가치를 제대로 인식하지 못하거나 최고 경영층의 뜻에 맞지 않는 아이디어이기 때문이다. 이렇게 되면 계속 진행해서 성공 시 얻을 수 있는 수익을 놓치는 기회비용이 발생한다. 첫째 경우와 반대로 다수 사람들이 'NO'라고 할 때 'YES'라고 말할 수 있는 사람이 있어야 하는 것이다.

다수와 뜻을 같이 하지 않으면서 기꺼이 갈등과 마찰을 무릅쓰고 자신의 의견을 당당하게 주장하는 사람이 있어야 한다. 다수가 긍정할 때 부정하고, 다수가 부정할 때 긍정하는 반항아가 필요하다. 이런 구성원이 단기적으로는 팀 분위기를 해치는 것 같지만 장기적 관점에서 보면 연구개발을 성공으로 이끄는 빛과 소금의 역할을 한다. 갈등과 마찰이 없는 안정적 조직은 혁신의 촉진에 결코 적합하지 않다.

스티브 잡스는 1976년에 애플을 공동창업 했다가 경영분쟁으로 인해서 1985년 쫓겨나다시피 물러났다. 1996년에 다시 돌아와 CEO를 맡았다. 그해 혁신적인 광고 캠페인으로 찬사를 받은 'Think Different' 캠페인을 시작했다. 이 광고에서 그는 다음과 같이 이노베이터를 찬양한 바 있다.[9] "여기 미치광이들이 있다. 사회 부적응자, 반항아, 말썽꾼 ......, 세상을 다르게 보는 사람들이다. 그들은 규범에 얽매이는 것을 좋아하지 않는다....... 그런 사람들이 세상을 바꿔 나간다."

재미있는 것은 그 자신이 신입사원 시절부터 반항아이자 말썽꾼이었다는 사실이다. 스티브 잡스는 대학을 자퇴한 후 방황 끝에 취업하기로 마음먹고 1974년 실리콘밸리의 비디오게임 회사 아타리^Atari를 점찍어 본사로 찾아갔다.[10] 그리고 바로 인사 담당자를 찾아가 일자리를 줄 때까지 여기서 나가지 않겠다고 말했다. 인사 담당자는 장발 머리와 덥수룩한 수염에 추레한 차림새의 잡스가 전혀 마음에 들지 않았다. 그런데 창업자이자 CEO인 부시넬이 그의 열정을 높이 사 현장에서 채용을 결정했다. 부시넬은 학력이나 차림새가 아니라 지원자의 열정을 읽을 수 있는 혜안이 있었던 것이다.

그런데 잡스는 출근 첫날부터 야근을 자청해서 문제를 만들었다. 퇴근 시간 이후 직원이 회사에 남아 있으면 보안 경고음이 울리게 되어 있어서 야근을 하려면 보안 규정을 바꿔야 했다. 잡스는 야근을 하겠다는 뜻을 굽히지 않았고, 부시넬은 고민 끝에 잡스가 근무시간 후에도 회사에 남아 일하는 것을 허락했다. 이후 잡스는 2년 동안 거의 퇴근 없이 밤낮을 가리지 않고 게임 개발에 매달린 끝에 벽돌 깨기 게임 '브레이크아웃'을 개발하는 데 성공했고, 이 게임은 아타리에 큰 수익을 안겨주었다.

대학 중퇴자였던 잡스를 채용했을 때 기존 직원들은 크게 반발했다고 한다. 더군다나 잡스는 샤워를 잘 하지 않아 악취를 풍겼고, 동료 직원에게 험한 말을 가리지 않아 자주 문제를 일으켰다. CEO인 부시넬은 다른 직원들이 싫어해도 소신을 갖고 꿋꿋하게 일하는 그에게 기회를 빼앗을 수는 없었고 다른 직원들을 무시할 수도 없어서 갈등이 커지면 잡스를 다른 팀으로 보내서 일하게 했다. 문제아를 포용할 수 있는 도량이 큰 최고경영자가 있었기에 회사도 잡스도 같이 성장할 수 있었던 것이다.

경영진 평가 시스템이 필요하다

혁신 조직의 경영자 평가에는 다른 실적과 함께 혁신 지원 실적이 반드시 포함되어야 한다. 경영자가 새로운 아이디어의 창출을 몇 건 지원했는지, 신제품 출시를 몇 건 지원했는지, 그리고 최근 시장에 도입된 신제품의 성공을 위해 어떤 활동을 지원했는지 등을 말한다. 혁신 지원 실적이 경영자 평가와 보상 및 승진에 포함되어야만 혁신에 적극적인 태도를 가질 것이다. 혁신 활동은 단기적 매출과 이익으로 연결되기 어렵기 때문에 이렇게 하지 않으면 혁신과 직접 관련된 부서 외에는 관심을 기울이지 않을 것이다.

3M은 혁신 성과를 강조하는 기업으로 정평이 나 있는데, 경영자 평가에서 혁신 지원 활동이 높은 비중을 차지하고 있는 것으로 알려져 있다. 3M은 혁신 문화 육성을 경영자의 첫 번째 책임으로 제시해 혁신을 가로막는 관리자가 높은 자리로 승진하는 것을 차단하고 있다. 예를 들면 새로운 프로젝트를 수행하는 구성원이 선의의 실수를 했을 때 관리자의 반응이 대단히 중요하다. '그게 말이 되느냐'는 관리자의 말 한 마디에

조직이 얼어붙으며 사람들은 그다음부터 큰 위험이 따르는 시도를 하지 않기 때문이다. 3M에서는 "최선을 다했는데 시장 상황이 여의치 못해 사업을 접자고 결론 내린 부서장이 승진하는 경우가 많다. 이렇게 하면 사람들이 새로운 실패를 두려워하지 않는다"는 것이다.[11]

혁신을 활성화하는 데는 직접 관련된 연구개발부서와 엔지니어링의 역할도 중요하지만 지원부서의 역할도 중요하다. 자금 조달과 투자를 담당하는 재무부서와 회계부서의 태도가 큰 역할을 할 수 있다. 재무부서는 단기적 이익과 투자이익률을 강조하는 성향이 강하다. 수익성이 이미 검증된 기존 사업 투자와 불확실성이 큰 신사업 투자가 경합하는 경우 재무부서의 전통적 기준에 따르면 당연히 기존 사업에 투자하게 된다. 따라서 지원부서의 경영자 평가기준에 혁신 사업 지원 실적이 포함되어야만 혁신이 지원을 받을 수 있을 것이다.

기존 사업 잠식을 걱정하지 마라

기업이 신제품을 개발할 때 자사의 기존 제품 시장을 잠식하면 어쩌나 걱정을 하는 경우가 많다. 품목이 다양하고 그 수도 많은 소비재 기업에서 이런 걱정이 크다. 예컨대 새로운 맛의 라면이나 빙과를 개발하는데 이것이 자사의 기존 제품의 매출을 빼앗지 않을까 걱정하는 것이다. 자동차 보험회사가 온라인 채널을 신설할 것인가 결정할 때도 같은 고민을 한다. 온라인 채널을 통해 보험을 판매하면 청년층 고객이 오프라인에서 이동해올 것으로 예상된다. 청년층은 인터넷에 익숙하고 가격에 민감하기 때문이다. 온라인 채널이 성장하면 오프라인 대리점이 피해를 입게 되고 불평을 터트릴 것이다.

이럴 때 신제품 개발을 담당하는 부서는 기존 제품 잠식의 걱정에서 해방되어야 한다. 기존 제품의 잠식을 걱정하면 새로운 제품과 비즈니스의 개발이 어려워진다. 신생 기업이 아닌 한 신제품의 추가는 시장 면에서 기존 제품과의 중복은 피할 수 없다. 경력이 긴 대기업이 외부에서 진입한 신생 기업의 와해성 혁신에 제대로 대응하지 못하고 무너지는 것은 바로 자기잠식의 우려 때문이다.

라디오색은 전자상거래 시장의 급성장을 목도하면서도 전자상거래 시장 진입이 자신의 강점인 오프라인 시장을 잠식하지 않을까 우려했다. 블록버스터는 온라인 스트리밍 시장이 성장하면서 오프라인 비디오 대여점의 운명이 분명 내다보이는데도 불구하고 당장 자신의 온라인 진입이 오프라인에 초래할 피해를 더 걱정했다. 디스크드라이브 산업에서 보면 주력 제품의 사이즈가 14인치 → 8인치 → 5.25인치 → 3.5인치로 바뀌면서 주력 기업이 계속 교체되었다. 기존의 지배적 기업이 차세대 혁신제품을 생산할 수 있는 기술력을 가지고 있었음에도 불구하고 기존 고객에 대한 집착으로 시간을 허비하고 있었다. 그 사이 신생 기업이 혁신제품을 도입해 기반을 구축하는 여유를 허용하고 결국 기존 기업이 차례차례 무너졌다. 그러므로 신제품 개발자는 자사의 기존 제품을 걱정할 것이 아니라 새로운 시장에 진입하지 못해 상실할 기회를 위주로 생각해야 한다.

네트워크를
활용하라

기술이 발전할수록 혁신은 여러 분야의 융합이 필요하고 여러 분야 전문가의 협력을 요한다. 한 기업이나 개인이 혁신에서 성공하기 위해 필요한 여러 가지 역량을 두루 갖추고 있지 않기 때문에 기업들이 다른 기업들과 전략적 제휴를 맺기도 하고, 인수·합병을 하기도 하며, 스타트업 기업에 투자하기도 한다.

테슬라는 설립 당시 공룡 같은 글로벌 자동차 메이커들에 비해 매우 작은 보잘것없는 회사였다. 앞서 소개했듯 테슬라는 몇 가지 핵심적 기술력이 있었지만 초기의 어려움을 극복하기 위해 로터스와 전략적 제휴를 맺었다. 로터스의 디자인과 엔지니어링 및 기술에 일부 의존하고 생산설비를 활용할 수 있었기에 최초의 전기차인 로드스터를 개발하고 판매하는 데 성공했다. 테슬라는 그 후에도 모델S 개발에서 벤츠와 제휴했고, 파나소닉과 배터리를 공동개발 했으며, 토요타로부터는 지분 투자를 받았고 공장을 매입하기도 했다.

구글의 주 수입원은 애드센스 모델이다. 애드센스 모델은 말하자면 제휴마케팅의 한 방식이라고 보면 되는데, 웹사이트를 운영하고 있는 중소 언론매체나 개인 홈페이지 또는 개인 블로그 운영자에게 구글 광고를 게재하도록 광고를 공급해주는 것이다. 누구나 애드센스에 등록하면 구글 광고를 유치하고, 여기서 클릭이 발생하면 광고주에게 광고비를 받아 구글과 나누어 가질 수 있다. 소규모 매체와 개인이 직접 광고를 수주하는 것은 대단히 어렵다. 구글로서는 자사 웹사이트가 아닌 여러 웹사이트를 광고 공간으로 확보하는 것이고, 개인들로서는 직접 유치할 수 없는 광고를 유치해 수입을 얻을 수 있는 기회를 확보하는 것이니 협력을 통해 상생하는 효과가 있다.

구글의 모바일폰 부문을 살펴보자. 구글은 2005년 당시 소규모 회사인 안드로이드를 인수해 2007년 모바일폰 제조업체와 통신사들을 묶는 컨소시엄을 구성했다. 지금 모두에게 잘 알려져 있듯이 안드로이드 운영체제는 라이센스 계약만 맺으면 누구에게나 무료로 제공되고 있다. 그 결과 구글이 주도하는 안드로이드 운영체제는 생태계 구축을 먼저 시작한 애플을 누르고 세계 시장의 75퍼센트 이상을 점유하고 있다.

한미약품은 세계 선도 기업들과 비교하면 규모면에서 50분의 1에서 60분의 1에 불과하다. 한미약품이 매년 매출액 대비 20퍼센트 정도의 예산을 연구개발에 투입했지만, 절대 금액 면에서 보면 세계적 규모의 기업에 비해 초라한 수준이다. 이렇게 규모면에서 약세에 있는데도 불구하고 최근 몇 년간 큰 규모의 기술수출에 성공했다. 한미약품은 자신들의 성공 요인 중 하나로 오픈 이노베이션 전략을 꼽았다. 개별기업으로서 자신의 역량이 상당히 제한적이라는 점을 인식해 신약 개발에 있어서 업계 타 기업과 연구소 및 대학들과 협력 관계를 구축했던 것이다.

위 사례들에서 보는 것처럼 오픈 이노베이션은 지식을 외부로부터 빌리는 것과 자신의 지식을 빌려주는 양방향의 협력을 모두 중시한다. 최근 새로운 아이디어 창출 방법으로 각광받고 있는 '크라우드소싱crowdsourcing'은 일반대중을 의미하는 크라우드crowd와 아웃소싱outsourcing을 합해서 만들어진 용어로 혁신과정에 내부 인력과 외부 전문가뿐만 아니라 외부의 고객과 일반대중을 참여시키는 것이다. 외부의 비전문가가 문제 해결에 도움이 되는 창의적인 아이디어를 내는 경우가 드물지 않게 관찰되고 있으며, 참여자로서는 수익이 발생하는 경우 공유할 수 있는 기회가 된다.

한때 카메라 및 필름 사업에서 세계 최고 기업이었던 코닥이 파산하게 된 주요 이유로 협력의 방향을 외부로부터 빌리는 것에 한정했다는 점이 꼽히고 있다.[12] 파산 당시 코닥에는 수많은 특허들이 사장되어 있었으니 외부로 빌려주어 활용할 수 있는 기회를 전혀 이용하지 않았던 것이다.

실패를 격려하는 학습조직을 만들어라

혁신은 실패를 두려워하지 않는 모험정신에서 나온다. 우리 사회는 21세기 초 정보통신혁명 이후 변화의 속도가 빨라지고 불확실성이 더 커지고 있다. 불확실한 미래를 내다보면서 변화를 시도하는 것은 어느 기업에게나 어려운 일이다. 현실에 안주하고 현상유지에 만족하기 쉽다. 그런데 아이러니하게도 빠르게 변화하는 세상에서 현실에 안주하고 있으면 장기적으로 존속이 보장되는가 하면 오히려 그 반대다. 변화의 흐름에서 선두에 서서 적극적으로 혁신을 하는 기업에게 큰 기회가 생기고 현상유지에 안주하고자 하는 기업에게 큰 위기가 닥치는 것이다.

디지털 기술의 발전과 인터넷의 확산으로 인한 환경 변화가 기업들에게 미친 영향을 다양한 사례에서 생생하게 볼 수 있었다. 세계 여러 국가에서 21세기 초부터 전자상거래의 시장 규모가 급속하게 증대되었다. 온라인 서점인 아마존이 등장하면서 오프라인 유통업체를 비롯한 전통적 굴뚝산업 전반에 암울한 전망이 쏟아져 나왔다. 전망을 입증이나 하듯이 대형 오프라인 체인점들이 무너지기 시작했다.

미국의 대표적인 전자기기 소매업체인 라디오색도 온라인업체에 점유율을 뺏기면서 어려운 상황에 직면했다. 성장하고 있는 온라인으로 진출할 것인가, 하락하고 있는 매출액과 이익을 돌려놓기 위해 점포 숫자를 늘릴 것인가를 놓고 선택해야 했다. 라디오색은 경험 없는 온라인에 진출하기보다는 익숙한 오프라인 점포를 확장하는 현상유지전략을 폈다. 그러나 여름 가뭄에 샘물이 메말라가고 있는데 두레박을 여러 개 동시에 넣는다고 물을 많이 길을 수는 없는 일이다. 매장당 매출이 줄어드니 기존 매장의 불만이 높아져서 오히려 명을 단축시키고 말았다. 최근 100년간 이어온 명성도 변화에 적응하지 못하면 가치를 잃고 마는 것이다.

넷플릭스와 블록버스터 사례도 유사한 결론을 보여주고 있다. 넷플릭스가 비디오 대여시장에 잔출하던 1997년, 블록버스터는 시장을 지배하고 있는 거인이었다. 넷플릭스는 고객이 온라인으로 주문하면 우편을 통해 배송을 해주는 전자상거래 방식을 도입하고 연체료를 없애는 대신 월정액을 회비로 받는 등 새로운 방식으로 시장 기반을 구축했다. 그래도 여전히 넷플릭스는 계란이고 블록버스터는 바위처럼 보였다. 두 회사의 2004년 매출액을 비교해보면 블록버스터가 약 60억 달러인 반면 넷플릭스는 2.7억 달러로서 20분의 1도 되지 않았다.

그러나 상황이 급반전을 이루는 데는 오래 걸리지 않았다. 불과 7년 후인 2011년 매출액에서 두 회사는 역전이 된 것이다. 두 회사는 2007년 회사의 운명이 걸린 중대한 선택의 기로에 섰다. 인터넷 보급이 확대되면서 인터넷 VOD서비스가 성장해 DVD 대여시장이 급격하게 위축되었다. 그래서 오프라인 대여시장에 그대로 머물 것인가, 아니면 인터넷 기반의 '온라인 스트리밍 서비스'를 도입할 것인가 선택해야 했다. 여기서 넷플릭스는 불확실하지만 새 물결인 온라인을 선택한 반면, 블록버스터는 오프라인 점포를 푸드 코트가 구비된 복합쇼핑공간으로 확장하는 등 오프라인 강화를 선택했던 것이다.

　물론 새로운 시도에는 많은 실패가 따른다. 이에 대해서는 다이슨 사의 창업자인 다이슨의 철학을 상기할 필요가 있다. 새로운 시도를 지속적으로 하고 지속적으로 실패하라는 것이다. 이번의 실험은 실패하지만 다음 실험과 실패를 위한 디딤돌이 된다. 실패의 사이클을 지속하다 보면 성공할 가능성도 있다. 다이슨 사는 2016년 '기술 캠퍼스'라고 부르는 연구소를 설립했는데, 최근에 채용된 3,000여 명의 엔지니어들이 여기서 일하고 있다. 재미있는 점은 이 엔지니어들의 평균 연령이 26세라는 것이다. 이 연구소의 인력은 대부분 대학을 갓 졸업한 매우 젊은 층으로 구성되어 있다. 다이슨이 이 연구소에 경력사원이 아닌 젊은 신입사원 위주로 충원한 이유는 젊을수록 실패를 두려워하지 않고 새로운 실험에 도전하기 때문이라고 한다. 실패하지 않으려면 도전하지 않으면 되지만, 그러면 새로운 기회를 통한 성장도 없는 것이다.

　기업은 구성원이 실패를 두려워하지 않고 새로운 일에 도전하도록 시스템을 만들어야 한다. 실패에 대해 책임을 지우면 아무도 도전하지 않을 것이다. 실패하고 거기에서 교훈을 찾아내고 다시 도전하는 자에게 보상과 인정이 있어야만 이노베이터가 도전에 나설 것이다.

변화의
선도자를
관찰하라

변화를 선도하는 사람은 기존의 방식과 현상유지를 가차 없이 버리고 변화를 시도한다. 변화의 선도자가 실행하는 변화를 관찰해보면 무턱대고 시도하는 것이 아니라 관련 분야와 상황에 대해서 철저히 연구해서 통찰력을 얻고, 변화의 길이 옳다고 판단해서 자신의 선택에 확신을 가지고 추진하는 것으로 보인다. 사람은 누구나 변화에 대해 두려움과 망설임이 있다는 점에서 볼 때 변화 선도자도 마찬가지로 두려움이 있을 것이다. 누구에게나 변화는 불확실성을 내포하고 있으며 익숙하지 않은 것이다. 다만 변화 선도자는 철저하게 분석한 다음 용기를 가지고 실행하는 것이다. 변화 선도자를 관찰해보면 대중의 한 사람인 개인도 변화에 대한 두려움을 떨칠 수 있을 것이다.

이순신 장군이 1592년 한산도 대첩에서 사용한 학익진은 적이 예측하기 어려운 새로운 것이었다. 해전에 익숙한 왜군이 보지 못했던 전술이자 조선 수군에서도 별로 써본 적이 없던 전술이다. 아마도 이순신 장군은 수군 경험이 많지 않았기에 육전의 전술을 해전에 응용했고, 이 전술의 창의성이 적군의 대응능력을 떨어뜨리는 데 결정적 작용을 했던 것으로 보인다.

또한 이순신 장군이 해전에 사용해 왜군 격파에 큰 공을 세운 거북선은 조선의 주력 전함인 판옥선을 한 단계 더 발전시킨 새로운 전함이다. 거북선으로 인해 왜군은 자신들의 강점인 백병전을 사용할 수 없게 되었고 예상하지 못한 방향에서 포격을 받았다.

새로운 함선인 거북선과 새로운 전술인 학익진은 하루아침에 마른하늘에 날벼락 떨어지듯 뚝 떨어진 것이 아니다. 《난중일기》에서 볼 수 있듯이 이순신은 이미 몇 년 전부터 왜군의 침략을 예견하고 있었고 대비책을 생각하고 있었다. 왜군과 조선 수군의 강점과 약점을 비교해 연구한 끝에 왜군이 강점을 발휘할 수 없도록 거북선을 설계한 것이다. 학익진이라는 진법 또한 왜군의 규모와 전술을 관찰해 수적으로 열세인 조선 수군이 필승을 올릴 수 있는 방법으로 찾아낸 것이다. 이순신은 일단 전술을 짠 다음에는 과감하게 실행했다.

지금 20세 이상인 사람이라면 누구나 2002년 월드컵에서의 흥분과 쾌감을 생생하게 기억할 것이다. 당시 히딩크 감독의 전략과 전술은 축구 종주국 영국의 프리미어 리그와 세계 최강인 스페인 프리메라 리그를 다 뒤져도 쉽게 나올 성싶지 않다. 히딩크 감독이 등장하기 전까지 우리는 한국 축구의 강점은 어느 순간에도 약해지지 않는 강한 정신력과 쉴 새 없이 운동장을 누빌 수 있는 체력이요, 약점은 좀 잘한다 싶은 나라만 만나면 뒤처지는 개인기와 골 결정력이라고 생각하고 있었다.

그런데 히딩크는 한국 축구는 기술은 괜찮은데 체력이 떨어지는 것이 가장 큰 문제점이요, 그래서 마지막까지 중점을 두고 강화해야 할 것이 체력이다, 라는 진단을 내렸다. 히딩크의 처방에 따라 대표팀은 2년 정도 기간 동안 체력을 끌어올리는 데 주력했다. 체력 테스트를 통과하지 못하면 아무리 유명세를 떨치는 선수라도 대표팀에서 살아남을 수 없었다. 히딩크는 선수들이 실전에서 강인한 체력을 발휘할 수 있도록 틈만 나면 유럽의 강팀과 경기를 갖게 했다. 한번 호되게 지고 나면 언론의 질책과 국민적 비난이 무서울 만도 한데, 아랑곳하지 않고 강팀 위주로 평가전을 치렀다.

덕분에 어느 순간 우리 대표팀 선수들의 체력은 유럽의 축구 강국에 대등한 수준으로 올라설 수 있었다. 월드컵을 목전에 두고 펼쳐진 평가전에서는 어떤 팀과 경기를 해도 후반 종료까지 체력적으로 대등하게 맞설 수 있었다. 결국 월드컵 무대에서 매 경기 흥미진진한 플레이를 펼치며 언제 또 해볼지 상상하기 어려운 준결승 진출을 이룩했다. 결과도 결과지만 히딩크 감독은 대표 선수의 선발과 훈련 및 경기에 이르기까지 전 과정에서 기존의 방식을 뒤집어 엎어버렸다. 이런 과감한 변화가 없었다면 그처럼 대단한 결과도 결코 없었을 것이다.

우리는 변화의 기로에서 고민할 때 변화의 선도자들을 참고로 살펴볼 필요가 있다. 그들 또한 사람인지라 변화에 저항하는 마음이 있었을 것이다. 그러나 그들은 철저하게 분석하고 연구하되, 방향이 정해지면 과감하게 실행했다는 것을 알 수 있다.

청년들과
자주
대화하라

혁신적 사고방식과 새로운 비즈니스 모델은 주로 청년층에서 나온다. 반대로 혁신과 동떨어져서 자신의 잘 나가던 옛날이야기에 젖어 사는 사람들이 '꼰대'들이다. 몇 년 전부터 인터넷에 '꼰대 테스트'라고 해서 자신의 꼰대 지수를 측정할 수 있는 척도가 떠돈다.[13] 기성세대는 대부분 이 테스트 점수가 높게 나올 것으로 예상되는데, 테스트 항목을 참고로 해 젊은 층과의 소통에서 무엇을 바꾸어야 할 것인지 알아볼 수 있다. 여러 버전이 있는데 그중 한 버전을 보니 15가지 문항에 대해 YES, NO로 답하도록 되어 있다. 문항 몇 가지를 소개해보면 이렇다.

'내가 ~했을 때'라는 말을 자주 한다, 후배들이 내 말을 들을 때 고개를 숙이거나 눈을 피한다, '젊을 땐 그런 고생도 해봐야지'라는 말을 자주 한다, 후배가 불평하면 '그래도 옛날에 비하면 요즘 좋아졌지'라는 말을 종종 한다, 대화할 때 '네 말도 맞아, 그러나~'라는 식의 전제를 단다, '나는 꼰대가 아니다'라는 말을 입 밖에 자주 낸다, '요즘 젊은 애들은'이라는 말을 자주 한다……. 나는 평소 청년들을 잘 이해하고 청년들과 잘 어울린다고 생각해왔는데, 이 문항들을 보니 청년들에게 꼰대가 되지 않기는 결코 쉽지 않다는 것을 실감했다.

청년들과 대화를 나누기 위해서는 우선 잘 들어주는 자세가 필요하다. 그들이 하는 이야기를 잘 들어주기만 해도 그들을 상당히 이해할 수 있고 공감할 수 있을 것이다. 마케팅에서 불만족고객들에 대해 조사한 결과를 보면 고객이 하는 불평을 잘 들어주기만 해도 불평을 하지 못한 경우에 비해 재구매율이 2배 이상 증가한다고 되어 있다. 청년들이 중장년층 꼰대들에 대해 불만이 있더라도 잘 들어주는 사람에게는 자신의 이야기를 풀어놓을 것이다. 이렇게 함으로써 소통이 시작되고 이들로부터 신선한 시각을 접할 수 있을 것이다.

요즘 세계적으로 부각되고 있는 공유경제 기반의 새로운 비즈니스 모델을 만들어낸 사람들도 모두 청년들이다. 공유경제는 실물자산을 직접 소유하는 대신 잉여자산을 다른 사람과 함께 사용하는 협력적 소비를 말한다. 제품과 서비스에 대한 접근을 여러 사람이 공유하자는 것이다. 예컨대 승용차를 보유하고 있는 A가 주중에만 차를 사용하고 주말에는 전혀 사용하지 않는다고 하자. 한편 같은 동네에 살고 있는 B는 승용차가 없는데, 주말마다 시골에 간다. 시골에 계신 부모님을 보살펴드리기 위해 가는데, 기차를 타고 간 다음 하루 두 번 운행하는 버스를 타고 30분쯤 더 들어가야 한다. 택시를 이용하기에는 비용이 너무 많이 발생한다.

이때 B는 A와 협의해서 사용료만 맞으면 주말마다 A의 차를 사용할 수 있다. 이와 같이 모바일앱을 통해서 승용차 보유자와 이용 희망자를 실시간으로 연결해주면 많은 사람들이 차를 소유할 필요가 없다. 차를 많은 사람이 공유해서 사용하면 소유자는 추가 소득을 얻을 수 있고, 이용자는 편리하게 차를 사용할 수 있으며, 사회는 차량 감소에 의해 공해 저감과 교통 정체 감소의 혜택을 볼 수 있다.

에어비앤비는 빈방을 가진 사람과 방이 필요한 여행자를 연결해준다. 과거 한국인 부부가 파리로 여행을 가는 경우 대부분 호텔을 이용했다. 호텔은 잠자리뿐만 아니라 식당과 바, 수용장, 헬스장이 두루 갖추어져 있어서 편리하다. 그렇지만 여러 사람이 드나드는 장소이기 때문에 혼자만의 고즈넉한 분위기는 느낄 수 없고, 표준화된 시설이기 때문에 독특한 맛도 없다. 에펠탑에서 가까운 조용한 동네에 자리한 주택에 부부만 머물 수 있다면 호텔에서 누릴 수 없는 독특한 경험을 해볼 수 있다. 여행지의 거주자들과 교류를 할 수 있고 현지인의 주거문화를 직접 체험해볼 수 있는 것이다.

미국에서는 대학생이나 중저소득층 사람들이 방학이나 해외여행 등으로 아파트를 1개월 이상 비우게 될 때 다른 사람들에게 단기임대를 하는 경우가 많다. 에어비앤비는 이와 비슷한 맥락에서 태동했다. 공동 창업자의 한 사람인 브라이언 체스키는 캘리포니아에 거주하는 평범한 직장인으로 아파트 임차료 내기가 어려울 정도로 경제 사정이 좋지 않았다. 체스키는 임차료 부담을 좀 덜어내기 위해 어느 날부터 자신이 살고 있는 아파트 거실에 에어 매트리스를 3개 깔고, 숙박객을 받기 시작했다. 이 궁핍한 민박 비슷한 사업을 시작한 것이 에어비앤비의 효시다.

에어비앤비는 현재 세계 191개국 3만 4,000개 도시에서 아파트, 빌라, 성 등 다양한 가격대의 숙소를 200만 개 정도 보유하고 있다. 에어비앤비의 기업 가치는 2015년에 200억 달러(약 22조 원)로 평가받았다.[14] 에어비앤비가 세계 호텔업계에서 2, 3위인 메리어트(159억 달러)와 하얏트(84억 달러)를 제치고 1위인 힐튼(219억 달러)을 바짝 추격하고 있는 것이다. 브라이언 체스키는 현재 34세로, 창업 시점인 2008년에는 26세에 불과했다.

스마트폰을 늘 손에서 놓지 못하는 젊은이들은 새로운 음식이나 조금이라도 재미있는 장면을 보면 사진을 찍어서 페이스북에 올린다. 영화나 뮤지컬을 보러 가서도, 야구장에 가서도, 휴가지에 가서도, 해외여행을 가서도 올린다. 그 덕분에 페이스북은 광고료 수입이 엄청나게 증가했고 시가총액 세계 4위의 회사가 되었다. 페이스북은 2004년 2월 당시 19세였던 하버드대학교 학생인 마크 저커버그가 창업한 기업이다. 그가 학교 기숙사에서 사이트를 개설했고, 곧 이어서 두 명의 친구가 동업자로 합류했다. 페이스북은 초기에 하버드 학생만 이용할 수 있는 교내용 사이트였는데, 창업한 지 1개월 내에 하버드 재학생 절반 이상이 가입했다.[15] 학생들 간에 강의와 교수에 대한 평가 정보를 주고받을 수 있는 소통의 장으로 인기를 끌었다.

곧이어 스탠퍼드, 콜롬비아, 예일 대학교의 학생들도 이용할 수 있게 되었으며, 개설 두 달 내에 모든 아이비리그 대학을 포함해 여러 대학으로 확장되었다. 2005년 9월에는 고등학교 학생들도 가입할 수 있게 되었고, 2005년 말에 이르러 미국, 캐나다, 영국 등 7개국의 2,000개 이상의 대학교와 2만 5,000개 이상의 고등학교에 네트워크가 형성되었으며, 2006년 9월 전자우편 주소를 가진 13세 이상의 모든 이들에게 개방되었다.

장기적 시야에서 판단하라

현상유지가 아닌 변화의 길을 선택하기 위해서는 미래를 멀리 내다보고 대안을 평가하는 것이 좋다. 해석수준이론construal level theory에 따르면 사람들은 어떤 현상이나 대상을 평가할 때 심리적인 거리감을 가지게 되며, 심리적 거리감에 따라 해석수준이 상위와 하위 수준의 해석으로 구분된다고 한다. 사람들이 상위 수준을 따르게 되면 목적 달성과 추상적 의미에 주목해 대상의 본질적이고 핵심적 속성 위주로 평가하지만, 하위 수준을 따르게 되면 구체적인 방법에 주목해 대상의 표면적이고 부차적인 속성 위주로 평가한다.

또한 상위 수준의 해석은 행위의 근원적 목적, 즉 왜why 그것을 해야 하는가를 중시하는 반면, 하위 수준의 해석은 구체적인 방법, 즉 어떻게how 그것을 할 수 있는가에 중점을 둔다. 그런데 여기서 심리적 거리감의 가장 중요한 요소가 시간적 거리다. 즉 어떤 대상을 평가할 때 시간적 거리가 멀수록 사람들은 목적의 바람직함과 그 대상의 본질적, 핵심적 속성에 초점을 맞추어 평가하지만, 시간적 거리가 가까울수록 실행 가능성과 표면적, 부차적 속성에 초점을 두고 평가하는 것이다. 사람들은 시간적 거리가 멀수록 상위 수준 해석을 따르고, 가까울수록 하위 수준 해석을 따른다.[16]

예를 들어 한 커플이 결혼 후 살 집에 대해서 계획을 세운다고 하자. 지금 연애 중인 두 사람이 공부 마치고 직장생활 3~4년쯤 한 다음, 그러니까 10년 후쯤 신혼집을 살 예정이라고 해보자. 먼 훗날의 이야기다. 두 사람이 상의한 결과 아파트가 아닌 주택으로 선택하고, '시야가 툭 트이고 공해도 없는 저 푸른 언덕 위에 유럽풍의 태양광 주택'을 지어서 살기로 결정할 수 있을 것이다.

그런데 이 두 사람이 3개월 후 결혼할 예정이어서 곧바로 살 집이 필요한 상황이라고 해보자. 이 두 사람은 평가의 초점을 신혼집으로서의 바람직함과 목표가 아니라 구체적 속성과 실행 가능성에 초점을 맞추게 될 것이다. 즉 두 사람은 필요한 방의 수, 예산 규모, 출근 가능 거리 등 구체적 실행 가능성 위주로 평가하게 될 것이다. 그 결과 '푸른 언덕 위 유럽풍 집'에 산다는 것은 생각하기 어렵게 된다.

어떤 사람이 윤리적 소비행동을 실행할 것인가에 대해서 생각해보고 있다고 하자. 당장은 여러 가지 불편함이 따르고 비용도 더 많이 발생한다. 그런데 10년 후를 생각해보자. 당신이 10년 동안 윤리적 소비행동을 하면 어떤 기여를 할 수 있을 것인지 생각해보자. 당신의 구매로 인해 공정거래업체의 거래활동이 좀 더 활성화될 것이고, 환경보호에 좀 더 기여할 것이며, 소득격차 해소에 좀 더 기여하게 될 것이다. 먼 미래 관점

265

에서 검토하면 해당 대안의 바람직함과 목표에 초점을 맞출 수 있다. 당신이 왜 윤리적 소비를 해야 하는지에 초점을 맞출 수 있는 것이다.

작년 여름 미국의 아마존과 구글, 마이크로소프트, 페이스북 등을 둘러보고 현지에서 근무하고 있는 한국인 몇 사람과 이야기를 나눌 기회가 있었다. 우리나라 대기업과 차이가 여러 가지 있는데, 대표적인 한 가지는 일하는 방식이 자율적이라는 것이다. 출퇴근 시간에 관해서 보면 대부분 자율 출퇴근제이고 과거처럼 '누가 사무실에 몇 시에 출근해서, 자기 책상을 지키면서 일하다가, 몇 시에 퇴근하는지'에 대한 통제가 거의 없다.

한 구성원이 자신의 팀에서 맡은 프로젝트를 수행하면서 팀원들과 협조하고, 자신이 해야 할 일을 일정에 맞추어서 진행하며, 팀 미팅에 나타나서 팀워크에 기여하는 것이 확인되는 한 형식적 근태관리가 없다. 어떤 구성원이 몇 시에 나타나는지, 오전 근무를 집에서 하는지 사무실에서 하는지, 출근한 다음 자신의 책상에서 일하는지 회사 내 도서관에 가서 일하는지 체크하지 않는다는 것이다. 자율 출퇴근 및 자율 통제가 제대로 실행되고 있는 모습이다. 기업 구성원이 창의적으로 일해야 기업이 경쟁력을 가질 수 있으니 일하는 방식이 자율적인 방식으로 변화한 것이다.

최근 몇 년간 우리나라 대기업들도 속속 자율 출퇴근제를 도입한다고 발표하고 있어서 긍정적으로 보인다. 자율 출퇴근제가 제대로 실행된다면 특히 효과가 클 것이라고 생각된다. 우선 구성원 각자의 출퇴근 시간이 줄어들고 교통 혼잡 해소에도 도움이 될 것이다. 개인이 아침 출근 시간을 두세 시간 조정할 수 있다면 출근 시간이 크게 단축될 것이다. 퇴근 시간도 마찬가지다. 사무실에서 팀장 또는 부장, 차장, 과장과 얼굴을 마주보면서 일하기보다는 사내 도서관이나 카페에서 몇 시간 일하다가 와도 좋다면 창의적 업무의 생산성이 올라갈 가능성이 높을 것이다.

특히 기혼 여성들에게 여러 가지 장점이 있다. 아침에 자녀들을 유치원에 또는 학교에 보낸 다음 여유 있게 출근할 수 있다면 출근 즉시 업무에 집중할 수 있을 것이다. 퇴근 시간을 조절해도 마찬가지의 효과가 있다. 집에서 처리할 수 있는 업무를 재택근무로 해결할 수 있게 해주면 출퇴근에 소요되는 시간에 해당 업무를 다 처리할 수 있는 경우도 있을 것이다.

그런데 제대로 실행되고 있을까? 몇 군데 학인해보니 그렇지 않은 것 같다. 회사 차원에서 자율 출퇴근제를 시행한다고 발표만 했지 현장에서는 실행되지 않고 있으며 구성원들도 실행될 것으로 믿지 않고 있었다. 대기업 직원들이 익명으로 글을 올리고 의견을 나누는 인터넷 커뮤니티에 들어가 보면 "눈 밖에 날 것이 뻔한데 근무시간을 조절할 수 있는 하급자는 없다" "제도 취지와 현장의 정서가 전혀 맞지 않는다" 등의 성토가 많다.[17] 우리나라 기업들이 자율 출퇴근제를 제대로 실행하고자 한다면 장기적 차원에서 이 제도의 장점을 보고 실행해야 한다. 단기적 차원에서 보면 여러 가지 문제점들이 있을 것이다.

팀장이 아침에 일찍 출근해서 이 일 저 일로 바쁘다. 옆자리를 둘러보니 빈자리가 몇 개 보인다. 출근 시간을 늦춘 직원이 바쁜 시간에 협조를 하지 않는 것으로 보인다. 우리 팀 프로젝트의 진행이 계획보다 늦다. 팀장이 회의를 해서 빨리 진행하도록 독려하고자 한다. 팀원 둘이 보이지 않는다. 두 사람은 자료실에서 열심히 자료를 읽은 다음 토의를 하고 있었다. 하지만 팀장이 찾는다는 문자에 급하게 회의실로 불려와 놀다가 온 것 아닌지 의심의 눈초리를 받는다.

이와 같이 단기적 차원에서 문제점들을 보면 자율 출퇴근제는 물 건너 간 것이다. 장점에 비해 단점이 너무 많고 눈에 잘 드러나기 때문에 도입할 수 없는 것이다. 우리가 변화할 것인지 아닌지 결정할 때는 장기적 관점에서 살펴보아야 큰 틀에서 점검을 할 수 있다. 단기적 시야에서 볼 때는 현상유지에 얽매이게 되고 변화를 시도하기 어려워진다.

이노베이터를 완성시키는 12가지 생각

현상유지의
단점을
무시하지
말라

사람들이 새로운 행동을 시작하거나 새로운 제도를 수용할 때는 항상 변화하기 이전의 상태와 이후의 상태를 선택 가능한 대안으로 볼 수 있다. 예를 들어 어떤 사람이 과거 술을 많이 마시고 술로 인해 음주운전, 말다툼, 지각, 신뢰성 저하 등 여러 가지 부작용을 겪어왔다. 그런데 이 사람이 어떤 계기로 술을 끊고자 한다. 이 사람에게 계속해서 술을 마시는 현상유지와 술을 끊는 새로운 행동은 선택 대안이라고 할 수 있다.

변화 전Before과 변화 후After를 비교해 가장 큰 효과를 보는 곳은 성형외과다. 누구나 아는 연예인의 잘 안 나온 사진을 수술 전 사진으로, 가장 잘 나온 사진을 수술 후 사진으로 써서 수술 효과를 극대화해서 보여주는 것이다. 수술을 할 것이냐 말 것이냐 기로에 서 있는 사람에게 이런 사진은 대단히 큰 효과를 발휘할 것이다.

세상 모든 대안에는 장점이 있고 단점이 있다. 술을 많이 마시는 것은 물론 장점보다 단점이 훨씬 많은 반면, 술을 끊는 데는 단점보다 장점이 많을 것이다. 새로운 행동을 실행하기 위해서는 그 행동의 장점을 주로 생각해야 한다. 이 사람이 술을 마시게 된 데에는 '술을 마시면 괴로운 과거 기억을 잊을 수 있다', '평소에 없던 용기를 낼 수 있다', '마음에 있던 이야기를 다할 수 있다', '잠을 잘 잘 수 있다' 등 다양한 원인을 생각해볼 수 있다. 술을 끊는 행동은 술을 마시는 과거 행동의 장점들을 누릴 수 없다는 의미이자 단점이다. 술을 끊기 위해서는 새로운 행동이 주는 장점을 위주로 생각해야 한다.

어떤 소비자가 윤리적 소비행동을 하기로 결심했다. 이 사람은 구체적 방안으로 화학세제 사용하지 않기와 공정무역 제품 구매하기 및 승용차 타지 않기를 실행하기로 정했다. 화학세제 사용하지 않기에는 여러 가지 단점이 있을 것이다. 화학 비누나 샴푸를 사용하지 않으면 샤워 시 깨끗하게 씻은 느낌이 덜할 것이고, 세탁기용 세탁세제를 사용하지 않으면 옷을 깨끗하게 빨 수 없을 것이다. 공정무역 제품은 대개 보통 제품들보다 가격이 더 비싸고 매장도 많지 않아서 먼 거리를 찾아가야 하는 불편함이 있다. 승용차를 타지 않고 대중교통만 타기 위해서는 방문지에 따라 대중교통이 충분하지 않거나, 기다리는 시간이 길거나, 걷는 거리가 길거나 등의 단점들이 있다. 이러한 경우에도 변화 대안의 단점들을 생각하면 변화하기 어려울 것이므로 장점만 생각해야 할 것이다.

변화를 시도하고 성공한 후 가장 큰 만족감을 주는 것이 금연인 것 같다. 주위에서 금연에 성공한 후 만족하지 않았다는 사람을 본 적이 없다. 금연의 과정이 어렵기 때문에 성공한 후 만족감이 더욱 크다고 볼 수 있다. 금연자의 경험담을 들어보면 한 번 시도에 성공한 사람은 거의 없다.

대부분 몇 번의 실패를 거친 후 어렵게 성공한다. 흡연자는 익히 알겠지만 담배를 끊는 과정에서 생기는 담배에 대한 갈망은 정말 참기 어려운 것이다. 그래서 한 주 금연 후, 한 달 금연 후, 1년 금연 후 어느 날, 딱 한 대만 피우고 다시 금연하자고 하는 순간 다시 흡연자로 돌아가게 된다. 그러니까 금연에 성공하기 위해서는 금연의 장점을 지속적으로 되풀이해서 생각해야 한다.

'인내는 쓰지만 그 열매는 달다Patience is bitter, but its fruit is sweet'는 서양 속담이 의미하는 것이 바로 이것이다. 많은 고생을 하고서 이룬 성취가 더 큰 만족감을 주는 법이다. 우리 사회에서 가장 끈끈한 결속력을 보여주는 조직으로 '해병전우회'가 있다. 남자들이 군대 가서 고생을 하기 때문에 제대한 이후 군대 경험에 대해서 할 이야기가 많다. 당시에 고생으로 느꼈던 일상사와 특이한 일들이 후일에 돌아볼 때는 대부분 재미있는 추억으로 바뀌어 있다. 그래서 술자리에서 했던 이야기 또 하고 또 하고, 아마 들어줄 대상이 있는 한 영원히 하게 될 것이다. 해병대는 특수부대이니 일반군에 비해 훈련의 강도가 더 높고 고생도 더 많이 한다. 그래서 그 고생이 동료들을 묶어주는 끈끈한 끈이 되는 것이 아닌가 싶다.

코스모폴리탄의
관점에서
생각하라

사고의 지평을 넓히는 데는 해외여행을 가서 이질적인 문화를 경험하고 우리와 다른 라이프 스타일을 가지고 살아가는 다양한 사람들과 만나보는 것이 좋다. 특히 우리나라는 20여 년 전만 해도 단일민족임을 자랑으로 여겼고 오늘날 외국인 거주자가 상당히 증가했지만 비교적 민족적 정체성이 뚜렷하다. 그래서 우리가 생각하는 대로 외국인들도 생각할 것이고 우리가 좋아하는 것을 외국인들도 좋아할 것이라고 가정하는 경우가 많다. 한국의 부모는 집을 파는 한이 있어도 자식을 명문대에 보내고자 하며 자식의 교육 문제 때문에 부부가 주말부부로 지내는 경우도 비일비재하다. 하지만 서구 부모들은 이런 사고와 태도를 잘 이해하지 못한다. 또 우리는 직장에 취업하면 큰 문제가 없는 한 한 직장에 오래 머무는 것이 미덕이지만, 미국인들은 대부분 한 직장에서 높은 성과를 올린 다음 그것을 토대로 더 좋은 조건을 찾아 이직하고자 한다.

새로운 아이디어를 얻기 위해서는 익숙한 환경에서 벗어나 낯선 환경

이노베이터를 완성시키는 12가지 생각

에 들어가 보는 것이 좋다. 처음 해외여행을 갔을 때를 생각해보자. 또는 학교를 졸업하고 처음 잡은 직장에 첫 출근했을 때를 기억해보자. 사람들은 새로운 환경에 노출되면 평소와 다르게 주변을 세밀하게 관찰하는 경향이 있다. 그래서 어떤 것이 동일하고 어떤 것이 다른지를 알아본다. 새로운 관점에서 생각하고 따져볼 가능성이 높은 것이다.

P&G의 CEO였던 A. G. 래플리는 자사의 최대 시장인 중국을 이해하기 위해 의도적으로 중국 출장을 계획해 많은 매장과 가정들을 방문했다고 한다. 이 일을 5년 정도 지속하자 중국 소비자에 대한 모든 것이 명확하게 보이기 시작했다. 특히 중국어를 하지 못해서 오히려 많은 것을 관찰할 수 있었고, 마치 인류학자처럼 말로 하는 것 이외의 다양한 요소들을 볼 수 있었다.

스타벅스 창업자인 하워드 슐츠는 박람회 참석차 이탈리아 밀라노를 방문했다가 커피 전문점에서 생애 처음으로 맛본 카페라테의 맛에 반하고 말았다. 그는 이탈리아식 에스프레소 카페를 여러 곳 돌아보면서 눈, 코, 입, 귀 등 모든 감각기관을 총동원해 관찰했다고 한다.[18] 그 결과 각 카페에 단골고객들이 매일같이 찾아오며 카페는 고객에게 안락함과 가족 같은 분위기를 제공하고 있다는 것을 깨달았다. 그는 미국에서 이탈리아식 카페 문화를 재현하면 미국인들이 좋아할 것이란 확신을 가지게 되었다. 그는 1호 매장을 1971년 미국 시애틀에서 열었고, 그 후 스타벅스는 승승장구하면서 2015년 말 기준 전 세계 68개국에 약 2만 3,000개의 매장을 보유하고 있으며, 한국에는 850개, 중국에는 약 1,900개의 매장을 열었다. 슐츠가 밀라노의 카페에서 영감을 받지 않았다면 불가능했을 일이다. 그런데 스타벅스 창업의 아이디어 발상지인 이탈리아와 비엔나커피의 원조인 오스트리아를 포함해 유럽인들은 스타벅스 같은 대형 프랜차이즈 커피를 좋아하지 않는다. 이탈리아에는 2016년 스타벅스 1호점이 밀라노에서 문을 열었는데, 이 점포가 성공할지 많은 사람들이 흥미진진하게 지켜보고 있다.

새롭게 나타나고 있는 현상이나 사고방식이 수용하기 어렵다고 보일 때, 이처럼 외국에서는 어떤 반응이 일어나고 있는지 살펴보면 참고가 될 것이다. 어떤 현상이나 의견 또는 정책이 여러 나라에서 수용이 되고 많은 사람들에게 인정을 받고 있다면 우리나라의 특정 개인이 거부하는 것은 국수주의적인 거부이거나 특수한 반응일 가능성이 많다. 여러 나라의 많은 사람들이 거부하고 있다면 현상 자체가 매우 혁신적인 것일 가능성이 높다. 이러한 현상은 폐기되어 사라질 수도 있고, 종국적으로 수용된다고 하더라도 많은 시간이 소요될 것이다.

요즘에는 남자가 요리하는 모습을 쉽게 볼 수 있다. 나는 농촌의 보수적 가정에서 자라서 남자는 부엌일에 관여하지 않는 것을 당연한 것으로 생각하고 있었다. 남자가 요리에 관여하는 경우는 혼례나 환갑연 등 잔치를 위해 돼지를 잡는 일 그리고 제사상 차림 정도에 불과했다. 이런 예외적 경우를 제외하고는 평소에는 어머니가 차려주는 대로 먹는 것이다. 음식이 맛이 있다, 없다 불평하는 것도 남자답지 않은 것이므로 피해야 한다. 아마도 조선 시대 이후 유교의 영향 하에 있었던 우리나라 남자들의 보편적 사고방식이었던 것 같다. 그래서 결혼 초기 장 보는 데 같이 가야 하는 것, 설거지를 하는 것, 때때로 부엌일을 같이 하기를 원하는 것 등 아내의 요구에 대해 불만이 컸었다. 아내가 이런 요구를 하면 남자의 자존심을 상하는 기분을 느꼈다.

그런데 미국에 유학을 가서 현지인 동료들의 가정에 초대를 받았을 때 그리고 미리 와 있던 한국인 선배들을 보면서 생각에 변화가 있었다. 미국의 중산층 가정은 손님을 초대해서 파티를 할 때 우리처럼 음식을 상다리 부러지게 차리지 않는다. 손님이 도착하기 전에 와인과 맥주와 안주거리 두어 개만 미리 차려놓는다. 메인 요리는 대개 손님이 도착한 이후 만들기 시작하고 손님들도 나서서 음식 만드는 것을 도와준다. 이 과정에 성별 구분은 거의 없다. 대개 자리에 앉지 않고 서서 대화를 나누면서 요리와 술 몇 잔을 즐긴다. 서양에서 남자가 부엌일을 하는 것은 우리나라 50대 이상의 남자들이 생각해왔던 '남자의 자존심을 상하는 것'이 아니다.

또 다른 예를 들어보자. 우리나라의 많은 사람들이 작은 결혼식이라는 문화에 대해 공감하면서도 실행하기 어려워한다. 미국이나 유럽에서는 평소 다니던 교회나 심지어 야외에서도 결혼하는 장면을 쉽게 볼 수 있다. 모이는 사람들도 양가 가족들이나 신랑, 신부의 친한 친구들 정도에 그친다. 하지만 우리나라에서는 결혼을 앞둔 남자와 여자가 양가에 배우자 후보를 소개하고 상견례를 하면서부터 여러 가지 복잡한 일들이 벌어진다. 결혼 후 살 집에서부터 시작해서 혼수의 규모, 결혼 일자, 예식장, 초대 손님 규모 등에 대한 논의가 시작되면 예비 신랑신부는 뒷전이고 양가 부모가 개입하는 경우가 많다. 비공식적인 통계에 의하면 상견례부터 시작해서 파혼으로 가는 비율이 절반을 초과한다고 한다.

우리나라에서 생각하는 일반적인 결혼식은 '큰 결혼식'이기 때문에 벌어지는 일이기도 하다. 가급적 많은 사람들을 초대하고, 가능한 한 고급스러운 예식장에서 비싼 음식을 제공하고자 한다. 예비 신랑신부가 각기 상대 가족에게 보내는 예물도 가능한 한 많이 하고자 한다. 자연스럽게 결혼 비용이 많이 들게 된다. 통계청의 '2014년 혼인·이혼통계' 자료에 따르면 신혼부부 한 쌍의 평균 결혼 비용은 2억 3,800만 원이고, 이 가운데 주택비용 비중은 71퍼센트로 가장 크다. 다음으로 예단과 혼수비용 3,000만 원, 예식비 1,900만 원, 예물비 1,600만 원, 기타 500만 원 등으로 나타났다. 2010년 여성가족부는 우리나라 2,500가구의 4,754명을 대상으로 결혼 비용을 조사한 바 있다.[19] 이 조사에서 주거비용을 뺀 나머지 결혼비용을 보면 남자는 평균 8,078만 원이고 여자는 평균 2,936만 원이 드는 것으로 나타났다. 보다 구체적으로 보면 남자의 경우 1억 원 이상이 27.6퍼센트이고, 5,000만~1억 원 미만이 45.8퍼센트로 나타났으며, 여자의 경우 1,000만~3,000만 원 미만이라고 답한 사람이 39.2퍼센트로 가장 많은 것으로 나타났다.

재미있는 것은 1980년대까지 한 쌍이 결혼하는 데 드는 비용에서 남자와 여자가 각각 부담하는 비율이 거의 같았다는 사실이다. 남자는 전셋집을 마련하고 여자는 전자제품과 가구를 마련하는데, 당시 전자제품과 가구의 가격이 만만찮게 비쌌기 때문에 전셋집 마련에 못지않았던 것이다. 그런데 그 이후 주거비용은 폭등한 반면에 전자제품은 품질이 크게 향상되면서도 가격이 오히려 상대적으로 하락했다. 그 결과 여자가 부담하는 비율이 25퍼센트로 낮아져 이제 남자 대 여자의 부담 비율이

이노베이터를 완성시키는 12가지 생각

거의 75 대 25가 되었다.

　다행히도 요즘 주위를 보면 작은 결혼식을 치르는 사례가 늘어나고 있다. 작년에 친한 친구 아들의 결혼식이 있었다. 친구는 비교적 탄탄한 중소기업의 창업 경영자로 큰 결혼식을 치를 만한 여유 자금이 있었다. 그런데도 친구는 아들 부부의 뜻에 따라 작은 예식장에서 가족과 친한 친구들만 초청해 결혼식을 치렀다. 친구는 평소 사업 관계로 여러 사람을 만나고 사회 활동도 활발한 편이라 많은 지인이 있었다. 그중에서 아주 소수만 초청했으니, 초청하지 않은 사람들이 섭섭하게 느끼지 않도록 하는 것도 쉽지 않은 일이었다. 작은 결혼식이 널리 실행되면 결혼식 비용 때문에 머뭇거리고 있는 커플들의 결혼이 촉진되어 결혼 증가에 큰 긍정적 작용을 할 것으로 예상된다.

　4차 산업혁명의 시대를 맞이해 세상에 많은 변화가 일어나고 있다. 그 변화가 불확실하다거나 익숙하지 않다거나 실익이 없다는 등 다양한 이유로 개인들은 이러한 변화에 저항하고 받아들이기를 주저한다. 적지 않은 기업들도 위험이 큰 혁신에 투자하기보다는 현실에 안주해 기존 시장과 기존 기술에 의존하고자 한다. 그러나 시대의 변화를 외면하고 회피하면 개인은 사회에서 동떨어진 외톨이가 될 것이고 기업은 존속하기 어렵게 될 것이다. 혁신에 선구적인 기업과 개인들의 사례에서 살펴보았듯이 어떤 마음가짐을 가지는가에 따라 성패가 갈린다. 변화의 시대에 대응하는 마음가짐을 되새겨보면서 개인이나 기업이나 혁신을 두려워하지 말고 과감하게 혁신하기를 기대해본다.

누구나 자기만의 혁신 분야가 있다

인류는 진보하고 있는가? 우리 앞에는 더 나은 날이 펼쳐질 것인가? 세계적 지성들이 참여하여 토론하는 '멍크 디베이트^{Munk Debates}'의 2015년 주제다. 이 디베이트에서 영국의 저명한 저널리스트이자 베스트셀러 작가인 매트 리들리^{Matt Ridley}는 인류의 미래에 대하여 낙관론을 폈는데, 그에 대한 단 하나의 근거로 혁신을 꼽았다. 그는 "아이디어가 서로서로 만나고 짝짓기를 해서 새로운 아이디어를 생산해내는 것에 의해 힘을 얻는 혁신이야말로 진보를 몰고 가는 동력입니다"라고 주장했다.[1] 그는 또한 그런 동력은 이제 막 생겨나기 시작했으며, 앞으로 혁신의 속도가 더욱 빨라질 것으로 보았다.

　나 또한 전적으로 동의한다. 여러 가지 추세가 그 방향을 가리키고 있기 때문이다. 여러 분야 과학기술이 각기 발전하고 또 융합함으로써 모든 제품이 스마트제품으로 재탄생할 것으로 보인다. 전 세계를 누비며

교류하는 여행객과 모든 흥밋거리를 즉시 SNS에 올리는 젊은이들로 인해 사람들 간의 아이디어 교환이 더욱 빈번하게 그리고 더욱 신속하게 이루어질 것이다. 혁신을 통해서 경제 전체의 파이가 커지는 것은 서민과 경영자, 직장인과 자영업자 그리고 대기업과 중소기업 모두에게 축복이다. 파이가 커져야만 공정성 인식이 향상되고 각자의 몫에 대한 만족도가 올라갈 수 있다.

혁신은 다른 경쟁보다 공정하다

IT와 소프트웨어를 비롯한 주요 산업 분야에서 소수 기업의 비중이 점점 증대하는데 대한 우려가 있다. 혁신에 앞서가는 기업과 그렇지 못한 기업 간에 격차가 벌어지고 있는 것이다. 하지만 어떤 경쟁에 있어서도 무임승차는 없다. 우리가 혁신의 대열에 동참하는 노력을 해야 한다.

다행스런 점은 혁신을 통한 경쟁은 다른 경쟁에 비하여 공정하다는 것이다. 많은 스타트업 기업과 벤처 기업들이 혁신을 통해서 시장에 진입하고 성장하고 있다. 사고와 행동이 유연해야 하고 변화가 필요할 때 쉽게 변화할 수 있어야 한다는 점에서 결코 대기업에게 더 유리하지 않다. 지켜야 할 기존시장이 크고 조직 규모가 크다는 점은 오히려 불리한 요소로 작용할 수 있다. 누가 첨단 지식과 기술의 학습능력이 더 뛰어난가, 그리고 누가 불확실한 미래를 두려워하지 않고 용감하게 도전할 수 있는가가 보다 더 중요한 요소이다.

기업의 채용시장에도 변화가 나타날 것이다. 많은 기업들이 혁신성의 잠재력이 보이는 인재의 모집에 열을 올리게 될 것이다. 빼어난 스펙으로 무장한 사람보다 창의성과 도전정신을 갖춘 사람이 환영받을 것이다. 반짝이는 아이디어가 있고 자기가 좋아하는 일에 미친 듯이 몰두할 수 있더라도 대학 중퇴에 반항아처럼 행동하는 '스티브 잡스'는 우리나라에서는 실업자 신세를 면하기가 어려웠다. 하지만 앞으로는 한국의 스티브 잡스들에게 기회가 올 것이다. 여기서도 다행스러운 점은 혁신 성향이라는 것이 성격처럼 타고난 요소라는 측면도 있지만 다른 한편으로는 변화 욕구의 측면도 있다는 것이다. '변화 욕구'라는 말은 개인이 즐거움을 추구하기 위해 또는 변화무쌍한 상황의 자극을 추구하기 위해 변화를 받아들인다는 것이다. 어떤 사람이라도 즐겁게 변화하며 변화의 선두에 설 수 있는 분야나 영역이 하나쯤은 있게 마련이다. 바로 그런 분야에서 혁신 인재로 일어설 수 있는 것이다.

이제 기업의 혁신 활동과 관계가 있는 정부기관에 당부말씀을 드리고 싶다. 혁신적 비즈니스를 하고자 하는 개인과 기업에게 들어보면 규제가 문제라고 말하는 이들이 많이 있다. 다행히도 정부에서 혁신 성장을 강조하고 혁신을 위한 다양한 지원을 하겠다고 발표했다. 그런데 창업자에게 직접 자금 지원을 하는 것보다 더 중요한 것은 규제 때문에 혁신 아이디어를 시장에 펼쳐 보일 기회를 상실하지 않도록 자유로운 환경 여건과 인프라를 제공하는 것이다. 자본주의를 도입한 역사가 짧은데도 불구하고 여러 분야에서 혁신 기업들이 굴기하고 있는 중국의 현황이 큰 자극제가 되기를 기대해 본다.

참고문헌

1장

1 Mok, Waiman P. and Hraba, Joseph(1991), Age and gambling behavior: A declining and shifting pattern of participation, Journal of Gambling Studies, 7, 4, pp.313-335.

2 '나이 든 사람이 보수적인 선택하는 이유 밝혀졌다', 〈동아일보〉, 2016.06.05.

3 통일미, 나무위키
(https://namu.wiki/w/%ED%86%B5%EC%9D%BC%EB%AF%B8)

4 '12년 만의 "충격 요법" 금연광고', 〈SBS 뉴스〉, 2014. 06. 16.

5 Janis, I.L. and R. Terwilliger, R.(1962), An Experimental Study of Psychological Resistance to Fear Arousing Communications, Journal of Abnormal and Social Psychology, 65, 403-410.; Leventhal H. and P. Niles(1964), A Field Experiment on Fear Arousal with Data on the Validity of Questionnaires Measures, Journal of Personality, 32, 459-479.

6 Wong, Norman C. H. and Cappella, Joseph N.(2009), Antismoking Threat and Efficacy Appeals: Effects on Smoking Cessation Intentions for Smokers with Low and High Readiness to Quit, Journal of Applied Communication Research. 37(1): 1 – 20.

7 이상문, 임성배 지음, 《메타 이노베이션》, 한국경제신문, 2016. p.30.

8 이학선 기자, '[100년 기업] 혁신 또 혁신, 변해야 산다', 〈Business Watch〉, 2014.05.21.

9 '[다가온 미래] 250년 걸린 변화 30년 내에 겪을 것', 〈조선비즈〉, 2016.02.26.

10 '중국 새 "뇌관" 무너지는 농촌', 〈조선일보〉, 2008.12.23.

11 Hurt, H. T., Joseph, K and Cook, C.D.(1977), Scale for the measurement of innovativeness, Human Communication Research, 4, 58-65.; Hurt, H. T., Joseph, K., & Cook, C.D.(2013). Individual Innovativeness (II). Measurement Instrument Database for the Social Science(www.midss.org).

12 Gamal, Dalia. How to measure organization innovativeness, Technology Innovation and Entrepreneurship Center, 2011. Hamel, Gary and Tennant, Nancy. The 5 Requirements of a Truly Innovative Company, Harvard Business Review Digital Articles, 2015.04.27., pp.2-9.

13 제프 다이어, 할 그래거슨, 클레이튼 M. 크리스텐슨 지음, 송영학, 김교식, 최태준 옮김, 《이노베이터 DNA》, 세종서적, 2012, p.302

2장

1 전준엽, 《화가의 숨은 그림 읽기》, 중앙북스, 2010.

2 '팔로워 1000만 명… 연예인급 "왕훙: 모셔라", 〈조선닷컴〉, 2016.07.04.

3 Manning, Kenneth C., Bearden, William O., & Madden, Thomas J.(1995), Consumer innovativeness and the adoption process, Journal of Consumer Psychology, 4, 329-345.

4 Wood, Stacy L. & Swait, Joffke(2002), Psychological Indicators of Innovation Adoption: Cross-Classification Based on Need for Cognition and Need for Change, Journal of Consumer Psychology, 12(1), 1-13.

5 '2015년 전자책 시장 분수령 될 수도', 〈조선닷컴〉, 2015.01.02; '로켓 발사는 아직도 "아직"인가? 한국 전자책 시장에 대한 오해와 그 실체', 〈허핑턴포스트코리아〉, 2015.09.27.

6 Kahneman, Daniel. Knetsch, Jack L. and Thaler, Richard H.(1990), "Experimental Tests of the Endowment Effect and the Coarse Theorm," Journal of Political Economy, Vol. 98, No. 6, pp.1325-1348.

7 Samuelson, William and Zeckhauser, Richard(1988), Status Quo Bias in Decision Making, Journal of Risk and Uncertainty, 1, 1, pp. 7-59.

8 Knetsch, Jack L.(1989), The Endowment Effect and Evidence of Nonreversible Indifference Curves, The American Economic Review, 79, 5, pp. 1277-12.

9   '시가총액 1위를 보면 IT의 흐름이 보인다', 〈IT동아〉, 2016.02.02.

10   〈숫자로 보는 한국 관광〉, 한국관광공사, 2014.12.

11   '2015년 이상적 배우자상 신랑감 연봉 5,417만 원, 키 177.7cm… 신부감은?', 〈머니위크〉, 2015.12.30.

3장

1   〈현안과 과제: 벤처활성화 지원 정책 실효성 제고가 필요하다〉, 현대경제연구원, 2016.04.12.

2   '소프트뱅크, 알리바바 상장으로 4조8천억 벌어', 〈연합뉴스〉, 2014.09.22.

3   '"기린아" 마윈, 일생에 가장 중요했던 20개의 순간들', 〈헤럴드경제〉, 2014.09.24.

4   '창조적 파괴자 마윈, 알리바바의 매직으로 세상을 흘리다(2)', 〈Economic Review〉, 2014.09.24.

5   '中에서 벤처 창업해야 "대박"날 가능성 커… 한국은 규제 많아', 〈조선닷컴〉, 2016.05.18.

6   '[차이나 인사이트]나이 스물에 사장이 못 되면 대장부가 아니라는 중국', 〈중앙일보〉, 2016.07.20.

7   〈중국 장외시장 발전현황과 시사점〉, 금융투자협회 국제조사팀, 2016.07.18.

8   konex.krx.co.kr

9   '나는 왜 테슬라 "모델3"를 예약했나', 〈한겨레〉, 2016.04.08.

10   테슬라, 나무위키(https://namu.wiki/)

11   테슬라, 나무위키(https://namu.wiki/).

12   Rechtin, Mark. Tesla Model S P85D Earns Top Road Test Score, 2015.10.20(www. consumerreports.org).

13   Stringham, Edward Peter. Miller, Jennifer Kelly. and Clark, J. R.(2015), Overcoming Barriers to Entry in an Established Industry: Tesla Motors, California Management Review, 57, 4, 85-100.

14   Stringham, Edward Peter. Miller, Jennifer Kelly. and Clark, J. R.(2015), Overcoming Barriers to Entry in an Establised Industry: Tesla Motors, California Management Review, 57, 4, 85-100.

15   Stringham, Edward Peter. Miller, Jennifer Kelly. and Clark, J. R.(2015), Overcoming

Barriers to Entry in an Establised Industry: Tesla Motors, California Management Review, 57, 4, 85-100.

16 '테슬라 "모델3"가 역사상 가장 중요한 자동차일지도 모르는 이유', 〈허핑턴포스트코리아〉, 2016.04.01.

17 Dyer, Jeff. and Bryce, David. Tesla's High End Disruption Gamble, Forbes, 2015.08.20.

18 '정용진도 반한 "날개 없는 선풍기" 다이슨의 원리는?…'제트엔진부터 유체역학까지', 〈조선일보〉, 2016.06.01.

19 '다이슨, 분당 11만 번 회전하는 "슈퍼소닉 헤어드라이어" 내놔', 〈한국경제신문〉, 2016.09.19.

20 '55만 원짜리 다이슨 헤어드라이어… "1625km 길이의 모발 테스트"', 〈조선일보〉, 2016.10.25.

21 다음 글을 참조했음. Sorvino, Chloe. The Revention Factory, Forbes, 2016.09.13; Shaer, Matthew. Watch out for Dyson, FastCompany.com, 2015.10.

22 Wells, John R. Amazon.com, 2016, Harvard Business School Case(9-716-402).

23 Wells, John R. Amazon.com, 2016, Harvard Business School Case(9-716-402), p.18.

24 '美 라디오섁, 경영난 원인은 과도한 매장 확장', 〈이데일리〉, 2014.12.26.

25 www.4-traders.com(http://www.4-traders.com/RADIOSHACK-CORPORATION-14547/financials/)

26 Thompson, Derek. RadioShack Is Doomed (and So Is Retail), The Atlantic, 2014.03.04.

27 Bartley, Chad. and Weinstein, Steve.(2003), "High Growth in Search creates Opportunities for Niche Players," Pacific Crest Securities, November 4.

28 Edelman, Benjamin.(2014), Google Inc. in 2014 (Abridged), Harvard Business School Case 9-915-005, p.14.

29 다음 자료를 참고했음. '인터넷 거인 야후 몰락의 역사', 〈TTimes〉, 2016.07.25.

30 Edelman, Benjamin.(2014), Google Inc. in 2014 (Abridged), Harvard Business School Case 9-915-005.

31 '기업흥망에는 이유가 있다', 〈KAmerican Post〉, 2010.10.07.

32 다음 자료를 참고했음. Harress, Christopher. The Sad End Of Blockbuster Video:

The Onetime $5 Billion Company Is Being Liquidated As Competition From Online Giants Netflix And Hulu Prove All Too Much For The Iconic Brand, International Business Times, 2013.05.12.

33 '끊임없이 혁신하라- 넷플릭스의 성공전략', 〈E-JOURNAL〉, 2014.12.02.

34 '한 손엔 기존사업 다른 손엔 신사업… "양손잡이 경영" 하라', 〈조선일보〉, 2016.09.24.

35 넷플릭스, 나무위키, (https://namu.wiki/w/ %EB%84%B7%ED%94%8C%EB%A6%A D%EC%8A%A4)

36 신약 연구개발이란, 신약제품화사업단, (http://www.kdra.or.kr/prodg/menu001-2. htm).

37 www.kpma.or.kr

38 〈2014년 제약산업 분석 보고서〉, 한국보건산업진흥원.

39 〈국내 제약사의 신약개발 추진 현황 및 전략〉, KDB산업은행, 2015.

40 '신약 기술 수출로 8조 "대박" 한미약품 이관순 대표', 〈중앙일보〉, 2015.12.24.

41 '한미약품, 美 제넨텍에 1조 원대 항암제 기술 수출', 〈조선일보〉, 2016.09.30.

42 〈국내 제약사의 신약개발 추진 현황 및 전략〉, KDB산업은행, 2015.

43 '한미약품 성공으로 본 신약 기술수출의 조건', 〈매일경제신문〉, 2015.11.20.

44 '개방형 혁신이 한미약품 대박의 비법', 〈연합뉴스〉, 2016.01.21.

45 '한미약품 성공으로 본 신약 기술수출의 조건', 〈매일경제신문〉, 2015.11.20.

46 How South Korea's AmorePacific Became One Of The World's Most Innovative Companies, Forbes, 2015.08.19.

47 '시가총액 상위 10대그룹 1분기 실적 분석해보니', 〈매일경제신문〉, 2016.05.15.

48 '中 시장 곧 열린다… 80年代부터 준비한 "K뷰티 선구자"', 〈조선일보〉, 2015.09.16.

49 'K뷰티의 혁신, "쿠션"은 어떻게 탄생했나', 〈CBS노컷뉴스〉, 2016.09.21.

50 '외계어 만큼 어려운 법률용어, 쉽게 바뀝니다!', 〈법동네이야기〉, 2015.09.08.

51 '법 이름이 82자…앞으론 짧아집니다', 〈Chosun.com〉, 2016.03.03.

52 〈International Literacy Data 2013〉, UNESCO Institute for Statistics.

53 조남욱, 《성군 세종대왕》, 세문사, 2015.

54 윤천한, 《세종대왕님이 진노하신다》, 도서출판 숨소리, 2012.

55 방성석, 《역사 속의 이순신 역사 밖의 이순신》, 행복한미래, 2015, pp.315-320.

56 장 클로드 바로, 기욤 비고 지음, 윤경 옮김,《오늘이 보이는 세계사》, 푸른나무, 2007.

57 '임진왜란 당시의 한일 군함', 〈조선닷컴〉, 2010.12.01.

58 방성석,《역사 속의 이순신 역사 밖의 이순신》, 행복한미래, 2015, p.59.

59 다음 자료를 참조했음. '서울에서 쓰는 평양 이야기', 〈동아닷컴〉(http://blog.donga.
    com/nambukstory/category/nk/memoirs/).

4장

1   '구글, 스타트업 투자 1위… 한국선 삼성만 체면치레', 〈조선일보〉, 2016.11.14.

2   Hamel, Gary. and Tennant, Nancy. The 5 Requirements of a Truly Innovative
    Company, Harvard Business Review Digital Articles, 2015.04.27., pp.2-9.

3   제프 다이어, 할 그래거슨, 클레이튼 M. 크리스텐슨 지음, 송영학, 김교식, 최태준 옮김,
    《이노베이터 DNA》, 세종서적, 2012, pp.305~306.

4. 애덤 그랜트 지음, 홍지수 옮김,《오리지널스》, 한국경제신문, 2016, p. 81.

5. 애덤 그랜트 지음, 홍지수 옮김,《오리지널스》, 한국경제신문, 2016.

6   Gourville, John T.. Eager Sellers and Stony Buyers: Understanding the Psychology
    of New-Product Adoption, Harvard Business Review, 2006.06, Vol. 84 Issue 6,
    pp.98-106.

7   '아무리 똑똑해도 팀워크 문제 있으면 구글러 못 돼요', 〈중앙일보〉, 2016.10.15.

8   Loren, Gary, Six Surprising Insights about Innovation, p.60, in Creating
    Breakthrough Innovations, Harvard Business School Press, 2006.

9   제프 다이어, 할 그래거슨, 클레이튼 M. 크리스텐슨 지음, 송영학, 김교식, 최태준 옮김,
    《이노베이터 DNA》, 세종서적, 2012, p.302.

10 'Fun으로 Jobs 얻어라… "회사에서 놀게 하자 잡스가 제 발로 찾아왔다, 제발 일자리 달
    라고"', 〈조선일보〉, 2016.12.03.

11 '반바지 입는다고 혁신 안 돼… 시스템을 바꿔라', 〈중앙일보〉, 2016.10.20.

12 이상문, 임성배 지음,《메타 이노베이션》, 한국경제신문, 2016.

13 '세상의 꼰대들과 결별하는 방법', 〈중앙일보〉, 2016.08.02.

14 '숙박 공유사이트 "에어비앤비(Airbnb)" 가치 200억弗… 세계1위 호텔 힐튼(219억弗)
    위협', 〈조선닷컴〉, 2015.03.04.

15 doopedia(http://www.doopedia.co.kr/).

16 Liberman, Nira, & Trope, Yaacov(1998), The role of feasibility and desirability in near and distant future decisions: A test of temporal distance on level of construal, Journal of Personality and Social Psychology, 75, 5-18.; Trope, Yaacov, & Liberman, Nira(2010), Construal-level theory of psychological distance, Psychological Review, 117(2), 440-463.

17 '자율 출퇴근제 유감', 〈조선일보〉, 2016.08.06.

18 제프 다이어, 할 그래거슨, 클레이튼 M. 크리스텐슨 지음, 송영학, 김교식, 최태준 옮김, 《이노베이터 DNA》, 세종서적, 2012, p.302.

19 〈결혼 속에 숨겨진 통계〉, 통계청 기자단, 2014.01.28.(http://hikostat.kr/2232).

에필로그

1 알랭 드 보통, 말콤 글래드웰, 스티븐 핑커, 매트 리들리 지음, 전병근 옮김, 《사피엔스의 미래》, 모던 아카이브, 2016.

세상을 바꾼 혁신가들의 12가지 생각법

이노베이터는 왜 다르게 생각할까

초판 1쇄 2018년 2월 5일

지은이 | 문준연

발행인 | 이상언
제작총괄 | 이정아

진행 | 김승규
디자인 | morandi_아름

발행처 | 중앙일보플러스(주)
주소 | (04517) 서울시 중구 통일로 92 에이스타워 4층
등록 | 2008년 1월 25일 제2014-000178호
판매 | 1588-0950
제작 | (02) 6416-3950
홈페이지 | www.joongangbooks.co.kr
페이스북 | www.facebook.com/hellojbooks

© 문준연, 2018

ISBN 978-89-278-0919-7 (03300)